VIVENDO A GESTÃO DE ATIVOS

Liderança

Pessoas

Sistema de Gestão

Ativos Físicos

CULTURA e MODELOS MENTAIS

Tradução:

Julia Duque Estrada Pontes
e
João Ricardo Barusso Lafraia

VIVENDO A GESTÃO DE ATIVOS

Liderança

Pessoas

Sistema de Gestão

Ativos Físicos

CULTURA e MODELOS MENTAIS

oão Ricardo Lafraia e John Hardwick

Copyright© 2015 by João Ricardo Barusso Lafraia, John Hardwick, Abraman e AMCouncil

Todos os direitos desta edição reservados à Qualitymark Editora Ltda. É proibida a duplicação ou reprodução deste volume, ou parte do mesmo, sob qualquer meio, sem autorização expressa da Editora.

Direção Editorial	Produção Editorial
SAIDUL RAHMAN MAHOMED editor@qualitymark.com.br	**EQUIPE QUALITYMARK**
Capa	Editoração Eletrônica
EQUIPE QUALITYMARK	**PS DESIGNER**

CIP-Brasil. Catalogação-na-fonte
Sindicato Nacional dos Editores de Livros, RJ

L167v

    Lafraia, João Ricardo Barusso
    Vivendo a gestão de ativos : liderança, pessoas, sistemas de gestão, ativos físicos / João Ricardo Barusso Lafraia, John Hardwick; tradução Julia Duque Estrada Pontes e João Ricardo Barusso Lafraia. – 1. ed. – Rio de Janeiro : Qualitymark Editora, 2015.
    304 p. : il. ; 23 cm.

    Inclui bibliografia
    Tradução de Living Asset Management
    ISBN 978-85-414-0179-1

    1. Liderança. 2. Cultura organizacional. 3. Bens incorpóreos - Administração. 4. Bens incorpóreos - Avaliação. 5. Empresas - Avaliação. I. Hardwick, John. II. Título.

14-16977   CDD: 658.4092
                                                                   CDU: 055.322:316.46

2015
IMPRESSO NO BRASIL

Qualitymark Editora Ltda.	QualityPhone: 0800-0263311
Rua Teixeira Júnior, 441 – São Cristóvão	www.qualitymark.com.br
20921-405 – Rio de Janeiro – RJ	E-mail: quality@qualitymark.com.br
Tel.: (21) 3295-9800	Fax: (21) 3295-9824

SOBRE OS AUTORES

João Ricardo Barusso LAFRAIA, Presidente da ABRAMAN – Associação Brasileira de Gestão de Ativos e Manutenção de 2011 a 2014 e Gerente Geral de Eficiência Operacional da Petrobras / Refino. Autor de *Manual de Confiabilidade, Disponibilidade e Manutenção* e *Liderança para Segurança, Saúde e Ambiente* e coautor de *Gestão de Estratégia e Confiabilidade, Criando o Habito da Excelência, Liderança baseada em Valores* e *Gestão de Ativos*. Coautor do livro em inglês *Living Asset Management* com John Hardwick (2013), com quem escreveu um capítulo do livro *The New Asset Management Handbook – A Guide to ISO 55.000*, lançado em 2014 nos EUA. Trabalha há cerca de 30 anos na Petrobras, como Engenheiro de Inspeção, Coordenador de Confiabilidade, Gerente de Engenharia, Gerente de Produção na Refinaria Repar e Gerente Geral de quatro outras Refinarias no Brasil. Faz parte do Comitê Executivo do Fórum Global de Manutenção e Gestão de Ativos, tendo sido o coordenador da Comissão ABNT para a NBR ISO 55.000. É certificado CMPR (Certified Maintenance and Reliability Professional) pela SMRP-USA e CFAM (Certified Fellow in Asset Management) pela AMCouncil-Austrália.

John Hardwick é o Executivo de Estratégia nos negócios de distribuição elétrica da NSW da Austrália e tem 30 anos de experiência nessa indústria. Atualmente, é responsável pela Estratégia de Distribuição em três empresas de energia. John já implementou a Gestão de Ativos em todos os níveis. Ele é Presidente do Conselho de Gestão de Ativos (Asset Management Counci – AMCouncil) da Austrália, Presidente do Fórum Global de Manutenção e Gestão de Ativos (Global Forum for Maintenance and Asset Management – GFMAM) e é CFAM (Certified Fellow in Asset Management) pela AMCouncil – Austrália.

Sobre a ABRAMAN

Fundada em 17 de outubro de 1984, no Rio de Janeiro, a ABRAMAN – Associação Brasileira de Manutenção e Gestão de Ativo – é uma sociedade científica técnica privada, sem fins lucrativos, que visa a juntar profissionais, empresas e instituições envolvidas com Manutenção e Gestão de Ativos. Atualmente, a ABRAMAN tem mais de 2.700 membros entre empresas e profissionais desses setores. Desde a sua fundação, três atributos importantes têm sido os objetivos da ABRAMAN: Apoio, Confiabilidade e Qualidade.

www.abraman.org.br

Sobre o Conselho de Gestão de Ativos (Asset Management Council – AMCouncil)

O Conselho de Gestão de Ativos é uma organização sem fins lucrativos comprometida com a promoção e educação de práticas de gestão de ativos em organizações industriais, comerciais, acadêmicas e governamentais. Sua missão é criar uma ampla consciência do valor da gestão de ativos, estimular uma compreensão comum sobre a gestão de ativos e prover um portal para avaliar o conhecimento e os recursos da gestão de ativos.

www.amcouncil.com.au

Contribuidores

Peter Kohler
Sally Nugent

Entrevistas colhidas, casos de estudo e *insights*

David Daines, Richard Edwards, Ítalo Freitas, Benjamin Hayden, Glenn Ingram, Martin Kerr, Achim Krüger, Michael McGrath, Andrew Morgan, Ian Pedersen, Gary Seabury, Gary Winsor.

Agradecimentos aos Coautores

Obrigado a todos os nossos colegas do Fórum Global de Manutenção e Gestão de Ativos (GFMAM) pela amizade e pelo compartilhamento de conhecimento durante essa jornada: Sally Nugent (Austrália), Athayde Ribeiro (Brasil), Celso e Edmea Azevedo (França), David McKeown e Richard Edwards (Reino Unido), Tim Goshert (EUA), Nezar Al Shammasi (Golfo Persa), Cindy Snedden e Chris Yexley (Canadá), Alan Tait (África do Sul) e Alex Stuber (Suíça). Desejamos estender o agradecimento a todos aqueles do Conselho de Gestão de Ativos e do GFMAM que participaram das filmagens das entrevistas ao longo dos últimos dois anos, permitindo que obtivéssemos *insights* sobre seus pensamentos e experiências, o que nos ajudou a dar forma a este livro. Também gostaríamos de expressar nosso agradecimento por seu apoio durante nossas palestras sobre o assunto em alguns de seus Congressos ao redor do mundo. Isso realmente nos encorajou ao longo da jornada de escrever um livro sobre liderança e cultura de gestão de ativos. É importante destacar nosso obrigado a Hans Klamme-Wolff, o primeiro presidente do GFMAM, e aos outros ao redor do mundo que participaram da criação do GFMAM. Este livro é um resultado do nosso encontro.

Nós também gostaríamos de estender nosso agradecimento à equipe de filmagem da Waterbyrd Films, Nick Bird e Eleanor Sharpe, por seu trabalho duro em nosso clipe (ver em www.livingassetmanagement.com) da prévia do *Vivendo a Gestão de Ativos* e por nos ajudar a conceber o nome deste livro. Obrigado também a Liz Grant e sua equipe da Design Grant por produzirem as figuras deste livro.

À equipe do Conselho de Gestão de Ativos, particularmente Sue Woodward e Mo Barghash, que também foram de grande ajuda em tornar o *Vivendo a Gestão de Ativos* uma realidade. Obrigado.

Também gostaríamos de agradecer especialmente a Peter Kohler, Sally Nugent e Madeleine Berenyi pelas incontáveis conversas pessoais e pela internet sobre o livro. Sabemos que nós fomos um "saco" com muitas mudanças e novas ideias o tempo todo. Acreditem em nós, vocês são uma grande equipe!! Obrigado por sua paciência e também pela aprendizagem compartilhada durante essa jornada de um ano e meio.

Peter e Sally deram contribuições significativas ao Modelo de Maturidade na Gestão de Ativos. A expressão "maturidade na gestão de ativos, juntando tudo em um conceito" realmente tornou o livro completo. Isso arredondou os conceitos apresentados neste livro, pois a maturidade é o que permite que as coisas *hard* trabalhem com as coisas *soft* no contexto do livro. Obrigado aos dois pelas longas horas e pelo trabalho duro para nos ajudar a produzir o livro.

Um obrigado especial a Madeleine por seus esforços para transformar nossa escrita atribulada em inglês verdadeiro e pela brilhante sugestão de usar uma árvore em vez de um templo como a metáfora e representação gráfica do modelo de maturidade. Somente depois que Madeleine sugeriu a metáfora da árvore, foi que realmente os autores e contribuidores alinharam o pensamento e os conceitos apresentados neste livro. É incrível como uma única, porém poderosa, solução pode mudar o curso de toda uma jornada de uma equipe.

Nós também gostaríamos de agradecer a Deryk Anderson por sua revisão detalhada. Nós achamos que Deryk realmente harmonizou o texto final, dando a ele uma coerência que estava faltando, devido aos diferentes estilos de escrita dos autores e contribuidores. Nós realmente viramos amigos verdadeiros ao final desta jornada.

Agradecimentos de João Ricardo Barusso Lafraia

Primeiramente, eu gostaria de agradecer a todos os meus amigos australianos pela maravilhosa jornada de escrever este livro juntos, especialmente a John Hardwick por seu *coaching* e bom exemplo como presidente tanto da GFMAM quanto do Conselho de Gestão de Ativos. Essa jornada não se tratava tanto de escrever um livro, mas sim de compartilhar conhecimento e experiências para uma melhor gestão de ativos para o mundo. Eu realmente acredito que escrever um livro é um ato de amor, permitindo que outros se juntem às suas ideias sobre um assunto no qual você tem muita experiência e pelo qual você é apaixonado. John ajudou a Abraman e o Brasil a crescer, passando de uma Associação de Manutenção para uma Associação de Gestão de Ativos. Ele também orientou-me durante o processo de certificação do Conselho de GA.

Também gostaria de expressar minha gratidão à equipe da Petrobras e da Abraman, por me apoiar durante o tempo que eu me juntei às reuniões do GFMAM. Vocês são realmente minhas fontes de inspiração.

Finalmente, obrigado à minha família (Claudia, Caroline, Gabriele, Maria Claudia e Wendy) pelo apoio nos incontáveis finais de semana e noites que tirei do tempo de vocês comigo, para escrever e discutir este livro.

Agradecimentos de John Hardwick

Primeiramente, eu gostaria de agradecer a todos os meus amigos brasileiros pela maravilhosa jornada enquanto escrevíamos este livro juntos, especialmente a João Ricardo Barusso Lafraia por sua riqueza de experiência e paciência ao longo dos últimos 18 meses, conforme navegávamos nessa jornada juntos. Sua experiência e conhecimento ao escrever este livro foi de enorme proveito para mim. Esta jornada foi uma experiência transformadora da minha vida, da qual eu nunca esquecerei.

Nessa jornada, minha esposa Karen e eu aprendemos o básico de Português, passamos um tempo vivendo com João, sua esposa Claudia e sua família maravilhosa, bem como com o anterior presidente da ABRAMAN, José Lobato de Campos, sua esposa Teresa e sua família. Esse tempo que passamos vivendo com eles me deu o tipo de *insight* de sua cultura e a incrível hospitalidade que você só pode adquirir através de uma amizade íntima e de experiências juntos.

Eu não esperava aprender tanto ao escrever este livro com João e como isso me deu novas formas para olhar o mundo que me ajudam no trabalho e em casa. Uma citação de João que eu internalizei é: "Não é errado, é só diferente". Essa noção é tão poderosa ao olharmos para a maneira como a cultura nos molda e como isso afeta os fatores humanos nas organizações. Escrever este livro permitiu-nos explorar esse tópico com tantas pessoas apaixonadas e experientes que estiveram tão dispostas a compartilhar suas experiências, o que é realmente incrível. Agora que terminamos, podemos compartilhar essas experiências com vocês também. O João ajudou todos nós do Conselho de Gestão de Ativos da Austrália a olhar para o mundo, e para a gestão de ativos, de forma diferente. Eu aprendi muito com o João; serei para sempre grato. Obrigado.

Eu também gostaria de expressar minha gratidão aos meus colegas de trabalho Kristen Watts e Rod Smith que usaram seu tempo pessoal ajudando e revisando nosso livro.

Um obrigado especial a Sally Nugent, por sua enorme contribuição e por acreditar em nós. Graças a seus esforços, a ABRAMAN e o Conselho de Gestão de Ativos estabeleceram um relacionamento e um compartilhamento que eu nunca havia visto antes.

Finalmente, e o mais importante, obrigado à minha família (Karen, Rochelle, Gavin, Coral e Mariner) pelo apoio nos incontáveis finais de semana e noites que eu passei longe de vocês todos criando este livro. Se a minha família ou qualquer um que me conhece bem me ouvisse dizer que eu escreveria um livro, eles teriam dado risada, mas isso prova que podemos fazer qualquer coisa se tivermos ótimos colegas, paixão, motivação e desejo.

A todos que mencionei e a muitos outros que estiveram envolvidos, vocês são minhas fontes de inspiração.

APRESENTAÇÃO

Toda organização precisa gerenciar seus ativos físico – instalações, plantas e equipamentos – para a garantia da continuidade da produção de bens e serviços, com custo satisfatório e confiabilidade. A gestão de ativos convencionalmente lida com o gerenciamento de ativos físicos ao longo de seu ciclo de vida: desde a etapa de projeto, contratação, passando pela instalação, comissionamento, monitoramento e manutenção, até a desmontagem, armazenamento e descarte. Sistemas, processos, bancos de dados e outras tecnologias têm sido as ferramentas convencionais de gestão de ativos. Assim, as organizações tendem a traçar objetivos-chave e indicadores de desempenho com base na confiabilidade e na disponibilidade dos seus ativos físicos, para possibilitar a entrega ao mercado de seus produtos e serviços.

Os autores deste livro identificaram que uma gestão de ativos efetiva é de vital importância para qualquer negócio. Possibilita que a organização vá ao encontro dos objetivos estratégicos, faça o melhor uso de seus recursos e, em última análise, forneça valor às partes interessadas

Em meu trabalho como engenheira química, especializada em segurança de processo em grandes refinarias, plantas químicas e petroquímicas e nas plantas de gás natural liquefeito, percebo a importância da gestão de ativos para a garantia de disponibilidade e confiabilidade dos sistemas, especialmente no que diz respeito aos ativos de alto valor e sistemas de segurança críticos.

No entanto, este livro é diferente. As ideias aqui apresentadas representam uma quebra de paradigma na forma de concebermos a gestão de ativos. Indo muito além da abordagem tradicional que prioriza as plantas, equipamentos, sistemas e processos, este livro tem como foco as pessoas, a necessidade de boa liderança e estratégia. Os autores consideram esses aspectos fundamentais para o desenvolvimento de uma cultura de alto desempenho, que garanta excelência em gestão de ativos.

A árvore é utilizada como um símbolo poderoso para demonstrar que a gestão de ativos é dinâmica e deve ser responsável por uma mudança no ambiente de negócio. Nessa abordagem, os "frutos" – segurança, confiabilidade, retorno para os acionista – são garantidos por um sistema saudável, que tem como nutrientes elementos intangíveis (liderança, cultura e comunicação) associados às convencionais ferramentas tecnológicas e sistemas.

Gostaria de agradecer à Associação Brasileira de Manutenção e Gestão de Ativos (Abraman, Brasil), ao Conselho de Gestão de Ativos (Asset Management Council, Austrália) e aos autores deste excelente livro – que representam essas organizações – João Lafraia e John Hardwick. Este livro, resultado da colaboração entre líderes em gestão de ativos do Brasil e da Austrália, demonstra que os princípios para desenvolvimento de uma efetiva cultura de gestão de ativos são universais.

Este trabalho eleva a importância da gestão de ativos ao apontá-la como crucial para o sucesso das organizações. Recomendo a líderes de todos os tipos de organizações a embarcar nesta leitura, a fim de desenvolver uma gestão de ativos de classe mundial que possa criar valor duradouro.

Dra. Marlene Kanga FIEAust CPEng
Presidente Nacional (2013)
Engenheiros Austrália

PREFÁCIO

A árvore denominada bananeira floresce em um clima tropical, com solo rico e fértil. Nesse contexto, a espécie é mais produtiva e as bananas, da melhor qualidade. No entanto, a bananeira não floresce em solo rochoso e clima frio. Até poderíamos, nesse caso, usar estufa e fertilizante para tentar modificar o ambiente hostil, mas a árvore não frutificaria com tanto vigor. Além disso, tais intervenções precisariam de mais tempo, investimento financeiro e esforço para que pudessem resultar em bananeiras com frutos de maior valor e talvez não tão férteis.

Assim, a gestão de ativos deve se desenvolver em ambiente propício ao seu florescimento – com liderança, comportamento e cultura adequados.

Felizmente, temos grande potencial para desenvolver e modificar liderança, cultura e comportamento, de modo que a gestão de ativos possa alcançar os resultados desejados.

A árvore foi escolhida como metáfora neste livro, intitulado *Vivendo a Gestão de Ativos*, por ilustrar, de forma bastante evidente, que liderança, cultura, emoções e comportamentos são vitais.

Gestão de ativos é uma disciplina dinâmica, complexa e em constante evolução. Requer considerações sobre o ciclo de vida e interdisciplinaridade.

Se, por um lado, ativos físicos e sistemas de gestão são visíveis e tangíveis como o tronco e os ramos de uma árvore, por outro, a liderança, as emoções, a cultura e os comportamentos humanos são invisíveis e intangíveis. Ainda assim, essenciais para uma organização. Assim como uma árvore não se resume a um conjunto de troncos, ramos e folhas, uma organização não deve ser reduzida a um conjunto de ativos tangíveis com seus planos e processos.

Da mesma forma como uma árvore necessita de solo, nutrientes, ambiente e jardineiros adequados ao seu florescimento, uma organização precisa de liderança, cultura e comportamentos adequados ao alcance dos resultados desejados.

A gestão de ativos deve ocorrer em um ambiente adequado – liderança, cultura organizacional e comportamento – para que possa produzir os resultados esperados pela organização.

Cada árvore tem suas raízes (o que inclui tecnologia, estrutura organizacional, aprendizagem, comunicação, sistema de recompensa, relacionamentos, processos), tronco e ramos (sistemas visíveis de pessoas, bens, liderança e gestão) e folhas (meio ambiente, confiabilidade, segurança, qualidade, finanças) que produzem frutos (resultados desejados). O solo deve sustentar a árvore e nutrir as sementes para que se tornem raízes, troncos, ramos, folhas e, finalmente, frutos.

Nesse processo, frequentemente raízes, solo e sementes passam despercebidos, assim como a cultura é invisível ao olhar destreinado. Nessa organização, que tem a árvore como metáfora, o solo e o ambiente representam a cultura, as sementes representam as crenças compartilhadas (objetivos estratégicos) e o jardineiro representa a liderança.

Para o alcance dos resultados desejados, é fundamental que todos esses elementos atuem em conjunto. O que afeta o ambiente ou o trabalho dos jardineiros, acaba por impactar o solo, as raízes, o tronco e, por fim, os frutos.

O mesmo ocorre nas organizações. O que influencia a cultura ou as ações da liderança afeta também os princípios, os ativos, áreas como Segurança, Finanças, Operações, Manutenção e os resultados esperados.

Para o alcance do resultado desejado – ou o crescimento do melhor fruto possível – é fundamental que todos esses elementos estejam em sintonia, sedimentados nas crenças compartilhadas pela organização – nas sementes da árvore.

A princípio, as sementes são muito sensíveis ao ambiente em que elas foram plantadas. O jardineiro determina em que lugar plantar a árvore e cria o ambiente adequado ao seu crescimento. Eventualmente, a árvore será autossustentável e exigirá menos trabalho do jardineiro, nutrindo-se diretamente do meio ambiente. Do mesmo modo, novas crenças organizacionais são altamente influenciadas pela cultura da organização. A liderança influencia a cultura, consequentemente, impulsiona o desenvolvimento e o fortalecimento de tais crenças em todas as camadas da organização. Após algum tempo, as crenças se tornam crenças compartilhadas. Também a cultura poderá se tornar autossustentável, requerendo muito menos direcionamento dos líderes.

Uma árvore pode representar uma organização ou um ativo em sua totalidade. Também pode representar um sistema na organização ou ser simplesmente uma planta no pomar. Para que o pomar prospere, é necessário que cada árvore se integre às demais, compondo um sistema único. O mesmo princípio se aplica quando nos referimos à árvore enquanto metáfora de uma organização, ativo ou sistema.

Cabe ao jardineiro certificar-se de que existe suficiente integração entre as árvores para que possam interagir e o pomar amadurecer. Também é papel da liderança zelar pela necessária integração e interface entre os sistemas, a fim de que os resultados esperados sejam alcançados.

Importante ressaltar que nenhum líder pode moldar a cultura de uma organização ou ser responsável por isso. Pela sua natureza, a cultura é uma criação coletiva, que conta com a participação, mediação e interação de líderes e liderados, além do contexto no qual atuam.

Metaforicamente, o papel do líder é o mesmo do jardineiro: zelar pelos bons hábitos, atitudes, comportamentos, ritos e rituais que criam os nutrientes do solo necessários ao crescimento de árvores e safras de boa qualidade.

Bons frutos vêm com o tempo. Muita pressão e pouco cuidado podem danificar ou mesmo destruir a produção. Para o alcance de excelentes resultados, é de máxima importância haver sincronia, melhoria contínua e qualidade na interação.

O objetivo deste livro é descrever a importante relação existente entre o lado *soft* e intangível (cultura, liderança, comportamento) da gestão de ativos e o lado *hard* e tangível (sistemas, processos, estruturas, ativos físicos).

Ao longo destas páginas, identificaremos e debateremos a relação que possibilita à organização amadurecer e alcançar os resultados desejados.

Este livro não pretende oferecer fórmulas-padrão que possam ser usadas por todos. Cada organização tem suas especificidades. Por esse motivo, alguns estilos de liderança e cultura se aplicam a alguns casos e a outros, não. Este livro não oferece um discurso teórico, mas a experiência de pessoas práticas, que buscam refletir bastante sobre o assunto.

Buscamos contribuir para a compreensão acerca da interação de todos esses elementos e o consequente impacto na produção de resultados. Esperamos, ainda, oferecer subsídios para delinear cultura e liderança que se adequem às diferentes necessidades organizacionais ao longo da jornada da gestão de ativos.

SUMÁRIO

Apresentação XI

Prefácio XIII

Capítulo 1 – Introdução 1
  1.1 Uma Breve Introdução à Gestão de Ativos 2
    1.1.1 Definição de Gestão de Ativos e Ativos 2
    1.1.2 Fundamentos de Gestão de Ativos 3
      1.1.2.1 Valor 3
      1.1.2.2 Alinhamento 3
      1.1.2.3 Garantia 5
      1.1.2.4 Liderança 5
    1.1.3 Sistema de Gestão de Ativos 5
    1.1.4 Plano Estratégico de Gestão de Ativos 6
    1.1.5 Plano de Gestão de Ativos 7
    1.1.6 Maturidade em Gestão de Ativos 7
  1.2 A Necessidade de Liderança e de Cultura Organizacional 8

Capítulo 2 – Desenho Organizacional e Valor
para Gestão de Ativos 17
  2.1 Desenho Organizacional para Criar Valor 18
    2.1.1 Desenho da Estrutura Organizacional 1: Estrutura Funcional: "Eu não sou responsável... não é minha função" 21
    2.1.2: Desenho da Estrutura Organizacional 2: Estrutura por Processos: "Eu não sou responsável... não é
o meu produto" 21

XVIII Vivendo a Gestão de Ativos

2.1.3 Desenho da Estrutura Organizacional 3: Estrutura Matricial: "Eu sou responsável... é minha função e produto" 21
2.2 Processo de Planejamento 23
2.3 Indicadores-chave de Desempenho de Gestão de Ativos 28
2.4 Recompensa 29
2.5 Impactos do Ambiente Externo 31
2.6 Resumo 32

Capítulo 3 – Compreendendo Cultura
e Comportamento nas Organizações 35
3.1 Introdução 35
3.2 O Modelo ABC 36
   3.2.1 Antecedentes 37
   3.2.2 Modelo Mental 37
   3.2.3 Relação entre Cultura e Modelos Mentais 37
   3.2.4 Níveis Neurológicos de um Modelo Mental 40
   3.2.5 Nível 1 – Espiritual – Transmissão da Visão 40
   3.2.6 Nível 2 – Identidade – Missão 41
   3.2.7 Nível 3 – Crenças e Valores – Intenção e Expectativa 42
   3.2.8 Nível 4 – Capabilidades 43
   3.2.9 Nível 5 – Comportamento 43
   3.2.10 Nível 6 – Contexto 43
3.3 Comportamento 44
3.4 Consequências 45
3.5 O Que É Cultura? 48
   3.6.1 A Importância do Contexto 54
3.7 Atenção Focalizada e Complacência 59
3.8 Educação e Disciplina 64
   3.8.1 Disciplina Operacional 66
3.9 Resumo 67

Capítulo 4 – Entendendo o Papel das Emoções 69
4.1 Emoções 70
4.2 O Sistema Nervoso e o Sistema Endócrino 71
   4.2.1 O Sistema Nervoso 71

4.2.2 O Sistema Endócrino 75
4.3 Processamento Paralelo: Como Tudo Funciona 75
    4.3.1 Reações de Estresse 78
4.4 A Importância das Emoções no Contexto Organizacional 79
4.5 Emoções e Consequências 81
    4.5.1 Neurociência e Consequências Positivas 86
    4.5.2 Sistemas de Consequência 88
4.6 As Emoções e a Mudança de Cultura 90
4.7 Circuitos do Cérebro 91
4.8 Resumo 95

Capítulo 5 – Entendendo a Liderança
e a Gestão nas Organizações 99
5.1 Introdução 99
5.2 Gestão de Ativos e Teoria da Gestão 101
5.3 Os Conceitos de Liderança, Gestão e Valor 103
5.4 O Papel da Liderança 103
5.5 Gestão 110
5.6 Liderança, Comportamento e Mudança 112
    5.6.1 Liderança Transacional 112
5.7 Liderança Transformacional 113
    5.7.1 Desencadeando Compromisso 115
5.8 Mudando os Valores e as Crenças por meio
do *Coaching* 118
5.9 Uma Cultura de Mudança através da Liderança 122
5.10 O Processo de Mudança Usando o *Coaching* 124
5.11 Estágios da Mudança de Valores 126
5.12 A Incorporação de Valores e Crenças nas Organizações . 127
    5.12.1 Estágio de Gestão por meio de Instintos (Anomia) 129
    5.12.2 Estágio Cultural Dependente (Heteronomia) 130
    5.12.3 Estágio Cultural Independente (Socionomia) 131
    5.12.4 Estágio Cultural Interdependente (Autonomia) 131
5.13 Resumo 133

Capítulo 6 – Entendendo os Estágios de Maturidade da Gestão de Ativos 137

6.1 Estágios de Maturidade Cultural da Gestão de Ativos 137

6.2 Gestão de Ativos Instintiva (Anomia) – Estágio 1 138

6.3 Gestão de Ativos Dependente (Heteronomia) – Estágio 2 .. 145

6.4 Gestão de Ativos Independente (Socionomia) – Estágio 3 150

6.5 Gestão de Ativos Interdependente (Autonomia) – Estágio 4 156

6.6 Mudança Cultural 160

6.7 Resumo 161

Capítulo 7 – Maturidade na Gestão de Ativos 163

7.1 Introdução 164

7.2 Uma Visão Geral da Maturidade na Gestão de Ativos 166

    7.2.1 Elementos Organizacionais da Maturidade na Gestão de Ativos 167

    7.2.3 Qualidades da Maturidade na Gestão de Ativos 170

7.3 Construindo a Maturidade na Gestão de Ativos 171

7.4 Como a Maturidade é avaliada? 172

7.5 Os Estágios da maturidade na Gestão de Ativos 173

    7.5.1 Estágio 1 – *Ad Hoc* 174

    7.5.2 Estágio 2 – Consciente 176

    7.5.3 Estágio 3 – Desempenhando 178

    7.5.4 Estágio 4 – Excelência Operacional 180

7.6 Estudo de Caso: Desenvolvendo a Maturidade na Gestão de Ativos 183

Capítulo 8 – Uma Análise da Excelência na Gestão de Ativos 189

8.1 Benefícios da Excelência Operacional 191

8.2 O Foco da Liderança no Estágio de Excelência Operacional 192

    8.2.1 Liderar através do Exemplo e do Compromisso Visível 193

    8.2.2 Focar na Gestão através da Cultura ao invés da Gestão da Cultura 198

8.2.3 Focar no Sistema e no Processo 199
8.2.4 Estabelecer a Responsabilidade de Linha 200
8.2.5 Focar em Pessoas Capazes e Comprometidas 202
8.2.6 Estabelecer uma Organização Livre
de Acidentes e Falhas 203
8.2.7 Focar na Aprendizagem e na Melhoria Contínua 206
8.2.8 Estabelecer uma Cultura de Justiça e Metrocrática 209
8.2.9 Focar em Estabelecer Altos Padrões 212
8.2.10 Estabelecer a Garantia e a Governança
da Gestão de Ativos 219
8.2.11 Focar no Sistema de Gestão de Ativos 223
8.2.12 Participar no Desenvolvimento
e Operação do Sistema 224
8.2.13 Alinhar Iniciativas Operacionais
e Estratégicas Correspondentes (KPIs) 225
8.2.14 Manter a Consistência de Propósito
e a Implementação do Processo 227
8.3 Estudo de Caso de uma Usina de Energia 229
8.3.1 Ativos Gerando Valor 230
8.3.2 Alinhamento na Execução de Processos 231
8.3.3 Utilizando o Sistema de Gestão de Ativos
para o Controle da Governança 231
8.3.4 Liderança e Cultura Possibilitando o Sucesso 232
8.4 Excelência Operacional, Juntando Tudo
em um Conceito 233
8.4.1 Produtos da Gestão de Ativos 235
8.4.2 Processos e Procedimentos da Gestão de Ativos 236
8.4.3 Liderança na Gestão de Ativos 237

Capítulo 9 – Conclusão 239
9.1 A Dinâmica da Mudança Cultural 239
9.2 Disciplina e Estrutura Operacional 241
9.3 Sistema de Consequências 241
9.4 Liderança 242
9.5 Sistemas de Gestão 243

9.6 Relacionamento..244
9.7 Comunicação 245
9.8 Aprendizagem e Conhecimento........................246
9.9 Um Novo Modelo Mental...................................246

Anexo A – Modelo de Referência do Processo de Gestão
de Ativos – Modelo de Entrega da Capabilidade 249

A.1 Gestão de Demanda..250
A.2 Engenharia de Sistemas.....................................251
A.3 Gestão de Configuração 253
A.4 Aquisição 253
A.5 Operações e Manutenção 254
A.6 Melhoria Contínua 255
A.7 Gestão de Negócios 255
A.8 Cultura e Liderança 256

Anexo B..259

B.1 Metáfora da Árvore Relacionada ao Sistema
de Gestão de Ativos, Elemento Estruturado 259
B.2 Metáfora da Árvore Relacionada aos Elementos Tangíveis
ou Intangíveis da Maturidade na Gestão de Ativos..............260
B.3 Metáfora da Árvore Relacionada à Maturidade
na Gestão de Ativos 261
B.4 Resumindo a Maturidade na Gestão de Ativos..................262

Anexo C – Posfácio à Edição Brasileira – Excelência Operacional,
Comportamento e Mudança 263

C.1 Definição de Excelência Operacional (EO). 264
C.2 A Importância do Comportamento...................265
C.3 Estágios na Mudança de Comportamento 266

Referências..271

Bibliografia..275

Capítulo 1
INTRODUÇÃO

Duplicar o valor das ações, levar o homem à lua, transformar uma antiga refinaria em instalações de classe mundial com mais segurança e confiabilidade. Esses são alguns dos resultados alcançados por meio da implementação da gestão de ativos. Retornando à metáfora da árvore, esses seriam os frutos e as sementes da gestão de ativos.

Podemos afirmar que o uso eficiente e eficaz dos ativos físicos é elemento-chave para o bom desempenho das organizações. Quando gerenciados corretamente, possibilitam a redução do custo e do risco e a elevação do desempenho e do valor da ação.

Os ativos existem para fornecer valor à organização e seus públicos estratégicos. Por esse motivo, a forma como a organização gerencia seus ativos é determinante para a obtenção desse valor. Conforme já vimos no prefácio, os elementos-chave que sustentam a gestão dos ativos físicos – o ambiente e o solo (nutrientes) – são a liderança apropriada, o comportamento e a cultura organizacional.

1.1 Uma Breve Introdução à Gestão de Ativos

É importante que façamos agora uma pausa para delinearmos os conceitos-chave e fundamentos da gestão de ativos. Assim, definiremos o contexto para a criação da liderança, do comportamento e da cultura organizacional.

Para mais informações sobre o tema, há excelente material disponível em ABNT NBR ISO 55000 (2014). Recorrendo à metáfora da árvore, esta seção descreve as raízes (elementos intangíveis como sistemas, estrutura, comunicação e sistemas de recompensa), os troncos (pessoas, bens, liderança) e os ramos (os processos e funções do sistema de gestão de ativos).

> **Gary Winsor, gerente de operações de investimento, com mais de 30 anos de experiência em Atividades dos Ciclos de Vida de Ativos nos setores de Transporte e Energia.**
>
> *Gestão de ativos diz respeito à identificação de riscos e investimentos necessários à operação do ativo em questão. Trata-se de compreender quando é necessário passar da operação à substituição e implementar tal mudança no período de tempo apropriado. Tudo para que o custo de longo prazo seja baixo e não sobrecarregue desnecessariamente o proprietário dos ativos ou as comunidades.*

1.1.1 Definição de Gestão de Ativos e Ativos

O Conselho de Gestão de Ativos da Austrália define Gestão de Ativos como "O gerenciamento do ciclo de vida de ativos físicos para alcançar as saídas declaradas pela empresa".

Um dos objetivos dessa definição é estabelecer os limites de Gestão de Ativos e destacar de que modo se diferencia de outros processos-chave de gestão. A definição tem como foco a entrega de uma capabilidade declarada, em que os ativos desempenham um papel fundamental e a empresa deve gerir o ciclo de vida de seus ativos físicos de forma compatível com a necessidade do negócio para essa capabilidade. A definição envolve considerações de curto, médio e longo prazo.

Um ativo é um item, algo ou entidade com valor potencial ou real para uma organização. Valor varia de acordo com a organização e as partes interessadas. Pode ser tangível ou intangível, financeiro ou não. Gestão de ativos diz respeito a todos os aspectos da capabilidade, desde o momento de concepção do ativo passando pela sua vida operacional até o descarte final (ABNT NBR ISO 55000, 2014).

1.1.2 Fundamentos de Gestão de Ativos

A gestão de ativos baseia-se em um conjunto de crenças fundamentais. Se qualquer um desses fundamentos ou princípios estiver ausente da gestão de ativos, a organização provavelmente testemunhará uma redução no valor que tais ativos oferecem. Assim, os fundamentos devem influenciar diretamente os sistemas e planos de gestão de ativos da organização.

Debateremos a seguir tais fundamentos.

1.1.2.1 Valor

A gestão de ativos não é centrada no ativo em si mesmo, mas no que o ativo pode fazer pela organização e por seus públicos de interesse, ou seja, no valor que ele pode produzir. Ativos podem produzir valores tangíveis e intangíveis, financeiros e não financeiros.

Para determinar o valor de um ativo, o sistema de gestão de ativos emprega processos decisórios que incorporam determinados critérios das partes interessadas.

Por meio desse sistema de gestão, podem ser desenvolvidos e implementados planos de gestão de ativos que alcancem o necessário desempenho e forneçam valor para a organização.

1.1.2.2 Alinhamento

A implementação de um sistema de gestão de ativos possibilita que a organização traduza objetivos organizacionais em processos técnicos e financeiros, planos, atividades e tarefas, aplicando uma abordagem sistemática e sistêmica para a tomada de decisões.

4 Vivendo a Gestão de Ativos

Esse conceito é centrado no alcance de objetivos e resultados organizacionais por meio do planejamento, especificação, projeto e implementação de um sistema para gerir os ativos. Esse sistema também deve pautar empresas, indústrias e padrões de regulamentação técnica e financeira.

O sistema de gestão de ativos oferece suporte para que sejam tomadas decisões oportunas e precisas, estabelecendo uma relação transparente e lógica entre as decisões, atividades e tarefas dos funcionários para o alcance dos objetivos organizacionais.

A Figura 1.1 aponta o alinhamento que deve existir entre as necessidades das partes interessadas e os planos de gestão de ativos. Tal alinhamento possibilita transformar intenções estratégicas e resultados esperados em planos, atividades e tarefas alinhados aos objetivos organizacionais.

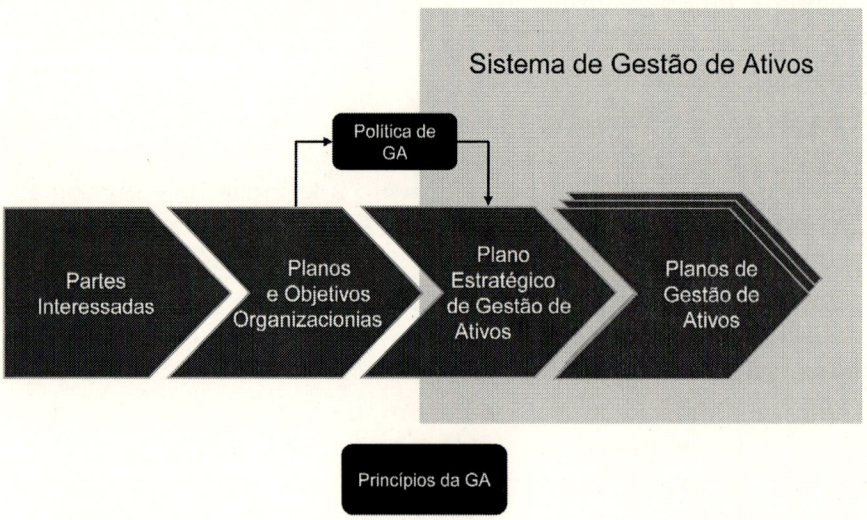

Figura 1.1: *Alinhamento organizacional existente entre as necessidades das partes interessadas e os requisitos do sistema de gestão de ativos.*

1.1.2.3 Garantia

O conceito de garantia advém da necessidade de gerir efetivamente a organização. Garantia se aplica aos ativos, à gestão de ativos e ao sistema de gestão de ativos. As partes interessadas precisam ter certeza de que os ativos e o sistema de gerenciamento a eles associado poderão (e vão) produzir o que deles se espera.

Para tanto, a alta administração regularmente faz análise crítica dos processos que ligam os objetivos organizacionais às funções do negócio e ao desempenho do sistema de gestão de ativos e dos ativos.

A melhoria contínua tanto do sistema de gestão de ativos quanto do desempenho dos ativos é parte da função de garantia. Essas ações asseguram às partes interessadas que os ativos atenderão aos seus requisitos.

1.1.2.4 Liderança

Liderança e comprometimento, em todos os níveis de gestão, são essenciais para o estabelecimento, a operação e a melhoria da gestão de ativos na organização.

O estilo de liderança de uma organização deve dar suporte ao alcance dos objetivos organizacionais e à relação de tais objetivos com as ações individuais dos empregados. O sucesso da gestão de ativos depende da plena compreensão, por parte dos empregados, dos objetivos organizacionais e do seu próprio papel para o alcance destes. Nesse sentido, o comprometimento deve existir em todos os níveis da organização.

Consultas regulares com os empregados e prestadores de serviço sobre mudanças e melhorias no sistema de gestão de ativos são importantes, uma vez que os empregados trabalham coletivamente em prol das metas e resultados organizacionais.

1.1.3 Sistema de Gestão de Ativos

O sistema de gestão de ativos tem o objetivo de direcionar, coordenar e controlar as atividades da gestão de ativos. Proporciona melhor controle de risco e assegura o alcance dos objetivos da gestão de ativos de forma eficaz. No entanto, nem todas as atividades podem ser formalizadas por meio de um sistema de gestão de ativos. Por exemplo, aspectos como liderança, cultura, motivação etc, embora exerçam influência significativa para o alcance dos objetivos, não são gerenciados por meio do sistema de gestão de ativos. Os elementos do sistema de gestão de ativos compõem um conjunto de ferramentas, tais como políticas, planos, processos de negócios e sistemas de informação, que se integram para assegurar as atividades de gestão de ativos.

1.1.4 Plano Estratégico de Gestão de Ativos

O plano estratégico de gestão de ativos possibilita que a organização crie uma ligação, quando necessária, entre o sistema de gestão de ativos (tal como descrito no conjunto de normas ABNT NBR ISO 5500X de 2014) e uma variedade de requisitos técnicos específicos de gestão de ativos.

Os requisitos técnicos específicos existem dentro e fora do ambiente ISO e nos níveis de normatização internacional, regional e nacional. Tais normas fornecem informações sobre estratégias, táticas, requisitos específicos de projetos, construção, material ou processo.

Os objetivos organizacionais estabelecem o contexto global e o direcionamento para as atividades da organização, o que inclui as atividades da gestão de ativos. Os objetivos organizacionais são geralmente traçados no planejamento estratégico e documentados no plano organizacional (também chamado de plano corporativo).

> *Andrew Morgan, diretor em uma empresa de consultoria com mais de 25 anos de experiência em mineração e gestão de ativos, sobre os fundamentos da Gestão de Ativos.*
>
> *Os fatores impulsionadores de alto nível, como segurança, custo e participação de mercado, são geralmente os mesmos. Os impulsionadores dentro de cada negócio, por outro lado, podem ser muito diferentes. É importante compreender as diferenças, pois observamos que cada setor e cada tipo de negócio pode ser muito bom em algumas áreas críticas, mas em outras áreas talvez não tão críticas, não serão necessariamente bons.*

1.1.5 Plano de Gestão de Ativos

A organização deve utilizar o plano estratégico de gestão de ativos para orientar o sistema de gestão de ativos no desenvolvimento dos planos de gestão (ou seja, na definição de "como" fazer). Além de definir as atividades a serem desenvolvidas, os planos de gestão de ativos devem ter objetivos mensuráveis e específicos (por exemplo, cronogramas com prazos, responsáveis e recursos a serem usados). Tais objetivos devem oferecer oportunidade de alinhamento dos planos operacionais com o plano organizacional e com os planos de negócios em quaisquer níveis.

1.1.6 Maturidade em Gestão de Ativos

Definimos maturidade em gestão de ativos como a "capacidade de uma organização se antecipar, fazer previsões e responder ao seu ambiente por meio da gestão de seus ativos, atendendo às necessidades de seus públicos de interesse". Requer que a organização produza resultados, tais como atendimento ao cliente, lucro, segurança e garantia, com os recursos disponíveis e no prazo definido.

Maturidade em gestão de ativos deve representar dinamismo e capacidade de responder às mudanças tanto do ambiente de negócios quanto das necessidades das partes interessadas. Tudo isso de forma alinhada às demais funções da organização. Maturidade em gestão de ativos expressa o nível de alinhamento e de integração da gestão de ativos na organização.

No capítulo 7 veremos mais sobre esse assunto.

1.2 A Necessidade de Liderança e de Cultura Organizacional

Existem muitas normas que se concentram exclusivamente no lado técnico e tangível da gestão de ativos. Por exemplo, o conjunto de normas de gestão de ativos ABNT NBR 5500X (2014) é aplicável em todo o mundo, está escrita em inglês, português e francês, mas não inclui qualquer recomendação no que diz respeito a:

- Comportamento e aspectos culturais;
- Questões de liderança e cultura; e
- Maturidade em gestão de ativos e excelência.

Liderança, cultura e maturidade expressam a diferença entre organizações de alto desempenho e as demais quando o sistema de gestão padrão é implementado. Liderança e cultura podem facilitar ou dificultar a implementação desse paradigma para o sistema de gestão de ativos.

> **Peter Kohler, diretor e estrategista de gestão de ativos com mais de 30 anos de experiência em liderança na indústria ferroviária e de defesa.**
>
> *"A partir da minha experiência na área de gestão de ativos, desde o final dos anos 90, posso dizer que não devemos subestimar a noção de boa liderança. Boa liderança não se refere a alguém dirigindo os demais no estilo 'o que fazer e como fazer'. Essencialmente, diz respeito sobre como criar o ambiente certo, em que as pessoas possam compartilhar uma visão e compreender o seu papel no desenvolvimento dessa visão. A cultura deve ser compartilhada, desafiadora e fértil para o surgimento de novas ideias. A combinação de liderança e cultura é, certamente, um dos aspectos-chave da gestão de ativos".*

Nosso objetivo neste livro é abordar estes aspectos – emoções, comportamento, cultura e liderança – juntamente com os demais elementos do modelo de maturidade de gestão de ativos, que não podem ser tratados de forma universal, como na ABNT NBR ISO5500X (2014). Assim, pretendemos oferecer subsídios para a gestão de fatores humanos complexos que afetam, igualmente, o desempenho organizacional. Tais questões são muito mais amplas e estão sempre fora do escopo de qualquer norma de sistema de gestão.

A interação dos aspectos tangíveis e intangíveis de uma organização pode produzir excelência e maturidade em gestão de ativos. Mudanças tradicionais tangíveis por si só, como confiabilidade, qualidade, segurança e manuais de gestão de ativos, não são tão eficazes quanto mudanças de comportamento e cultura.

Por exemplo, na década de 1970, uma pesquisa foi conduzida pelo Instituto Nacional para Segurança e Saúde Ocupacional Americano (NIOSH) para identificar os principais fatores que influenciam os resultados na área de segurança. O estudo, realizado em organizações dos EUA com altos, baixos e baixíssimos níveis de acidente, demonstrou claramente que práticas de segurança comumente prescritas (tais como comitês, normas, investigação e análise de acidentes, programas de segurança e demais medidas tradicionais de segurança) eram evidentes tanto em organizações com bom desempenho quanto naquelas com baixo desempenho na área (Hansen, 1993).

Os resultados indicaram que os elementos típicos dos programas tradicionais não eram suficientes para garantir um bom desempenho em segurança (veja a Figura 1.2 (Hansen, 1993)).

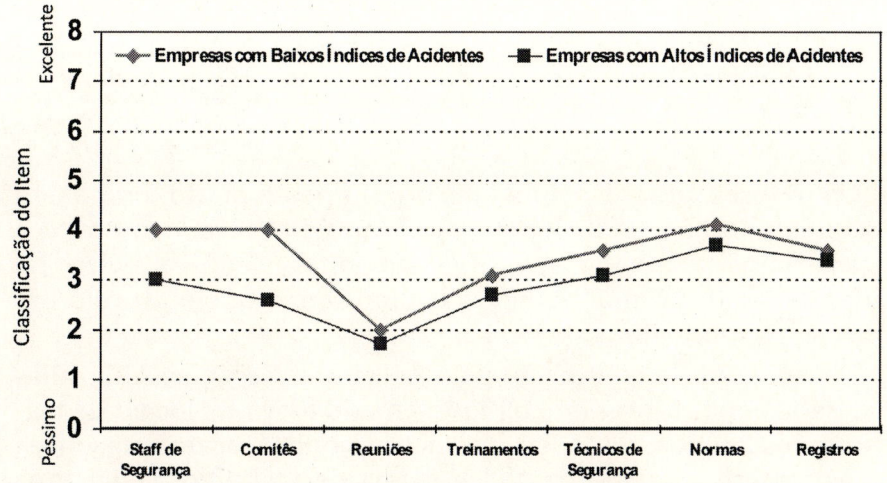

Figura 1.2: Correlação entre elementos e resultados de segurança

Apesar de todos os esforços das organizações para resolver problemas técnicos, observamos que emoções, comportamento, cultura e liderança estão entre os fatores determinantes para produzir resultados na área de segurança.

Essa linha de raciocínio tem fundamento. De acordo com Schaler:

> "Em uma fábrica, é realmente a linha de frente que tem a autoridade para agir e tomar decisões que realmente resultarão em segurança."
>
> (Schaler et al., 1993)

Maher é outro que compartilha dessa visão. De acordo com ele, o envolvimento da gestão é fundamental para a melhoria da segurança. Manuais e programas não são suficientes para alcançar a excelência:

> "Manuais não são a essência do processo, mas sim as pessoas, a organização e as atitudes. Sem uma mudança de atitude, sem o compromisso com a qualidade que pode fazer a segurança 'acontecer' na organização, um manual é apenas mais um livro na prateleira."
>
> (Schaler et al., 1993)

Outro defensor desse ponto de vista é Sarkis. Segundo ele, a administração da cultura é a chave para o alcance de resultados de segurança:

> "Segurança no trabalho é mais uma função relativa à cultura e à administração organizacional do que às atividades de segurança e requisitos regulatórios."
>
> (Schaler et al., 1993)

Os autores citados acima concordam neste ponto: não basta seguir manuais e instruções, é fundamental levar em conta o comportamento e a cultura organizacional. Nenhum deles, no entanto, sugere como modificar comportamento e cultura a fim de resolver problemas.

Em um estudo conduzido pela Escola de Negócios Australiana, dados apontaram que as margens de lucro de locais de trabalho designados como 'de alto desempenho' foram quase três vezes maiores do que daqueles locais de trabalho designados como de 'baixo desempenho'. Além disso, os locais de trabalho com alto desempenho foram mais eficientes para converter as despesas (por exemplo, o custo de ativos, tais como capital humano) em receitas (tais como as receitas cobradas por serviços prestados). Os locais de trabalho de alto desempenho geraram 12% mais renda do que os locais de baixo desempenho. Tais organizações de alto desempenho também foram melhores em saídas de produtos e serviços (Boedker et al., 2011).

Nesse estudo, a cultura dos locais de alto desempenho foi caracterizada por "um conjunto de valores e crenças compartilhadas, um ambiente em que as pessoas são estimuladas a introduzir mudanças e inovações, em que líderes se importam e colaboram com seus funcionários, motivados pela conquista de resultados e pelo foco nos objetivos". Embora tais organizações de alto desempenho apresentem diversos tipos de cultura e liderança, o estudo aponta que todas elas se empenham em criar liderança e cultura apropriadas – com base nos valores organizacionais – dentro de seus locais de trabalho, a fim de alcançar os resultados esperados.

Se, por um lado, ambientes de trabalho de baixo desempenho têm o estilo de liderança e cultura marcado pelo foco no controle e na estabilidade, por outro, os ambientes de alto desempenho se caracterizam pelo foco no alcance de resultados.

Importante ressaltar que não estamos, com isso, dizendo que a técnica e as questões tangíveis não são importantes. Podemos dizer que essas são condições necessárias, mas não suficientes para obter o resultado positivo em gestão de ativos e o desempenho elevado das organizações. Do mesmo modo, somente cultura e liderança não produzem os resultados esperados: é necessário o apoio dos conhecimentos técnicos e tangíveis. Para uma significativa evolução em maturidade e excelência na gestão de ativos, é necessária uma combinação de fatores técnicos e tangíveis, por um lado, e de fatores de liderança e culturais, por outro.

Um fator crucial para o alcance da excelência em gestão de ativos é o comportamento. Gestão de ativos é indissociavelmente relacionada ao comportamento humano.

12   Vivendo a Gestão de Ativos

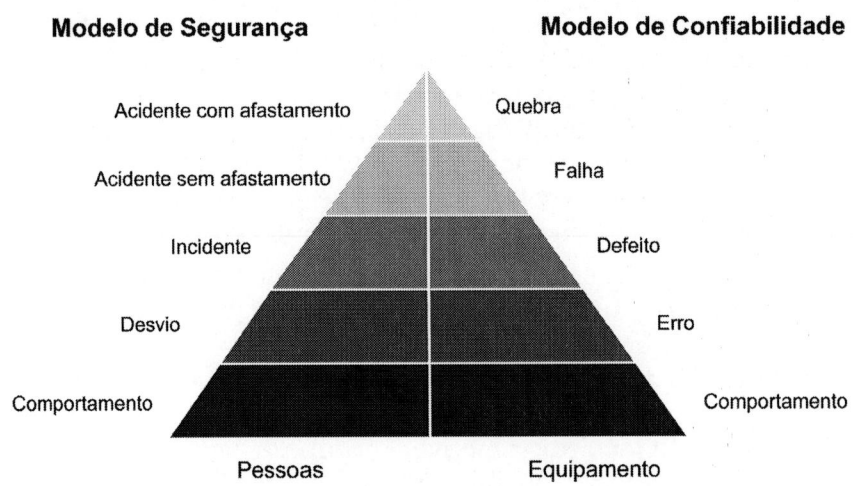

Figura 1.3: *Modelo das relações de causas de acidentes adaptado de Frak Bird (1980).*

Analisaremos agora a relação entre comportamento e gestão de ativos a partir da Figura 1.3, do modelo Frank Bird das relações de causas de acidentes. Observamos que para cada acidente grave ou com afastamento, são contabilizados dez ferimentos leves, 30 incidentes, 600 desvios de procedimento e 30.000 comportamentos inseguros tolerados pela organização (por exemplo, não conformidades, tais como não segurar no corrimão ao usar escadas ou não utilizar o cinto de segurança).

Ao aplicarmos o modelo Bird à confiabilidade, observamos uma sequência semelhante. Para cada grande dano a um equipamento ou um ativo, são registradas dez falhas, 300 defeitos, 3.000 erros e 30.000 desvios de comportamento (Conocophilips, 2003). A Figura 1.3 demonstra que um sistema de excelência operacional trata do mesmo modo a confiabilidade dos equipamentos e a segurança dos empregados.

De acordo com o modelo de segurança de Bird, comportamento inseguro leva a desvios, que podem levar a incidentes, que podem induzir a acidentes sem afastamento e, por fim, a acidentes com afastamento.

O mesmo acontece com a versão da pirâmide de desempenho de ativos e confiabilidade: desvio de comportamento pode levar a erro durante a manutenção do equipamento, ocasionar um defeito, uma falha e, por fim, uma parada, o que significa perda de confiabilidade e de produção. Se o comportamento for monitorado e o equipamento for projetado, mantido e operado de forma adequada, será possível evitar o erro e, portanto, a falha. Nos últimos dez anos, observamos que a extensão dos períodos de manutenção e no retreinamento do pessoal de manutenção resultaram na diminuição da taxa de falha, o que resultou em maior confiabilidade, melhor desempenho e baixo custo dos ativos (Kardec & Lafraia, 2002).

Se a emoção e o comportamento constituem a base da cultura (tema a ser explorado neste livro), por meio da liderança apropriada e da cultura é possível gerenciar comportamento para a excelência em gestão de ativos.

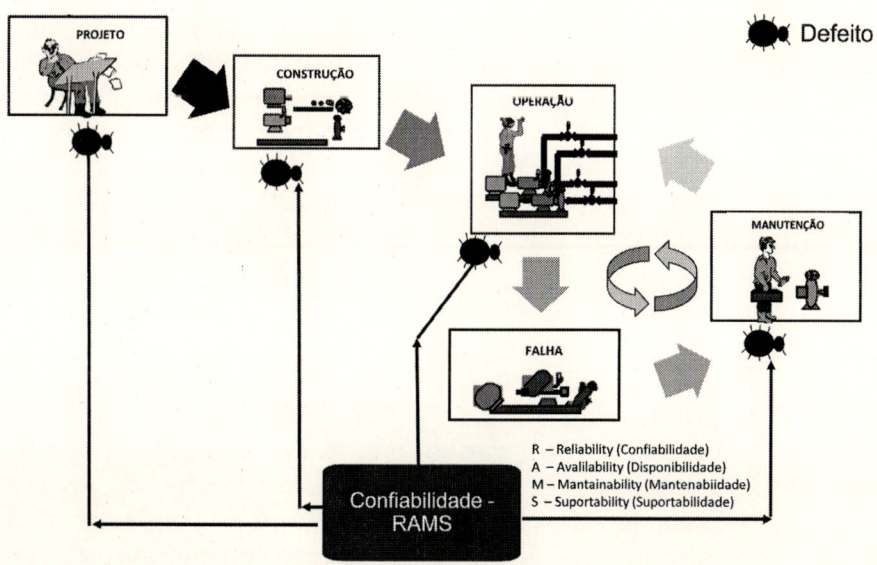

Figura 1.4: *Mão na massa no lápis (projeto, materiais), ferramentas (construção, manutenção), válvulas/botões (operação) etc, demonstrando a importância do comportamento para a melhoria da confiabilidade.*

Nesta abordagem, gestão de ativos é um paradigma mãos na massa. A causa-raiz dos maus resultados nas áreas de segurança e confiabilidade reside no nível emocional e comportamental de todas as atividades de gestão de ativos. Esse conceito pode ser aplicado a todas as atividades do ciclo de vida dos ativos. Um equipamento será tão confiável quanto são confiáveis as pessoas que fazem o planejamento, o projeto, o suprimento, a operação e a manutenção.

O maior desafio é como traduzir, alinhar e implantar os fundamentos, valores, estratégias e planos de gestão de ativos para as atividades mãos na massa da força de trabalho responsável pela produção de produtos e serviços (saídas) da organização.

Isso seria possível com 'comando e controle', o que representaria para a organização enorme esforço e dispêndio financeiro devido à falta de confiança e motivação dos funcionários. Resultados, como baixo custo, alta produção, qualidade, confiabilidade, Segurança, Saúde e Meio Ambiente (SMS), só podem ser alcançados por funcionários motivados e com alta confiança. Motivação e confiança estão intimamente ligadas às emoções, comportamento, cultura e liderança. Além disso, a limitação da abordagem do 'comando e controle' está relacionada ao princípio ético de criação de um ambiente organizacional que promova a autonomia, a aprendizagem e a educação para todos. Trata-se de uma mensagem extremamente importante, que precisa ser lida repetidamente em diferentes contextos para ser completamente compreendida.

Este livro oferece uma visão geral sobre os fundamentos da gestão de ativos e, em seguida, explora o impacto que o desenho organizacional, os estilos de liderança, os processos, procedimentos, emoções, comportamentos e culturas podem ter sobre o desempenho e o valor proporcionado. Esses tópicos serão elucidados por meio de exemplos de líderes em gestão de ativos. Embora os conceitos descritos neste trabalho sejam destinados particularmente às grandes organizações que praticam gestão de ativos físicos, eles também podem ser aplicados a todos os tipos de organizações que gerenciam outros tipos de ativos.

Gestão de ativos é uma jornada para proporcionar melhor desempenho nos negócios. Conforme a organização consolida a melhoria contínua no desempenho financeiro, melhores níveis de gerenciamento de risco e de serviço ficam evidentes.

A Jornada de Ativos Pouco Confiáveis para Ativos de Classe Mundial, Parte 1

Este estudo de caso é baseado em uma entrevista com Michael McGrath, gerente geral e agente de mudança, com mais de 40 anos de experiência em indústrias de manufatura e processo. A apresentação será feita em oito partes, ao longo deste livro.

P: O que conquistamos com a gestão de ativos?

R: *Nós pegamos um ativo que valia alguns bilhões de dólares ou mais, que era muito velho, e todo mundo dizia: "Preste atenção, é uma ativo muito antigo, vai falhar e ninguém vai querer gastar dinheiro renovando ele". Para nós, a competição estava vindo do exterior, de instalações muito maiores e mais modernas, então tivemos de tirar vantagem transformando um velho ativo (com baixo custo de depreciação) em padrão de classe mundial. Após sete anos, esse ativo deixou de ser uma das instalações com pior desempenho do mundo para se tornar de classe mundial, devido ao seu tamanho e forma. Uma das razões pelas quais tal ativo ainda opera na Austrália, com uma capacidade de produção relativamente pequena, é o fato de ser capaz de competir com plantas no exterior porque é pequeno, eficiente, altamente confiável e, sobretudo, altamente previsível em relação às suas paradas.*

Os seus números de confiabilidade são comparáveis aos melhores do mundo. A confiabilidade subiu, os custos por unidade de produção caíram 50% ao longo desses vários anos e seu custo total reduziu substancialmente. Isso porque éramos uma equipe integrada, focada no conjunto de resultados de negócios. Fizemos pequenos investimentos em áreas-chave, nos principais componentes que fariam uma diferença significativa no desempenho.

Capítulo 2

DESENHO ORGANIZACIONAL E VALOR PARA GESTÃO DE ATIVOS

Desenho organizacional é uma das principais atividades que dão suporte à entrega de valor pela gestão de ativos.

O desenho organizacional determina como os papéis e as responsabilidades são atribuídos dentro de uma organização e define os requisitos para fluxos de informações entre diferentes departamentos, funções e níveis de gestão. O tipo apropriado de desenho organizacional depende de uma série de elementos internos e externos que podem afetar a estrutura organizacional, tais como:

1. Tamanho da organização;
2. Estrutura – privada, governamental, privada com ação na bolsa;
3. Tipo de indústria, produtos ou serviços;
4. Objetivos e estratégias da organização;
5. Maturidade da organização – empresa recém-criada ou empresa estabelecida;
6. Diversidade da organização – planta única, único país ou multinacional de grande porte; e
7. Contexto cultural.

Todas essas variáveis podem impactar o desempenho e a estrutura da organização, o estilo de liderança e os comportamentos aceitáveis. Muitas das ideias exploradas neste livro podem ser aplicadas a diferentes tipos de organizações, no entanto, a liderança de gestão de ativos é geralmente mais complexa nas organizações maiores devido ao maior número de bens, produtos e serviços.

O desenho organizacional também pode produzir diferentes resultados no comportamento e na cultura, portanto, é importante alinhar o desenho da organização ao estilo de liderança e à cultura desejados. Um desalinhamento pode levar à obtenção de um resultado indesejável. No capítulo 5, abordaremos de que forma é possível produzir impacto por meio do alinhamento entre os resultados desejados, os estilos de liderança e a cultura apropriada.

2.1 Desenho Organizacional para Criar Valor

As organizações continuarão a desenvolver o desenho organizacional no seu desejo de alcançar maior valor. Se uma organização errar no desenho organizacional, grande parte desse valor poderá ser destruído, especialmente se não houver qualquer alinhamento entre desenho organizacional, estilo de liderança, comportamentos, indicadores-chave de desempenho, sistemas de recompensa e sistemas de negócios e processos. Embora o desenho seja para projetos em nível organizacional, os mesmos princípios se aplicam à gestão de ativos.

O desenho organizacional define como as organizações estão estruturadas para entregar seus objetivos estratégicos e, portanto, obter valor. É um processo complexo dividir grandes organizações em grupos, departamentos, setores, seções e equipes de tamanho adequado para equilibrar o range de controle, gestão de riscos e custos. Grupos organizacionais devem trabalhar juntos de forma a entregar os resultados desejados. Esse alinhamento entre o desenho organizacional, o estilo de liderança e os comportamentos, sistemas e processos é determinante para a criação ou a destruição do valor. Dito de outro modo, podemos afirmar que o sucesso ou o fracasso de uma empresa depende, em grande parte, do alinhamento entre gestão, liderança, comportamento e desenho organizacional.

Capítulo 2 Desenho Organizacional e Valor para Gestão de Ativos

A divisão das organizações em grupos resulta na divisão dos processos de uma organização em funções ou subfunções. Na gestão de ativos, tais processos são críticos para a produção dos resultados desejados. Ao longo deste livro, vamos nos referir às saídas estratégicas (horizontais) da organização. Uma vez que se decida finalizar um processo, os pontos de interface entre diferentes grupos de trabalho devem ser claramente definidos. São esses pontos de interface que criam questões desafiadoras para os relacionamentos.

Vejamos um exemplo. Pense sobre o desenho organizacional como um jogo de não deixar a bola cair usando as mãos. Imagine uma pessoa jogando e pegando a bola. Nesse caso, apenas uma pessoa pode ser responsável por deixar a bola cair. Se outra pessoa entrar no jogo, o lançamento poderá ser feito a uma distância maior e duplica o número de lugares para o qual a bola poderá ser jogada. Cada pessoa poderá culpar a outra. Foi um lance ruim? Foi culpa do outro jogador? Quem foi responsável por deixar a bola cair? O que acontece quando dez pessoas estão jogando?

Outro exemplo da área de negócios seria a concepção e a construção de um novo ativo ou uma nova parte de uma planta. O primeiro estágio do processo envolve as equipes de planejamento e projeto, que definem o que é necessário para a condução do projeto, quais os resultados esperados e em qual período de tempo. As equipes de planejamento e de projeto, que têm em mente a finalização, disponibilizaram tempo suficiente para a construção? Se as equipes de planejamento e de projeto concluírem o trabalho duas semanas mais tarde, a data de entrega deverá ser ajustada? Ou o gerente de construção e montagem deverá ser responsável pelo prazo original de entrega? Quem será o responsável caso o prazo original não seja cumprido? A maneira pela qual tais processos e interfaces são configurados e executados determinará o sucesso ou o fracasso de uma atividade.

Tendo em conta os riscos associados à passagem de fase – uma bola que cai ou um prazo de entrega perdido – é importante que as organizações gerenciem as entregas que ocorrem de grupo para grupo. Os riscos podem ser reduzidos se o processo for claramente orientado pelas seguintes questões:

20 Vivendo a Gestão de Ativos

- O que é necessário?
- Quando é necessário?
- Com qual padrão?
- Como acontecerá a passagem de fase?
- Se houver alterações, como serão comunicadas?
- Quem será responsável e responsabilizado por cada parte do processo?
- Quem terá foco no processo, de ponta a ponta, não apenas nas entregas das funções individuais?

Geralmente, a falta de visão e compreensão acerca dessas questões cria comportamentos disfuncionais que são prejudiciais às organizações. Um ponto importante é definir quem tem responsabilidade e quem será responsabilizado pela função versus a entrega do resultado. A falta de clareza, responsabilidade e prestação de contas pode causar problemas. Prioridades concorrentes e nichos de realizações individuais levarão a comportamentos indesejados se não houver, em função da correta liderança, um alinhamento dos indicadores-chave de desempenho em torno de objetivos comuns para o alcance de resultados organizacionais.

Três estruturas de desenho organizacional serão discutidas agora. Cada desenho tem seus pontos fortes e fracos.

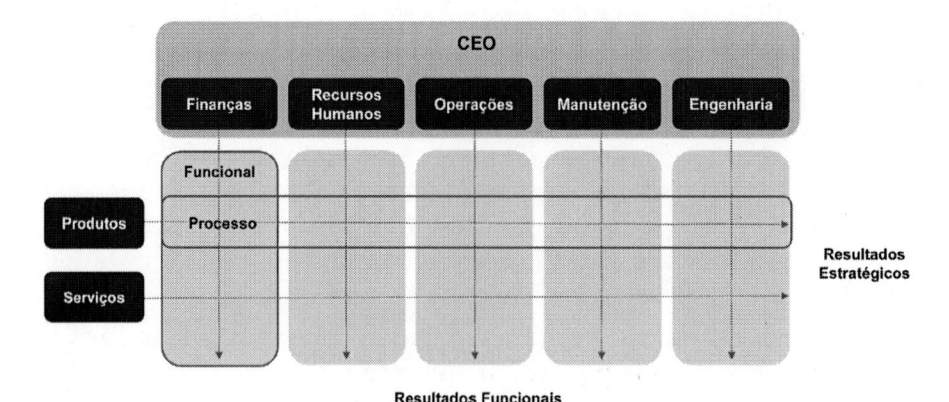

Figura 2.1: *Desenho organizacional funcional e por processos.*

2.1.1 Desenho da Estrutura Organizacional 1: Estrutura Funcional: "Eu não sou responsável... não é minha função"

A estrutura funcional é usada quando é exigido um elevado nível de competência especializada. Tal estrutura pode melhorar o conhecimento, a experiência e fornecer economias de escala por meio da centralização. No entanto, a coordenação entre funções pode ser difícil e inflexível. A estrutura funcional é representada pelas setas verticais na Figura 2.1 (alinhamento vertical).

2.1.2: Desenho da Estrutura Organizacional 2: Estrutura por Processos: "Eu não sou responsável... não é o meu produto"

Esta estrutura descentralizada possibilita flexibilidade e uma resposta rápida a mudanças no ambiente. No entanto, a duplicação de funções em cada processo é ineficiente e não facilita o compartilhamento de conhecimento entre funções. A estrutura por processos é representada pelas setas horizontais na Figura 2.1 (alinhamento horizontal).

2.1.3 Desenho da Estrutura Organizacional 3: Estrutura Matricial: "Eu sou responsável... é minha função e produto"

Este tipo de estrutura tenta obter o melhor tanto da estrutura funcional quanto por processo, mas pode ser difícil de implementar já que alguns funcionários terão a impressão de ter dois chefes. A estrutura matricial é representada pelas setas verticais e horizontais na Figura 2.1.

A estrutura exige cuidadosa seleção de líderes e gestores para trabalhar. Quando sistemas, processos, passagem de fase, responsabilidades e responsabilização não são claramente definidos, isso pode resultar em incerteza e ineficiência, com algumas atividades sendo feitas mais de uma vez e outras não sendo feitas. Pode igualmente conduzir ao tão comum comportamento de silos organizacionais, como descrito na Figura 2.2.

Figura 2.2: *Com liderança e gestão errados, isso pode acontecer.*

O desenho organizacional precisa corresponder ou estar alinhado ao tipo de comportamento, cultura, liderança e estilo de gestão desejado. Não há resposta certa ou errada em relação ao desenho; trata-se de compreender e alinhar o desenho organizacional aos conceitos explorados neste livro. Considere o seguinte: "se todo este trabalho pudesse ser feito por um indivíduo, a complexidade desapareceria". Quando se lida com gestão de ativos, especialmente no que se refere a ativos complexos, o desenho organizacional é crítico. Isso porque existem muitas funções, atividades e processos que precisam interagir para o alcance dos resultados organizacionais desejados.

2.2 Processo de Planejamento

Todas as grandes organizações têm um processo de planejamento corporativo que define a visão corporativa e a estratégia e traduz esses elementos em um conjunto de objetivos estratégicos. A quantidade de maneiras diferentes de conduzir o planejamento corporativo é tão grande quanto o número de diferentes organizações existentes.

Os termos usados para designar esse processo variam de acordo com a organização, como, por exemplo:

- Planejamento estratégico;
- Planejamento empresarial;
- Planejamento de longo prazo; e
- Definição de metas.

Devido às diversas maneiras de se realizar o processo de planejamento, e mesmo de designá-lo, não é surpreendente que as organizações tenham dificuldade para alcançar os resultados desejados.

> *Achim Krügdar, vice-presidente de soluções da SAP, com mais de 25 anos de experiência em gestão de ativos e soluções de TI, sobre integração.*
>
> Primeiramente, integração em grandes organizações tem a ver com comunicação. Quando falamos sobre como apoiar melhor a comunicação, acreditamos que isso possa ser feito através de uma infraestrutura altamente efetiva e eficiente de Tecnologia de Informação. Mas para que ela funcione, você precisa ter todas as metas transparentes para que todos tenham uma boa ideia do que está ocorrendo na organização. Você também precisa de transparência sobre no que outros grupos estão trabalhando, de forma a permitir alinhamento. Então, é claro, qualquer tipo de ferramenta eficiente que permita uma melhor colaboração é benéfica. Por exemplo, minha experiência em uma organização global com muitos fusos horários – uma organização que se estende por todo o globo – é que quanto mais eficiente forem estabelecidas ferramentas de comunicação, como vídeo conferência, ferramentas de colaboração on-line, ferramentas que permitam armazenamento de informação, de forma que pessoas de diferentes fusos horários possam visualizar mais facilmente essas informações, mais isso tudo leva para uma melhoria do clima de colaboração que, finalmente, melhora a eficiência.

24 Vivendo a Gestão de Ativos

Seja qual for o termo que uma organização utiliza para designar o seu processo de planejamento, os principais atributos desse processo são:

- Os propósitos estratégicos e os objetivos são claramente definidos. Os objetivos são mensuráveis e contêm, no máximo, três ou quatro pontos-chave;
- São levados em consideração pontos fortes e fracos internos e oportunidades e ameaças externas. Uma análise da empresa, do cliente e do concorrente é realizada.
- Existe alinhamento entre o plano estratégico, as metas e os indicadores de curto prazo. As etapas de prazos mais curtos trabalham para o alcance dos objetivos de longo prazo.
- Existe integração entre o plano estratégico, os objetivos e os respectivos orçamentos para alcançá-los.
- Existem conexões bem comunicadas que demonstram como o plano estratégico atenderá aos requisitos das partes interessadas.

Figura 2.3 oferece uma visão geral do processo de planejamento. Esse processo é válido para desenvolver um plano estratégico corporativo geral e para os planos estratégicos individuais, ou seja, gestão de segurança ou gestão de ativos.

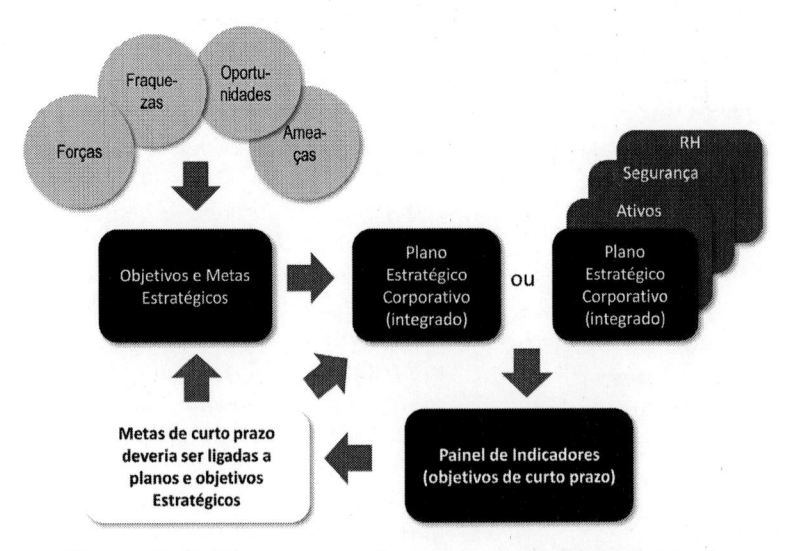

Figura 2.3: *Fluxograma do processo de planejamento.*

Capítulo 2 Desenho Organizacional e Valor para Gestão de Ativos

Ao mesmo tempo em que deve haver uma estrutura para o processo de planejamento, os resultados não devem ser muito prescritivos. Se, por exemplo, a inovação for necessária para o alcance dos resultados desejados, será preciso ter flexibilidade para permitir a obtenção de valor durante a execução do plano estratégico.

O processo de planejamento corporativo deve incluir o processo para entregar o plano estratégico de gestão de ativos. Isso possibilita que a organização obtenha ideias originais sobre o que se está tentando entregar por meio da utilização de ativos. Nesse estágio, o plano estratégico de gestão de ativos é testado para assegurar que o mesmo esteja alinhado ao plano corporativo.

Elaborar um planejamento estruturado guarda semelhanças com o processo de elaboração de um bolo para comemoração de um evento. No caso de um aniversário, por exemplo, a proposta ou o objetivo estratégico seria a comemoração do evento. Se o evento for celebrado com um bolo, alguém precisará decidir qual tipo preparar. A escolha envolve considerações sobre seus pontos fortes e fracos, as oportunidades e ameaças. Quem é bom cozinheiro e tem potencial para preparar bolos saborosos? O bolo torna-se o indicador-chave de desempenho, que é uma saída tangível, específica e mensurável.

Objetivos de curto prazo incluem as compras dos ingredientes e o momento de assar o bolo. Deve haver ordem e alinhamento entre cada uma dessas metas e objetivos.

As organizações podem ter um plano estratégico integrado ou múltiplos planos que, juntos, formam o plano corporativo. Do mesmo modo, o objetivo de comemorar um evento pode reunir planos para a preparação do bolo, a distribuição dos convites, a decoração do local e o provimento de alimentação. Todos esses planos precisam ser interligados para garantir que os resultados esperados sejam alcançados. No caso da festa, alcançar os resultados esperados seria receber os convidados no local adequado, decorado, na data e horário certos, com bolo e bebidas prontos.

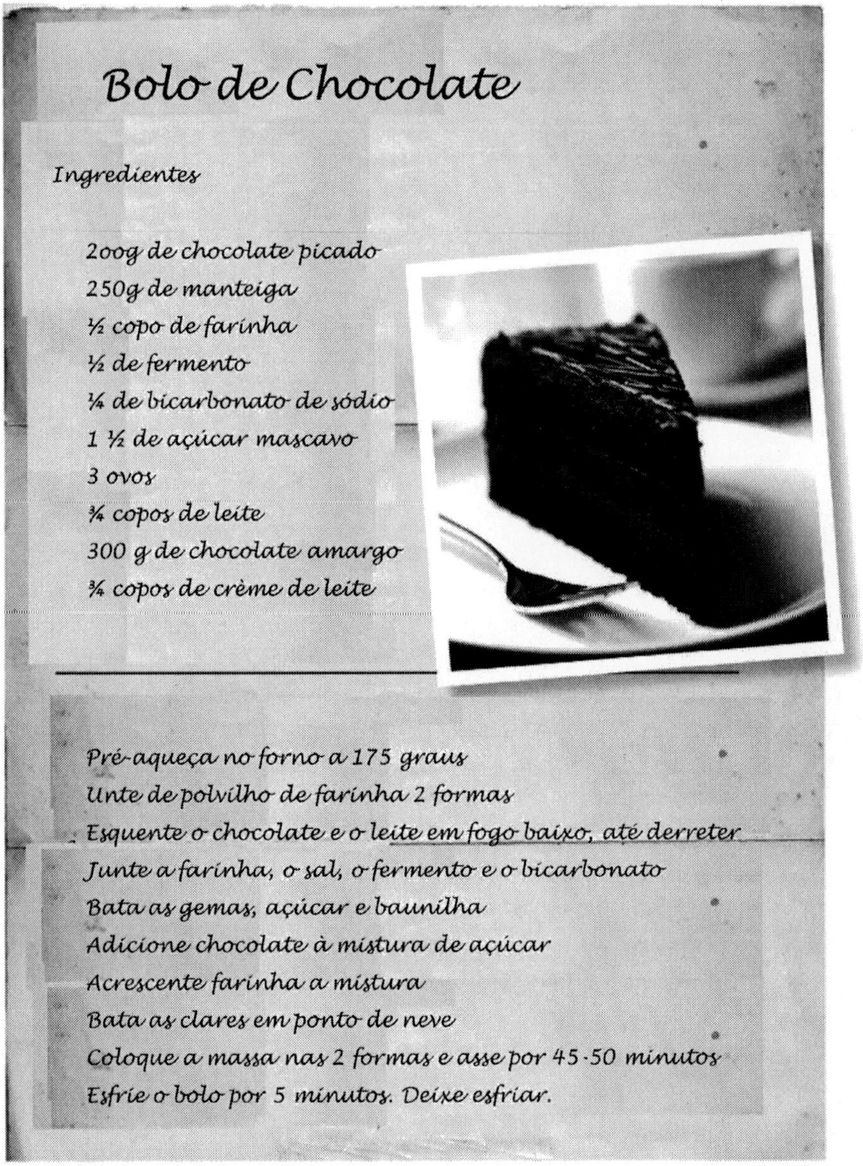

Bolo de Chocolate

Ingredientes

200g de chocolate picado
250g de manteiga
½ copo de farinha
½ de fermento
¼ de bicarbonato de sódio
1 ½ de açúcar mascavo
3 ovos
¾ copos de leite
300 g de chocolate amargo
¾ copos de crème de leite

Pré-aqueça no forno a 175 graus
Unte de polvilho de farinha 2 formas
Esquente o chocolate e o leite em fogo baixo, até derreter
Junte a farinha, o sal, o fermento e o bicarbonato
Bata as gemas, açúcar e baunilha
Adicione chocolate à mistura de açúcar
Acrescente farinha a mistura
Bata as clares em ponto de neve
Coloque a massa nas 2 formas e asse por 45-50 minutos
Esfrie o bolo por 5 minutos. Deixe esfriar.

Figure 2.4: Bolo de chocolate

O resultado do processo de planejamento de negócios é um conjunto de objetivos ou metas estratégicas que precisam ser alcan-

Capítulo 2 Desenho Organizacional e Valor para Gestão de Ativos 27

çados para a entrega do objetivo estratégico da organização. Para tanto, as seguintes perguntas devem ser levadas em consideração:

- A estrutura organizacional é adequada?
- Que medidas são necessárias?
- Como cada grupo de trabalho pode contribuir para o resultado da empresa?
- As habilidades e os recursos corretos estão mobilizados para a entrega dos resultados?
- Como equilibrar os objetivos de um grupo de trabalho com a maneira como o grupo de trabalho interage com o resto da organização?
- Que atributos de liderança são necessários?
- Que comportamentos da gerência e dos funcionários são adequados?

É importante que os objetivos organizacionais estejam relacionados a áreas-chave da capabilidade de gestão de ativos físicos, humanos, gestão financeira e de informações, como aponta a Figura 2.5.

Isso possibilita um equilíbrio adequado e ligações entre áreas. Por exemplo, a aquisição de uma nova planta produzirá impacto em:

- Recursos Humanos necessários para operar e manter a planta;
- Gestão financeira por meio do custo de aquisição / manutenção e o retorno sobre o investimento;
- Gestão de informações com sistemas necessários para capturar o desempenho da planta.

É muito importante o alinhamento entre os planos para o uso eficaz dos recursos necessários ao alcance dos objetivos das organizações. Tal alinhamento pode ser verificado por meio de testes dos objetivos do plano corporativo e dos objetivos documentados no plano estratégico de gestão de ativos. O plano estratégico de gestão de ativos também precisa estar alinhado a qualquer outro plano estratégico da organização, definindo o escopo e a potencial complexidade do Sistema de Gestão de Ativos.

28   Vivendo a Gestão de Ativos

Planejamento de recursos (capacidade e demanda),
Gestão de liderança
Cultura

Gestão dos Ativos Humanos

Gestão de Ativos Físicos

Objetivos Organizacionais

Gestão Financeira

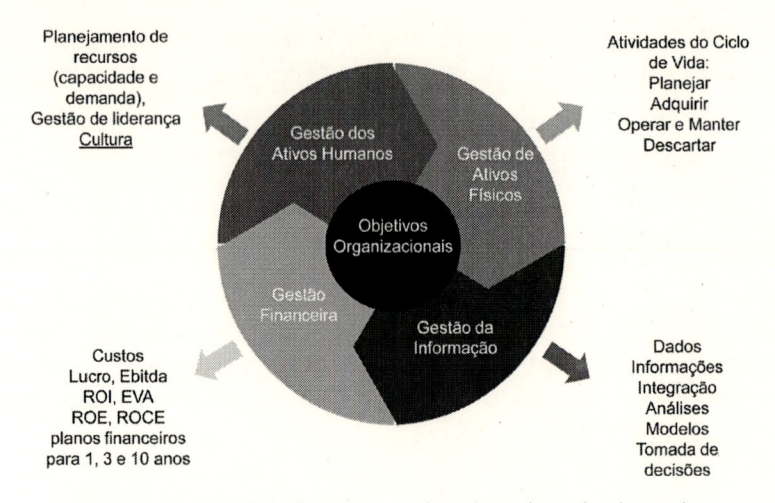

Gestão da Informação

Atividades do Ciclo de Vida:
Planejar
Adquirir
Operar e Manter
Descartar

Custos
Lucro, Ebitda
ROI, EVA
ROE, ROCE
planos financeiros
para 1, 3 e 10 anos

Dados
Informações
Integração
Análises
Modelos
Tomada de decisões

Figura 2.5: *Objetivos organizacionais relacionados às áreas-chave de capabilidade*

2.3 Indicadores-chave de Desempenho de Gestão de Ativos

Os objetivos do plano estratégico de gestão de ativos devem ser medidos sempre que possível. Isso vai ajudar a definir os indicadores-chave de desempenho para a entrega dos resultados esperados. Para o sucesso da gestão de ativos, são necessários tanto os indicadores-chave de desempenho operacional quanto os indicadores-chave de desempenho estratégico.

Indicadores-chave de desempenho operacional podem ser definidos como indicadores produzidos por um grupo de trabalho, e são atribuídos diretamente a esse grupo. Indicadores-chave de desempenho estratégico são criados para alcançar os resultados desejados nos processos-chave da organização. Esses indicadores-chave de desempenho estratégico geralmente são os mais difíceis de definir, medir, entregar e recompensar. O estilo de liderança pode determinar o sucesso ou o fracasso do resultado desejado da gestão de ativo. Nesse ponto, o desenho organizacional matricial pode ser muito útil, pois essa estrutura destina-se à clara responsabilização por resultados operacionais bem definidos (funcionais) assim como pelos resultados estratégicos (produtos e serviços). O desafio é configurar os indicadores de desempenho adequados para o alcance do equilíbrio certo entre os dois indicadores citados, às vezes aparentemente concorrentes. A liderança e as questões comportamentais serão tratadas em capítulos posteriores.

2.4 Recompensa

O reforço positivo é muito mais eficaz para alterar e sustentar comportamentos desejados do que o reforço negativo ou punição. Se comportamentos generalizados resultam na cultura desejada, a recompensa, como uma forma de reforço positivo, é fundamental para o comportamento e a cultura organizacional. Do mesmo modo que a recompensa é uma parte inseparável dos indicadores-chave de desempenho, também é parte inseparável da criação de uma nova cultura organizacional.

Recompensas devem ser alinhadas ao comportamento e à cultura que a organização está buscando alcançar. O tipo errado de recompensa pode reforçar a cultura de silos organizacionais discutida anteriormente neste capítulo. Nesse caso, os funcionários trabalharão orientados pelas realizações individuais, em vez de trabalhar em equipe para o alcance de objetivos ou resultados organizacionais. A maioria das organizações tem dificuldade de transmitir aos empregados a visão global, ou seja, de que forma cada um pode contribuir para o alcance de objetivos organizacionais.

> *David Daines, líder sênior em Gestão de Ativos, com mais de 29 anos de experiência no setor de mineração, sobre êxito da equipe.*
>
> *O principal veículo que usamos para celebrar o sucesso e reconhecê-lo foi o Programa de Premiação em Gestão de Ativos do Conselho de Gestão de Ativos. Comprometemo-nos com o Programa de Premiação em Gestão de Ativos este ano com base no fato de que a equipe estava junta apenas há um ano. Tínhamos progredido significativamente e realmente queríamos um processo de auditoria externa para compreendermos exatamente como estávamos bem e como estavam as nossas oportunidades futuras*

Se você perguntasse a um técnico, no momento da manutenção de uma máquina, o que ele faz, é provável que obtivesse como resposta: "estou consertando máquinas quebradas". Esse técnico geralmente não compreende de que forma contribui para a imagem e o desempenho da organização ou o motivo pelo qual a confiabilidade da máquina é importante.

Existe uma lenda que diz: se você perguntasse ao zelador da NASA o que ele costuma fazer, poderia esperar como resposta: "esvaziar as latas de lixo" ou "limpar o pavimento". E se a resposta mais provável fosse "enviar um homem à lua"?

Em organizações de alto desempenho, como a NASA, essa compreensão da equipe sobre como contribuem para a imagem e os resultados da empresa é um atributo diferencial. Se você deseja uma equipe altamente engajada, orgulhosa e que atue de forma consciente e comprometida com o trabalho, é crucial construir uma imagem que tenha significado abrangente para cada um dos integrantes.

Gestão de ativos em grandes organizações requer que todos trabalhem juntos para entregar os resultados. Por esse motivo, não é adequado reconhecer apenas o desempenho individual, uma vez que isso pode retardar o desempenho organizacional. Pode ser extremamente desafiador implementar equipes e definir recompensas coletivas para reforçar o comportamento desejado. Se isso puder ser feito, será extremamente útil para o estabelecimento e o reforço dos comportamentos e da cultura desejados.

Por exemplo, uma recompensa monetária para o líder de uma equipe por ter alcançado sua meta individual faz muito pouco para reforçar o trabalho conjunto necessário ao alcance de objetivos e metas organizacionais. Pelo contrário, estimula um funcionário a continuar buscando atingir sua meta, sem levar em conta o resultado global da organização. Este é o tipo de recompensa focada no indivíduo. Recompensas que incentivam uma equipe e uma organização a se orgulhar do alcance de uma meta organizacional produzem comportamentos e culturas de trabalho mais desejáveis. Comemorar o sucesso e os resultados da equipe reforça o seu comportamento. Anunciar o sucesso de uma equipe em uma reunião anual, uma noite de premiação ou um boletim de notícias não só destaca o que a equipe alcançou, mas também reforça os benefícios do trabalho em conjunto.

> **Glenn Ingram, líder sênior em Gestão de Ativos, com mais de 30 anos de experiência nas áreas de mineração e engenharia de manutenção, sobre recompensas de equipe.**
> *Damos preferência ao reconhecimento da equipe, em vez de reconhecer financeiramente as pessoas, individualmente. Nós celebramos as conquistas por meio de newsletters e histórias de sucesso. Compartilhamos os bons resultados por toda a organização, o que torna o ambiente agradável a ponto de podermos dizer: "Olhe o que fizemos bem! Veja o que posso compartilhar com você". Faz bem às pessoas sentirem e poderem afirmar que contribuem para o negócio e que foram capazes de torná-lo bem-sucedido.*

2.5 Impactos do Ambiente Externo

O ambiente externo desempenha um papel importante no que diz respeito à gestão de ativos. O ambiente define os limites para o sucesso ou o fracasso de uma organização. Se outras organizações podem produzir o mesmo resultado com custo mais baixo, não importa o quanto seja bom o estilo de liderança ou a cultura organizacional. Nesse caso, será impossível competir no mercado sem promover mudanças.

Será necessário um líder forte para conduzir uma mudança organizacional. Boa gestão será necessária para alinhar os novos sistemas e processos resultantes da mudança.

O ambiente externo está em constante mudança e precisa ser levado em consideração na tomada de decisões e na implementação de mudanças organizacionais. Alterações no ambiente interno de uma organização, decorrentes de mudanças ambientais externas, terão como consequência resultados mensuráveis. Na maioria das situações, também haverá efeitos colaterais que poderão ser notados em algumas áreas inesperadas. Isso significa que não existe qualquer substituto para monitorar e analisar criticamente os resultados entregues e compará-los àqueles esperados – testando-os para quaisquer resultados inesperados.

2.6 Resumo

Este capítulo abordou os aspectos mais tangíveis da gestão de ativos, onde se encaixa dentro de uma organização e também os processos pelos quais se articula. O desenho organizacional de como as organizações podem ser estruturadas para entregar os seus objetivos e valor constitui uma parte considerável deste capítulo, em que três estruturas de desenho organizacional foram abordadas. Por último, falamos sobre a criação e o alinhamento de planos estratégicos e de indicadores de desempenho-chave. Tais aspectos constituem grande parte do lado tangível da árvore: raízes, tronco e ramos. Este capítulo ofereceu o contexto e a estrutura para que possamos levar em conta os fatores humanos a serem explorados ao longo deste livro.

A Jornada de Ativos Pouco Confiáveis para Ativos de Classe Mundial, Parte 2

A: Como você conseguiu promover interfaces bem-sucedidas entre os grupos que se traduzissem em resultados eficazes? E de que forma foi possível medir tais resultados?

R: Primeiramente, destaco que a confiabilidade do ativo era fundamental porque a falha de equipamentos de produção trazia grandes consequências. A previsibilidade do ativo era muito importante e, por isso, foi identificada como segunda prioridade. Se soubéssemos que a planta pararia, poderíamos adotar medidas para reduzir o custo ou o impacto. Prever a confiabilidade era muito importante para que as pessoas fossem proativas. Em organizações como a que liderei, os conflitos existentes ocorrem entre operação, engenharia e manutenção. Todos sabiam o que eles deveriam estar fazendo para o alcance de resultados. Infelizmente, havia muita discordância. Então montamos equipes cujo trabalho era prever o desempenho de componentes-chave dentro da planta.

Tomemos o carro como um exemplo de um ativo físico. Se você tiver que prever quando ele quebrará, você precisará mais do que somente um motorista experiente para fazer uma avaliação de confiabilidade futura. Provavelmente, será necessário levar um técnico para monitorar a vibração, ruído, correntes elétricas,

Capítulo 2 Desenho Organizacional e Valor para Gestão de Ativos

em síntese, efetuar um conjunto de testes que contribuam para a previsão do momento da falha. Também podemos precisar de um técnico de manutenção para identificar qualquer anormalidade e somar tudo isso à avaliação do próprio motorista.

Assim, reunimos grupos de pessoas ao redor de cada ativo, de cada componente do ativo e orientamos "seu trabalho agora é prever a confiabilidade futura desta planta". Para tanto, eles precisavam inspecionar o local, adotar medidas preventivas, além de serem realmente bons observadores e demonstrar isso nas reuniões e encontros. Desse modo, valorizamos a capacidade das pessoas em prever falhas.

O resultado foi incrível: o número de falhas começou a diminuir porque as pessoas estavam mais alertas quanto à saúde da planta. Como era possível prever o que estava por vir, adotamos medidas preventivas de modo que a confiabilidade da planta melhorou enormemente. Descobrimos que, se uma planta não falha frequentemente, os custos também caem. Assim, tivemos um maravilhoso resultado, construído de forma contínua, e seguimos comemorando sempre que possível. Era a celebração de uma equipe trabalhando junta para a entrega do resultado do negócio. Todo mundo viu e sentiu o reconhecimento.

Capítulo 3

COMPREENDENDO CULTURA E COMPORTAMENTO NAS ORGANIZAÇÕES

Este capítulo apresenta os fatores humanos da cultura e do comportamento nas organizações. Exploraremos o comportamento como base para a cultura: de que maneira compreendê-lo, identificá-lo e quais as formas de modificá-lo. Além disso, será discutido o papel da educação, da atenção e da disciplina como elementos de comportamento. Boa parte deste capítulo será dedicada à compreensão do papel, do valor e do impacto da cultura na gestão de ativos.

Partindo da metáfora da árvore, este capítulo trata do solo que fornece nutrientes e serve de base para o restante do organismo. Para que uma árvore cresça forte e produza os melhores frutos, são necessários fatores invisíveis, tais como a qualidade do solo, os nutrientes e o ambiente. Assim como o comportamento nas organizações, esses fatores permitirão que a árvore produza frutos de qualidade.

3.1 Introdução

Este capítulo explora modelos e teorias sobre a cultura e o comportamento humano. O objetivo é possibilitar que essa informação seja usada de uma maneira prática por profissionais de engenharia e gestão para a melhoria das atividades e do desempenho diário.

Ao explorar esses tópicos, começaremos a destacar como uma organização pode se mover em direção à maturidade e à excelência operacional por meio desses elementos intangíveis (Lafraia, 2011).

Não pretendemos fazer uma análise teórica da mudança e do alinhamento do comportamento: melhor deixar isso para os psicólogos e acadêmicos. Nossa abordagem, que leva em conta o comportamento humano, é fundamental ao oferecer pistas interessantes sobre esse aspecto comportamental do mundo dos negócios.

O presente capítulo explora o elemento estruturante do modelo de maturidade organizacional abordado no Capítulo 7. Os próximos três capítulos demonstrarão como são realmente importantes os elementos estruturantes do modelo de maturidade para a gestão de ativos e para o sucesso de uma organização.

3.2 O Modelo ABC

Modelos cognitivos comportamentais são modelos dos processos mentais por trás do comportamento, o que inclui a aprendizagem, a resolução de problemas e o raciocínio. Tais modelos permitem que possamos compreender a capacidade individual de cada pessoa e como valores e crenças, identidade e espiritualidade definem e influenciam o comportamento. Esses modelos são amplamente utilizados na análise das organizações abordando dois fatores: os ativadores, chamados antecedentes, e as consequências do comportamento. Ambos podem ser gerenciados pelas organizações.

O modelo ABC, apresentado na Figura 3.1, oferece um passo a passo simples para a compreensão do processo comportamental. Por esse motivo, será usado daqui em diante. Nesse modelo, cada letra tem um significado (Geller, 1996):

- A: A letra "A" representa os Antecedentes e refere-se a algo que precede e estimula o comportamento.

Capítulo 3 Compreendendo Cultura e Comportamento... 37

- B: A letra "B" representa o Comportamento (*Behaviour*, em inglês) e refere-se a qualquer ato ou ação observável pelos outros.
- C: A letra "C" representa as Consequências decorrentes diretamente do comportamento.

Antecedentes ⟶ Algo que estimula e precede o comportamento (Behaviour).

Comportamento (Behaviour) ⟶ Um ato observável.

Consequências ⟶ Aquilo que se origina diretamente do comportamento (Behaviour).

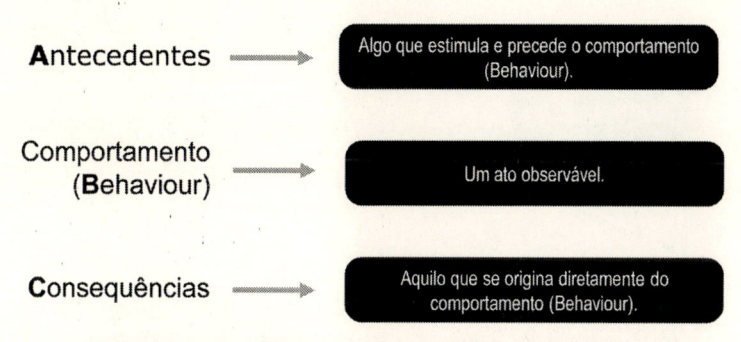

Figura 3.1: *Modelo ABC do comportamento*

A seguir, examinaremos cada um desses componentes.

3.2.1 Antecedentes

Antecedentes estimulam e precedem o comportamento. Atuam como "pano de fundo" do comportamento: eles explicam por que nos comportamos de determinada forma. São influenciados por duas variáveis principais: nossos modelos mentais e nossa cultura.

3.2.2 Modelo Mental

Pense no cérebro humano como se fosse um computador. Existem duas partes principais: *o hardware* seria o cérebro físico, os neurônios que enviam mensagens e armazenam informações, enquanto o *software* seria a mente, que formata como as pessoas pensam. O *software* também é conhecido como um modelo mental (Rock, 2009). Veja a Figura 3.2.

3.2.3 Relação entre Cultura e Modelos Mentais

Quando modelos mentais são disseminados em grupos que constituem uma população, o resultado é a cultura. Em outras

38 Vivendo a Gestão de Ativos

palavras, metaforicamente falando, a cultura é um tipo de epidemia de modelos mentais que contamina uma população inteira. No entanto, a cultura é incorporada num contexto e influencia pessoas e objetos que fazem parte dela (Gladwell, 2002). Veja a Figura 3.3.

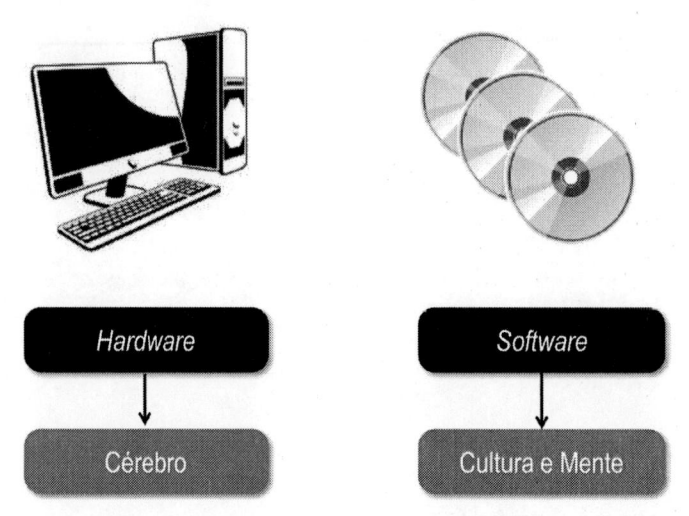

Figura 3.2: *Hardware e software: uma analogia entre o cérebro físico e a mente.*

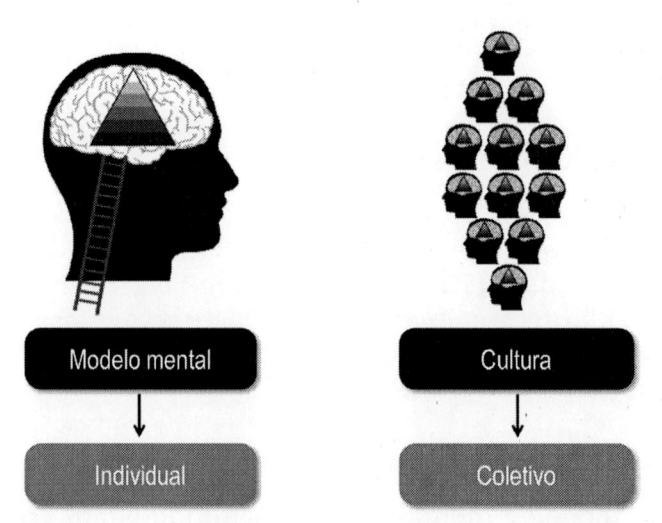

Figura 3.3: *A relação entre cultura e modelo mental*

Capítulo 3 Compreendendo Cultura e Comportamento... 39

É importante salientar que a cultura é um elemento-chave para direcionar o comportamento, uma vez que os seres humanos são fortemente influenciados pelo contexto. Portanto, a cultura organizacional estimula ou precede o comportamento.

Vejamos o caso do metrô, exemplo clássico da influência do ambiente sobre o comportamento. No Brasil, a percepção é de que, se não for mantido limpo, o risco de incêndio é alto e as consequências do fogo seriam graves. Quando entram no metrô da cidade, as pessoas mudam de comportamento e todos contribuem para manter o lugar limpo e arrumado, com grande disciplina. Esse comportamento, por sua vez, garante que a área interna do metrô se mantenha completamente preservada. Isso já não ocorre com o trem existente na mesma linha do metrô, uma vez que as consequências de um incêndio não são encaradas como tão graves. O contraste entre a disciplina e a limpeza do metrô e das linhas de trem reforça a influência que o ambiente exerce sobre o comportamento.

Para fazer mudanças culturais, temos de prestar atenção aos comportamentos automáticos, no contexto e nos modelos mentais. Como mencionamos anteriormente, nossos modelos mentais exercem influência em nossa percepção e pensamento. Juntamente com a cultura, os modelos mentais influenciam a maneira como percebemos e compreendemos o mundo ao redor. O que você pode ver na Figura 3.4?

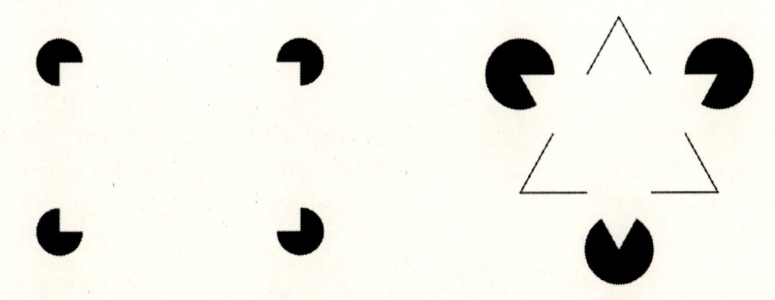

Figura 3.4: *Ver é diferente de perceber (Ginger et al, 2007).*

A resposta correta é: à esquerda, quatro figuras de *Pacman*, personagem de um jogo de videogame popular na década de 1980. No entanto, você pode perceber claramente a imagem de um retângulo. Na figura da direita, os três setores angulares e três *Pacmen* permitem a percepção de dois triângulos. Sua mente processa isso para você. A visão é uma função do *hardware*, enquanto a percepção é uma função de *software*. Então a mente percebe por meio de modelos mentais. Todas essas funções do modelo mental e da cultura atuam como antecedentes para o comportamento.

3.2.4 Níveis Neurológicos de um Modelo Mental

De acordo com Robert Dilts (Dilts, 2003), líder em programação neurolinguística (O'Connor & Seymour, 1993), os modelos mentais são organizados em níveis neurológicos. Tais níveis variam do pensamento abstrato para o pensamento concreto. São eles: espiritual, identidade, valores e crenças, capacidade, comportamentos e contextos.

Cada nível é mantido e afetado pelos demais. Por exemplo: alguém que se identifica como cantora pratica canto para exercitar a voz. Esse é um exemplo de identidade que influencia a capacidade. Por outro lado, se um cantor perde a voz, poderá não se identificar mais como cantor. Esse é um exemplo de capacidade que influencia a identidade.

3.2.5 Nível 1 – Espiritual – Transmissão da Visão

O nível espiritual não é especificamente ligado à religião. A religião é apenas uma maneira de viver a espiritualidade. O nível espiritual pode ser definido como a maneira do indivíduo de viver e compreender um sistema ou mundo maior do que a sua própria existência. O nível espiritual diz respeito ao mistério da vida e da morte e à necessidade humana de compreender racionalmente tais mistérios. Muitas pessoas têm uma posição em relação a esse assunto que influencia a identidade, valores, habilidades e comportamentos.

O nível espiritual influencia nossos laços familiares e comunitários, o que tentamos passar para as gerações futuras e a escolha de nossos gurus e mentores. Esse nível propicia uma "visão" individual transmitida para um grupo ou comunidade. Como é baseado na comunidade, a questão a que esse nível responde ao indivíduo (conforme a Figura 3.5) é: "Quem mais?".

Capítulo 3 Compreendendo Cultura e Comportamento... 41

Em termos organizacionais, o nível espiritual é expresso pela visão da alta administração da organização: o que a organização quer criar, como serviços, benefícios, e quais contribuições deseja oferecer a clientes, sociedade, meio ambiente, comunidade e planeta.

3.2.6 Nível 2 – Identidade – Missão

A identidade está relacionada a um grande objetivo ou a uma missão na vida. É quando entra em jogo o questionamento existencial: "Qual é o propósito da vida?", "Quem somos como indivíduos?", "Quem sou eu?" e "Quem somos nós, nossos papéis: pai, professor, amigo, australiano, brasileiro?". A identidade prevalece sobre valores, crenças, habilidades e comportamentos. Como apresentado na Figura 3.5, este nível responde à pergunta "Quem?". A identidade não é totalmente racional: nós resultamos de uma série de influências das quais não estamos sempre cientes. Esse nível está intimamente ligado à consciência.

Em termos organizacionais, o nível da identidade é expresso pela missão da organização. Qual é a contribuição única da organização para concre-

> *Glenn Ingram, líder sênior de gestão de ativos, com mais de 30 anos de experiência em mineração e engenharia de manutenção sobre lucratividade por meio de liderança e cultura.*
>
> *A liderança e a cultura de uma organização estão fortemente ligadas à lucratividade de um negócio. Extrair a maior e mais alta capacidade de sua equipe para a entrega de resultados do negócio está muito relacionado ao que os líderes fazem. Os líderes precisam criar um ambiente em que as pessoas se sintam qualificadas a contribuir com o sucesso do negócio, cada uma desempenhando seu papel. Se você, como líder, conseguir criar um ambiente em que os indivíduos se sintam motivados a desempenhar seus papéis, contribuindo para o sucesso do negócio, então será formada uma cultura caracterizada por pessoas que se sentem impelidas a contribuir para os resultados. É necessário que os líderes criem um ambiente em que as pessoas possam contribuir com suas capacidades, estabelecendo melhoria contínua e a melhoria da cultura.*

tizar sua visão? Quais são os recursos, as capacidades e as ações que serão desenvolvidos? Como a organização mobilizará seus empregados para alcançar a visão? Esse nível normalmente identifica a organização em relação aos seus concorrentes.

3.2.7 Nível 3 – Crenças e Valores – Intenção e Expectativa

Crenças e valores individuais possibilitam que as pessoas se comportem de determinadas maneiras. Este nível diz respeito às intenções e às expectativas dos indivíduos em relação ao mundo em torno deles. Tal nível responde à pergunta "Por quê?", identificada na Figura 3.5.

Valores são profundamente enraizados e não são objeto de compromisso. Atuam como pontos de referência internos em relação ao que é "bom"' e "correto" para o indivíduo. São parte da nossa cultura e não estão sujeitos a concessões. Normalmente, nossos valores determinam nossas intenções.

Crenças são elementos básicos da consciência humana. Uma crença é uma ideia que o indivíduo acredita ser "'verdade". Crenças são uma maneira de navegar no mundo. As pessoas têm crenças em coisas como a vida, o dinheiro, o trabalho, os relacionamentos, a saúde e o governo. Crenças são relações de causa-efeito ou significados que não estão sujeitas à pesquisa científica. Não precisam ser "comprovadas". Crenças podem ser culturalmente determinadas. Constituem atalhos mentais que nos ajudam a resolver problemas do dia a dia e determinar nossas expectativas (Dilts et al., 1990).

Nas organizações, valores e crenças constituem seus valores, princípios e políticas expressos. É importante que as organizações considerem seus princípios como valores e não como prioridades. As prioridades mudam com frequência, dependendo da situação. Valores, no entanto, permanecem constantes. Por exemplo, dependendo de limitações de tempo, um indivíduo pode mudar sua rotina matinal, com base no que for prioritário. Um indivíduo pode escolher dormir mais dez minutos em vez de lavar o cabelo, porque a prioridade naquele dia é se manter descansado. No entanto, o indivíduo sempre vai se vestir antes de sair de casa. Isso porque estar vestido apropriadamente fora de casa é um valor, não uma prioridade. É parte da cultura e não está sujeito a concessões.

3.2.8 Nível 4 – Capabilidades

Capabilidades individuais consistem em três tipos de conhecimento: conhecimento racional, conhecimento explícito e conhecimento implícito. Capabilidades fornecem estratégias para o comportamento e devem ser adquiridas para suportar os valores e crenças pessoais. Por outro lado, elas direcionam o comportamento. São responsáveis pela maneira como respondemos às demandas do ambiente ou ao contexto em que vivemos. Nossas capabilidades oferecem direção e respondem à pergunta "Como?", identificada na Figura 3.5.

Em uma organização, capabilidades são tradicionalmente de responsabilidade do Departamento de Recursos Humanos.

3.2.9 Nível 5 – Comportamento

Comportamento é a letra 'B' (behaviour) no modelo ABC. Este nível, que responde à pergunta "O quê"?, identificada na Figura 3.5., é abordado detalhadamente no item 3.3. Trata-se de um aspecto fundamental do modelo ABC.

3.2.10 Nível 6 – Contexto

O contexto é o lugar em que os comportamentos se materializam. É o local e o período que originam o estímulo externo e influenciam nossos comportamentos. Responde à questão "Onde e quando?", identificada na Figura 3.5.

O contexto, no sentido organizacional, é fortemente influenciado pela cultura. A cultura da organização, ou seja, como as coisas são feitas, deve ser coerente com as ações e o discurso da liderança. Isso é comumente conhecido como "fazer o que se prega". Liderança eficaz é aquela capaz de alinhar todos os níveis neurológicos nas muitas camadas hierárquicas da organização. Constrói confiança porque as pessoas percebem coerência em todos os níveis. O exemplo do líder e o compromisso visível com crenças e valores são essenciais para o estabelecimento de relações de confiança. Além disso, o contexto no qual a equipe da liderança deixa sua marca é importante.

A Figura 3.5 apresenta um resumo dos seis níveis neurológicos descritos anteriormente. A primeira coluna contém a função de cada nível, a segunda, o nome de cada nível, e a terceira, a resposta a questionamentos em cada nível. Esses são alguns dos antecedentes do modelo ABC. Eles precedem e estimulam o comportamento.

FUNÇÕES	NÍVEIS	RESPOSTA A QUE QUESTIONAMENTO
Transmissão	SISTÊMICO	Quem mais ?
Missão	IDENTIDADE	Quem ?
Motivação	CRENÇAS / VALORES	Por quê ?
Direção	CAPACIDADE	Como ?
Ação	COMPORTAMENTO	O quê ?
Reação	CONTEXTO	Onde ?

Figura 3.5: *Níveis neurológicos de um modelo mental (adaptado de Dilts, 2003).*

3.3 Comportamento

Comportamentos são ações simples e diretas, como andar, falar, ouvir etc. No nível comportamental, o modelo mental toma forma e torna-se prontamente observável. Comportamentos se manifestam através dos corpos das pessoas: é a ação prática ou a expressão física de um modelo mental.

Capítulo 3 Compreendendo Cultura e Comportamento... 45

Imagine que você está numa estrada e decide ultrapassar em pista dupla. Você decide conscientemente não seguir as regras de trânsito, e as consequências podem ser catastróficas. O ato de não seguir regras ou procedimentos é um comportamento visível.

Um exemplo organizacional de comportamento é não usar equipamentos de proteção individual para executar uma tarefa, ou mesmo tomar decisões sem considerar os riscos associados. Outro exemplo é quando um indivíduo escolhe trabalhar exclusivamente para os objetivos operacionais de uma área de trabalho e não para aqueles objetivos que auxiliarão na obtenção de resultados estratégicos. Assim, o gerente de projeto comissiona um novo ativo, indo ao encontro do seu objetivo operacional, mas não coleta e registra os detalhes no sistema de gestão. Tais detalhes são necessários para ir ao encontro dos objetivos de outras áreas de trabalho, como informar a operação, a manutenção e a retirada do ativo.

Existe algo no modelo mental de pessoas que conduz a esse tipo de comportamento. Esse comportamento pode ser medido, avaliado e tratado pelo observador.

3.4 Consequências

Consequências provêm de comportamentos. As consequências podem incluir lesões, mortes, impacto sobre a saúde/ambiente ou, ainda, não entregar os resultados desejados. Consequências também podem referir-se aos aspectos positivos decorrentes de comportamentos, tais como economia de tempo, incremento da produtividade ou ganhos em conforto e segurança. As consequências podem também ser representadas por uma ação disciplinar, por exemplo, multas de trânsito etc. Nas organizações, as consequências podem ser representadas por sanções disciplinares ou mesmo pela aprovação e pelo reconhecimento de pessoas.

Comportamentos podem gerar consequências positivas ou negativas. Frequentemente, as organizações têm um sistema de recompensa para reforçar comportamentos desejados e evitar comportamentos indesejados.

46 Vivendo a Gestão de Ativos

A Figura 3.6 exemplifica o modelo ABC no contexto de um sistema de segurança.

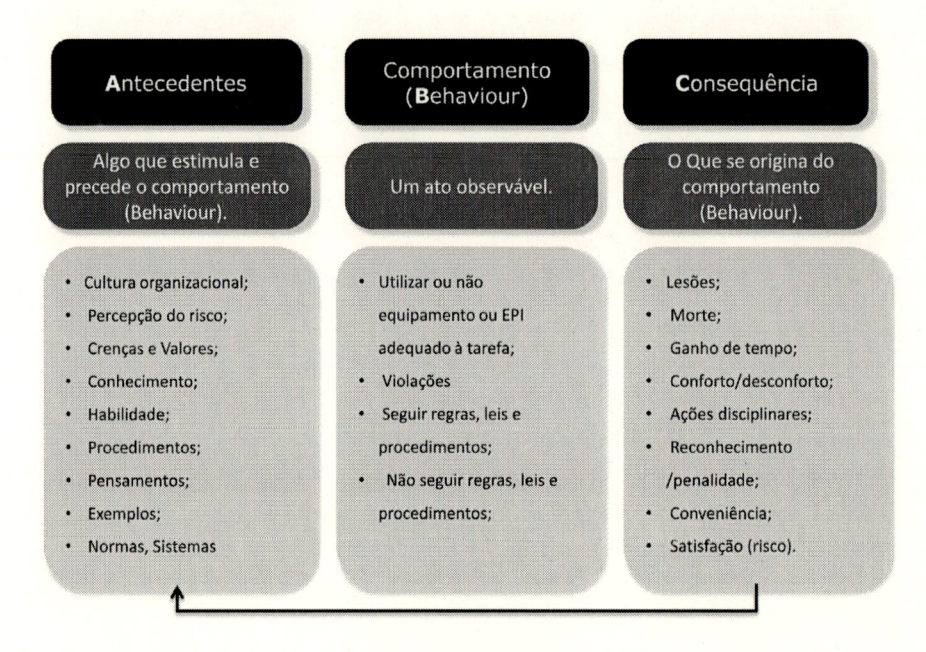

Antecedentes	Comportamento (**B**ehaviour)	**C**onsequência
Algo que estimula e precede o comportamento (Behaviour).	Um ato observável.	O Que se origina do comportamento (Behaviour).
• Cultura organizacional; • Percepção do risco; • Crenças e Valores; • Conhecimento; • Habilidade; • Procedimentos; • Pensamentos; • Exemplos; • Normas, Sistemas	• Utilizar ou não equipamento ou EPI adequado à tarefa; • Violações • Seguir regras, leis e procedimentos; • Não seguir regras, leis e procedimentos;	• Lesões; • Morte; • Ganho de tempo; • Conforto/desconforto; • Ações disciplinares; • Reconhecimento /penalidade; • Conveniência; • Satisfação (risco).

Retroalimentação

Figura 3.6: *Exemplo do modelo ABC de comportamento (adaptado de Geller (2001).*

Consequências detêm grande poder. A seguir, relataremos um excelente exemplo de como a consequência pode alterar o comportamento em primatas.

Imagine quatro macacos em uma jaula e uma banana pendurada no telhado. Quando o primeiro macaco tenta pegá-la, ele recebe um jato de água fria. Ele nunca mais tentará de novo. Então um segundo macaco tenta pegar a banana. Ele, e todos os outros macacos, também recebem um jato de água fria. Agora todos os macacos sabem que se qualquer um deles tentar pegar a banana, todos eles receberão um jato de água fria. Após um tempo, nenhum deles tentará pegar a banana do telhado.

Na segunda fase da experiência, um dos quatro macacos é removido e substituído por um novo macaco. O novo macaco

Capítulo 3 Compreendendo Cultura e Comportamento... 47

tenta retirar a banana, mas os demais não permitem. O novo macaco não recebe um jato de água fria: ele é impedido pelos animais mais experientes e condicionados. Após um tempo, um segundo macaco do grupo inicial é substituído e o processo se repete. Ao final da experiência, existem quatro macacos novos, e nenhum deles tentará pegar a banana, apesar de nunca terem recebido um único jato frio de água.

Essa história é usada para demonstrar o poder da consequência na mudança de hábitos e na alteração de comportamento.

Como demonstrado até agora neste capítulo, o contexto exerce influência na percepção do ambiente. A cultura age como uma lente, filtrando nossa experiência. Por meio dessas lentes e filtros da percepção, modelos mentais são formados, segundo diferentes níveis neurológicos. Tais modelos, por sua vez, geram comportamentos que trazem consequências. O *feedback* dessas consequências altera o contexto e a cultura e o ciclo recomeça, como ilustrado na Figura 3.7.

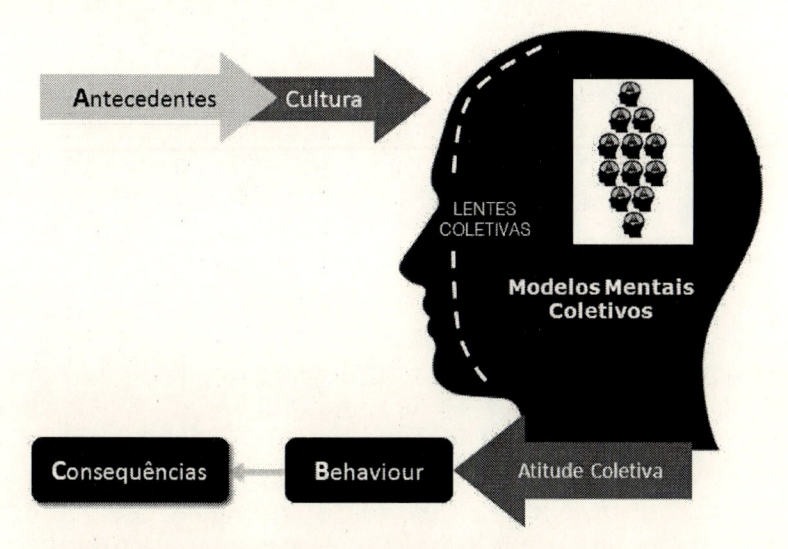

Figura 3.7: *Relação de comportamento humano com símbolos e modelo mental*

O modelo ABC pode ser usado para a compreensão do comportamento organizacional. O comportamento é um elemento-chave da formação da cultura e vice-versa.

3.5 O Que É Cultura?

Cultura é um fenômeno extremamente complexo. Cultura é a lente através da qual os indivíduos compreendem o mundo. Para compreendermos uma cultura, é preciso compreender que grande parte da comunicação humana ocorre por meio de um sistema de símbolos, que dependem de um contexto (Migueles et al., 2007).

Os seres humanos são seres simbólicos, que compreendem os símbolos a partir da cultura. Tomemos a bandeira brasileira como exemplo, conforme ilustrado na Figura 3.8.

Figura 3.8: *A bandeira do Brasil*

Para um americano ou australiano, por exemplo, esta é a bandeira brasileira. Trata-se de um símbolo para o país chamado Brasil. Para um brasileiro, no entanto, simboliza "casa", florestas verdes, ouro do solo, o mar que rodeia o Brasil e a paz do país. Para um brasileiro, a bandeira simboliza independência, força, orgulho, liberdade e pátria. Mas isso só é entendido por aqueles que são influenciados pela cultura brasileira.

É importante compreender que tais símbolos não têm qualquer significado absoluto: diferem entre culturas e contextos. Cultura e contexto exercem significativa influência sobre como um indivíduo interpreta o significado desses símbolos.

Capítulo 3 Compreendendo Cultura e Comportamento... **49**

Expandindo esse conceito, não são apenas os símbolos e o contexto que influenciam a cultura. A experiência passada e as origens individuais também podem exercer influência. Qual é a relação entre os animais na Figura 3.9? Para muitos, eles são apenas um grupo de animais. Dependendo da cultura de origem do observador, no entanto, esses animais poderão assumir diferentes significados. Para um tailandês, um escorpião pode significar alimento, enquanto que um australiano, por exemplo, provavelmente irá vê-lo como uma praga desagradável. Para um brasileiro, um cão é o melhor amigo do homem, um animal de estimação. Mas em alguns países, um cão pode significar refeição.

Figura 3.9: *Diferentes culturas constroem diferentes entendimentos do mundo*

A carne é um item presente em muitas dietas ocidentais. Por outro lado, para muitas pessoas, uma vaca é um ser adorado e honrado, e não um alimento. A veneração às vacas no hinduísmo é melhor compreendida por quem tem acesso a essa cultura, assim como o amor ocidental por se alimentar com carne é melhor compreendido por aqueles com acesso à cultura ocidental. Tais modelos são culturalmente determinados. Cada cultura tem suas regras, valores, padrões comportamentais e mitos mantidos por ritos e rituais (Eco, 1978).

A cultura também é uma fonte de conhecimento extremamente importante. A força da cultura é tão grande que qualquer coisa que se aplica a uma cultura específica tem um nome. Se algo não é aplicável à sua cultura, não tem um nome. Por exemplo, se você se perder numa floresta, terá dificuldade de encontrar alimento. Você não saberia quais plantas poderiam servir de alimento e quais não poderiam. Isso porque você não tem qualquer conhecimento sobre essas plantas, desnecessárias para sua vida cotidiana. Na sua cultura, essas plantas não têm nomes distintivos, além de "plantas". Povos nativos podem passar toda a vida na floresta. Podem ler o ambiente de tal forma que conseguem distinguir o risco / recompensa de cada planta como alimento, como parte de sua cultura.

> **Achim Krüger, vice-presidente de soluções SAP, com mais de 25 anos de experiência em gestão de ativos e soluções de TI, sobre uma cultura inspiradora.**
>
> *Não considero ser possível criar uma cultura. É possível inspirar a cultura. É como no exemplo de Antoine Saint-Exupery: não faz sentido apenas dar ordens e listar tarefas a fim de que as pessoas coletem madeira para a construção de um navio. O melhor caminho é inspirar as pessoas a pensarem na imensidão do mar, para que concluam como seria ótimo construir um navio. Você pode induzir e inspirar as pessoas nesse processo de pensamento, de forma que sigam ao encontro desse objetivo. Então, você não está realmente criando uma cultura, mas sim inspirando. É possível manter uma cultura, é possível capacitar para tanto, você pode realmente inspirar as pessoas. Eu acredito que este seja o mecanismo que deve ser estabelecido.*

Cultura é uma maneira de dar significado à experiência. Todo conhecimento é relevante para a cultura. As lentes culturais podem inibir a excelência se, por exemplo, uma organização enxergar através das lentes da complacência, e não da disciplina operacional.

Compreender a cultura como um fator que estrutura nossas ações é fundamental. Não existe qualquer "padrão" ou "regra"

Capítulo 3 Compreendendo Cultura e Comportamento... 51

para uma cultura de excelência no local de trabalho; mas a cultura de excelência do local de trabalho é o que produz a excelência em gestão de ativos e a excelência operacional. A cultura de uma organização é sempre dinâmica e serve como fonte para a tomada de decisões. O objetivo é identificá-la e compreendê-la, sem querer mudá-la diretamente, mas sim gerenciar por meio dela.

Os gerentes não são unicamente responsáveis por promover a mudança cultural. Gestão da cultura é, acima de tudo, fazer gestão por meio da cultura. Cultura é sempre a última coisa que muda em uma organização. Mudança de hábitos e comportamentos conduz a fins incertos, porque cultura é uma construção coletiva e não individual.

Os comportamentos identificados em uma organização são apenas a ponta do *iceberg* da cultura organizacional. Em relação aos símbolos aos quais nos referimos, quando se trata de confiabilidade, a maneira pela qual o equipamento está sendo tratado diz mais do que normas e procedimentos. O mesmo vale para a segurança. A forma como o comportamento é percebido em uma organização, a forma como o risco e a situação de risco são tratados, diz mais do que regras, leis e regulamentos.

Todos os atos humanos comunicam e cada ação humana é uma ação simbólica. Toda comunicação humana tem dois elementos: verbal e não verbal. Qualquer comunicação verbal também se comunica de forma não verbal. A comunicação não verbal tem o poder de confirmar ou negar a comunicação verbal.

Exemplo disso é o fundador Eleuthère Irénée du Pont, da empresa Du Pont (uma das maiores empresas químicas do mundo). Ele migrou da França para os Estados Unidos com sua família em 1799. A primeira fábrica da Du Pont explodiu, matando várias pessoas. O fundador redefiniu a segurança como um valor da sua empresa, e para dar suporte à comunicação verbal, ele colocou a casa de sua família na fábrica. Isso demonstrou a melhoria, em grau máximo, das condições de segurança. Os trabalhadores compreenderam, com essa comunicação não verbal, que o tema segurança foi tratado como prioridade máxima.

Os indivíduos são a sua cultura. Enquanto a cultura não pode ser vista, ela orienta as atividades de indivíduos. Por esse motivo, a cultura deve ser reconhecida e gerenciada. Como símbolos e significados, a cultura não é absoluta. Ela pode mudar e, em algumas organizações, precisa mudar.

3.6 Cultura e Hábitos

De acordo com o antropólogo e sociólogo Pierre Bourdieu, o primeiro passo para mudar a cultura é nos tornarmos conscientes de nossos hábitos, descritos por Bourdieu como "fios invisíveis que movem, controlam e influenciam nossas ações" em qualquer contexto. Hábitos não são mantidos, em vez disso, hábitos mantêm o indivíduo. Quando os indivíduos não estão conscientes, os fios invisíveis do hábito tendem a se congelar em um modelo comportamental. Isto, por sua vez, cria a cultura. Esse passo de mudar nosso hábito, ou o hábito disseminado em um determinado contexto, é essencial para promover mudança na cultura (Bourdieu, Thompson, Raymond,& Alves de Lima, 1999).

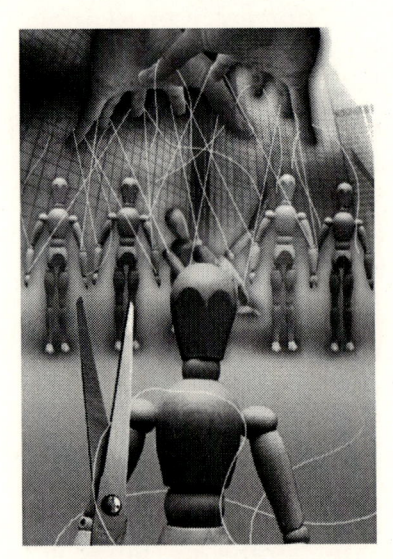

Figura 3.11: *"Os fios invisíveis que nos movem"*
(Migueles et al., 2007).

Os seres humanos não nascem com cultura ou hábitos. Como a filósofa alemã Hannah Arendt afirma: "as crianças nascem estrangeiras no mundo. Sequer sabem uma língua. Nascidas no berço ou na cabana, elas precisam absorver o mundo ao redor" (Arendt & Canovan, 1998). Cultura e hábitos resultam da construção humana coletiva. Podemos entender melhor o traço cultural de algumas organizações em função da construção coletiva.

> *"Os hábitos são mais seguros que as regras: você não precisa segui-los. Você não precisa mantê-los também. Eles mantêm você."*
>
> *Frank Crane*

E o que é um hábito?

"Nosso companheiro constante. Nosso maior auxiliar ou nosso maior peso. Vai nos levar adiante ou nos arrastar para a falha. Está completamente sob nosso controle. Metade das coisas que você faz, você realiza rapidamente e corretamente. É fácil administrar – basta que você seja firme. Diga exatamente como você deseja fazer algo e, após algumas lições, você fará isso automaticamente. O hábito serve a todas as grandes pessoas e também a todas as falhas. Para os perdedores, provoca falhas. Não é uma máquina, embora funcione com alta precisão, em conjunto com a inteligência de um ser humano. Você pode usá-lo em seu benefício ou para a sua ruína – não faz qualquer diferença. Adquira um hábito, procure exercitá-lo, seja firme e você terá o mundo aos seus pés. Seja fraco e esse hábito irá destruí-lo."

Hábitos são comportamentos e ações automáticas. Modelos mentais e hábitos são desenvolvidos pela repetição e pelo uso de uma única perspectiva. Hábitos e comportamentos automáticos podem ter uma influência negativa em nossos pensamentos e ações. Embora eles possam nos permitir executar várias tarefas simultaneamente, possibilitam que o 'fazer repetitivo' se torne mais importante do que a atividade real e seu contexto. Indivíduos deixam de prestar atenção ao que está ao redor e isso pode ser perigoso. O contexto de trabalho é muito importante. Sem o poder do contexto, o fluxo de informações pode ser interrompido. Informações mudam de acordo com as perguntas escolhidas para recebê-las. Quando preso a um hábito (por exemplo: uma chave-inglesa é uma chave-inglesa e não pode ser usada como um martelo), independentemente do contexto e sem considerar a questão que levou ao conceito, o valor é perdido. Outras maneiras de ver um problema poderiam ser omitidas (Covey, 2005).

3.6.1 A Importância do Contexto

Olhe para a palavra "quente". Veja como o significado dessa palavra muda de acordo com o contexto nas Figuras 3.12, 3.13 e 3.14

Figura 3.12: *Contexto diferente implica significado diferente.*

Figura 3.13: *Contexto diferente implica significado diferente.*

Capítulo 3 Compreendendo Cultura e Comportamento... 55

Figura 3.14: *Contexto diferente implica significado diferente.*

Dependendo do contexto, os significados podem ser: quente para se referir à temperatura, quente como em "picante" ou quente para definir uma pessoa atraente.

O que você pode ver na Figura 3.15?

Figura 3.15: *O significado está no contexto, não no objeto/estrutura.*

E o que você pode ver agora, na Figura 3.16?

56 Vivendo a Gestão de Ativos

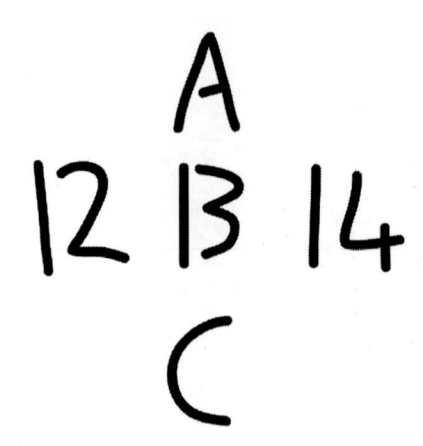

```
     A
12  13  14
     C
```

Figura 3.16: *O significado está no contexto, não no objeto/estrutura.*

Na Figura 3.15, você pode ter visto as letras A, B e C. Na Figura 3.16, o símbolo central também pode ser interpretado como o número 13, o que demonstra que o significado desse símbolo (objeto) depende do contexto.

Mudar de hábito significa nos tornarmos conscientes dos comportamentos automáticos e do contexto a eles associado, que são armazenados em nossos modelos mentais. Essa consciência nos remete ao conceito da atenção focalizada, que significa prestar atenção constante ao que acontece no ambiente e abrir a mente para novas informações. No modo "comportamento automático", o indivíduo não percebe seus hábitos. Mudar a cultura requer consciência de tais hábitos. É preciso não levar apenas o texto em conta, mas também o contexto.

Em organizações que não estão com um bom desempenho, esses hábitos podem ser observados e se tornam evidentes na análise das informações reportadas. Uma coisa é entender o comportamento automático, outra é poder alterá-lo em uma organização. Muitos líderes não entendem que, primeiramente, é fundamental tomar consciência da existência de tais hábitos e, então, determinar como alterá-los.

Imagine se, de repente, os povos ocidentais começassem a comer apenas usando palitinhos, abolindo facas e garfos. Mudar o hábito não é simplesmente uma mudança na habilidade motora para comer com os palitinhos, mas também envolve substituir

Capítulo 3 Compreendendo Cultura e Comportamento... 57

talheres pelos palitinhos e preparar alimentos que se adequem a essa nova forma de comer. A cozinha terá de permitir a mudança de hábito, por exemplo, para que seja possível comer um churrasco com palitinhos. É por isso que Bourdieu observa: "se você deseja alterar a cultura, você deve alterar a maneira como as coisas são feitas no dia a dia, na base da organização". Além disso, também devemos mudar os ritos e rituais e o sistema de recompensa, em outras palavras, mudar o contexto que suporta tais hábitos.

Para alterar o comportamento, é preciso alterar os estímulos automáticos e as respostas (consequência) identificadas no modelo ABC da Figura 3.1. É preciso estar atento às intenções e às expectativas que precedem e se seguem aos comportamentos automáticos, respectivamente.

Um ponto importante sobre o modelo ABC é que, em determinadas circunstâncias, algumas consequências, tais como recompensas e incentivos, podem alterar o comportamento automático. Mas também é verdade que a motivação interior pode ser prejudicada. A simples aplicação de recompensa pode não ser eficaz para modificar os comportamentos indesejados. Ainda que comportamentos automáticos possam ser modificados, crenças subjacentes podem permanecer inalteradas. Isso indica que o retorno ao antigo padrão de comportamento é muito provável.

Na Figura 3.17, o modelo ABC está alinhado a um modelo que inclui a relação entre cultura, modelos mentais e comportamento. Para contextualizar de forma mais ampla o modelo ABC, incluímos nele as intenções e expectativas. Entre os antecedentes e os comportamentos, existem as intenções das pessoas. Entre o comportamento e as consequências, existem as expectativas. Intenções são relacionadas aos valores e expectativas são relacionadas às crenças. Por que as intenções e expectativas são sempre importantes? Se alguém pisasse no seu pé, você poderia pensar que o comportamento da pessoa foi inapropriado. Caso o "transgressor" pedisse desculpas, dizendo que ele não queria ter feito isso, você até poderia perdoá-lo. Por outro lado, se você acidentalmente pisar no pé de alguém, você pode imediatamente se desculpar dizendo que não era sua intenção. Indivíduos julgam os outros pela consequência de seu comportamento e julgam o próprio comportamento pelas suas intenções. As crenças, por outro lado, são um fator determinante para o comportamento das pessoas. Valores podem ser aceitáveis, mas expectativas serão conduzidas por crenças (Dilts, 1999).

O modelo da Figura 3.17 se constrói a partir da ideia de que comportamentos se baseiam em intenções positivas e consequências esperadas. O plano que as pessoas elaboram em suas mentes em torno de consequências esperadas de suas ações, sejam de recompensa, reconhecimento, ou castigo, aponta uma diferença entre a identidade presente e ideal e a capacidade de alcançar um resultado positivo.

A reação dos indivíduos a essas questões depende de seus valores, crenças e percepção, que resultam da interação com as pessoas ao redor. Tal interação cria o ambiente, o contexto e a cultura que influenciarão o indivíduo. Nesse modelo, as mudanças no comportamento automático devem levar em conta o ambiente, em vez de apenas o indivíduo que originou o comportamento. A mudança de comportamento começa na mudança do contexto e da cultura.

Nesse sentido, cultura, comportamento, modelos mentais, intenções e expectativas estão interligados.

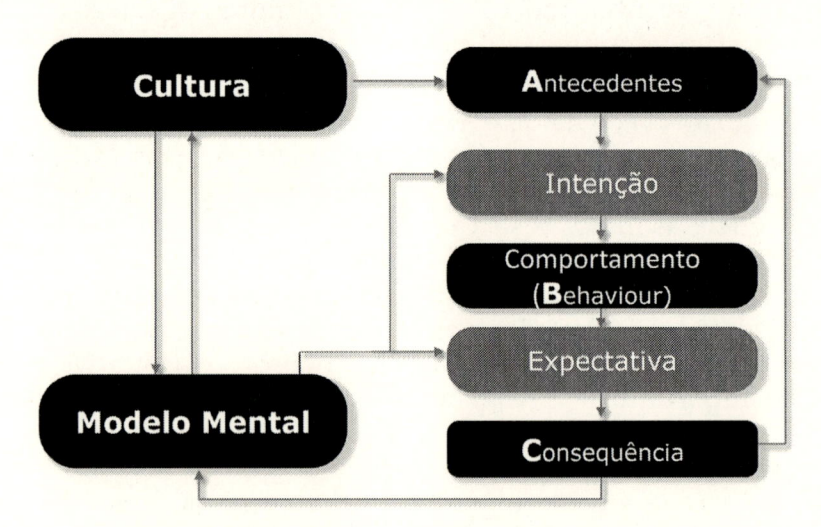

Figura 3.17: *A relação entre cultura, modelos mentais e o modelo comportamental ABC.*

3.7 Atenção Focalizada e Complacência

Nosso entendimento do mundo é limitado pelos nossos sentidos, e nossos sentidos são facilmente enganados. Nosso cérebro é sensível a pequenas variações no ambiente, o que muda nossa percepção e, consequentemente, nosso comportamento.

Atenção focalizada é atenção e abertura da mente. Possibilita e incentiva o indivíduo a receber novas informações, concentrando-se e tendo como foco o processo, mais do que o resultado. É importante tentar entender o que precedeu um resultado indesejado. Atenção focalizada facilita a resolução de problemas, gera a ocupação com as tarefas em mãos, como segurança, confiabilidade e preservação do meio ambiente. O foco no processo aumenta a sensação de controle da situação e ajuda a mudar a interpretação das informações dependentes do contexto em que estão sendo usadas. Múltiplos pontos de vista contribuem para a criatividade e a capacidade de resolver problemas. A dinâmica de atenção e disciplina desenvolve uma nova dimensão para a situação. A antecipação é mais eficaz e o foco no processo produz comprometimento com a situação e com os objetivos individuais (Weik & Sutcliff, 2007).

Por outro lado, a falta de disciplina, complacência e o mau comportamento automático conduzem à rigidez no cumprimento de regras e procedimentos. Quando os indivíduos se acomodam, eles se apoiam em hábitos em vez de se engajarem ativamente nas tarefas com consciência, atenção e disciplina necessárias à realização do trabalho.

A complacência é um estado de espírito. Pode resultar em falta de vigilância para os perigos do entorno. Trabalhar na operação, construção e manutenção pode se tornar muito perigoso quando os indivíduos se tornam complacentes.

A complacência pode impedir que os indivíduos realizem o seu melhor. Um desafio para todas as organizações é a melhoria contínua. Atenção focalizada é algo que os líderes em todos os níveis de uma organização devem compreender e incentivar para permitir essa melhoria.

Os indivíduos podem se tornar complacentes quando estão felizes e confiantes. Quando fazem uma tarefa de certa forma, por um longo período de tempo, sem lesão ou incidente, acabam acreditando que aquela é a maneira correta e segura de realizar o trabalho. A pessoa complacente pressupõe que tudo permanecerá como deveria permanecer, e não presta atenção ao que está sendo feito no momento. O complacente não antecipa problemas, não analisa, planeja e não pensa no futuro como deveria. Nessa situação, os gerentes estão exercendo a liderança que lhes foi atribuída? Sempre que os gerentes "relaxarem" em seu pensamento e presumirem que as coisas acontecerão conforme o planejado, porque assim acontecia no passado, eles estarão possibilitando potenciais problemas.

Disciplina requer um estado de atenção focalizada e lidar com o poder das intenções e expectativas. Se você tem de avaliar, procure avaliar positivamente. Pense sobre segurança, não sobre acidentes (veja a explicação no Capítulo 4).

Para esclarecer tais conceitos, considere os seguintes exercícios.

Veja a Figura 3.18. O que há de errado nela?

É o nível do café? A xícara poderia estar quebrada? O café está muito quente ou muito frio? Será mesmo café?

Figura 3.18: *O poder das expectativas*

O que está errado com a imagem é que tem um garfo dentro da xícara, conforme mostrado na Figura 3.19. Você esperava que fosse uma colher só porque se trata de uma xícara? Este é um exemplo de complacência. Você já deve ter visto uma colher de chá em uma xícara diversas vezes, por isso é razoável supor que encontraria novamente uma colher, sem se preocupar em

Capítulo 3 Compreendendo Cultura e Comportamento... 61

verificar. É razoável supor que se trata de uma xícara de café, por isso você não confere. Mas não seria melhor questionar isso?

As coisas nem sempre são o que parecem. Este exercício demonstra que depender exclusivamente de experiências anteriores para obter informações é arriscado. Por isso, prestar atenção aos detalhes é fundamental. As organizações reúnem enormes quantidades de informação todos os dias. A informação não é importante por si mesma, mas sim a sua análise. Quando organizações não entregam os resultados desejados, é comum que diferentes análises da mesma informação possam explicar o motivo. Líderes têm o importante papel de prevenir a complacência.

Figura 3.19: *O poder das expectativas.*

Outro exercício para exemplificar atenção focalizada é demonstrado na Figura 3.20. Você pode ver o lobo, a vaca e a capa? Eles estão por trás da mata?

Figura 3.20: *O poder das expectativas*

O lobo, a vaca e a capa estão entre os galhos das árvores, como apresentado na Figura 3.21. Você não reconhece o que não consegue ver. Após identificar o lobo, a vaca e a capa pela primeira vez e olhar para a mata de novo, podemos reconhecê-los imediatamente sem esforço. Novamente, a mente faz isso por nós. Mas até que um deles seja identificado, é impossível para a mente localizar essas imagens. Você não reconhece o que não consegue ver. A forma como você percebe o mundo é limitada por seus sentidos, mapas mentais e lente cultural. Se você não aceitar que mudanças sejam possíveis, não notará diferenças no ambiente e no contexto.

Acidentes ou resultados negativos acontecem quando indivíduos confiam apenas em um sentido, o que limita a confiabilidade e a segurança. Por esse motivo, é necessário usar outros sentidos e se envolver com a situação em questão.

Isso explica por que os indivíduos devem sempre agir com alta percepção de perigo. Baixa percepção de perigo pode acontecer devido à falta de treinamento. Quando é emitida uma permissão de trabalho, por exemplo, os indivíduos são obrigados a observar todos os riscos envolvidos na tarefa. O mesmo vale para qualquer pessoa que iniciar qualquer tarefa. É preciso observar, avaliar e estar atento aos perigos.

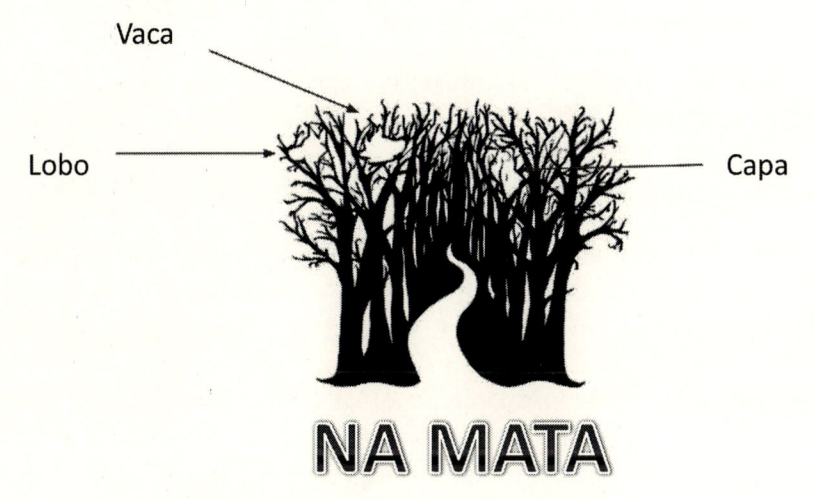

Capítulo 3 Compreendendo Cultura e Comportamento... 63

Figura 3.21: *O poder das expectativas*

Quando a atenção está concentrada em determinado item, outros aspectos ao redor frequentemente não são vistos. O conceito de disciplina operacional, discutido em detalhes na seção 3.8.1, pressupõe atenção à tarefa que está sendo executada e também ao que ocorre ao redor. Se o foco for apenas na tarefa em si, pode comprometer o desempenho em confiabilidade e segurança. Por sua vez, isso poderia afetar tanto a obtenção dos resultados desejados pelos ativos quanto a boa gestão de ativos. Esse tipo de comportamento, pautado pela disciplina operacional, precisa se apoiar na cultura do local de trabalho e ser impulsionado pela liderança.

De uma perspectiva da gestão de ativos, a entrega de resultados requer o trabalho integrado de muitas áreas da organização. O comportamento complacente pode produzir resultados negativos quando não são consideradas as implicações (consequências) do comportamento de uma parte da organização sobre outra parte. No nível organizacional, atenção focalizada requer comportamento proativo de grupos que fazem interfaces corporativas com uma compreensão das intenções e expectativas de outros grupos dentro da organização.

3.8 Educação e Disciplina

Educação e disciplina são questões-chave no conceito da atenção focalizada. Educação e disciplina diferem de aprendizagem e conhecimento. Por exemplo, quanto tempo leva para uma criança aprender a importância de escovar os dentes? Em alguns minutos a criança entende o conceito. Agora a pergunta é: quanto tempo leva até que esse conceito se torne educação e disciplina, um hábito na vida cotidiana, sem que o pai precise perguntar? Isso pode demorar uma vida inteira, se o conceito não for internalizado.

Educação é o que permanece em uma pessoa depois que o conhecimento formal é esquecido. Cultura não é só um conjunto de regras escritas, mas também um conjunto de orientações para o funcionamento do dia a dia. Da mesma forma, a educação é muito mais do que um conjunto formal de regras, leis e regulamentos. Trata-se de um conjunto de hábitos que transformam o conhecimento em prática diária por meio da disciplina. Ao contrário do pensamento comum, a disciplina é uma fonte de liberdade e capacitação que depende da educação e do desenvolvimento da consciência.

Disciplina é o oposto de desatenção e complacência. Disciplina não apenas regula, mas é também construtiva no sentido de que permite a criação. Tomemos o jogo de futebol como exemplo. A disciplina demonstrada pelos jogadores ao seguir as regras do jogo não apenas o regula, mas o torna possível. Sem disciplina, não haveria os melhores jogadores. Dessa forma, a disciplina torna possível a individualidade, a criatividade e o desenvolvimento.

Considere a Figura 3.22. O que caracteriza um monge budista? Um monge budista é caracterizado por sua disciplina. O mesmo vale para um técnico de laboratório. Seguir as práticas de um bom exame de sangue e da coleta de material é o que define o excelente trabalho de um laboratório. O que torna um simples jogador um jogador de ponta é sua capacidade de se adaptar melhor às regras e segui-las.

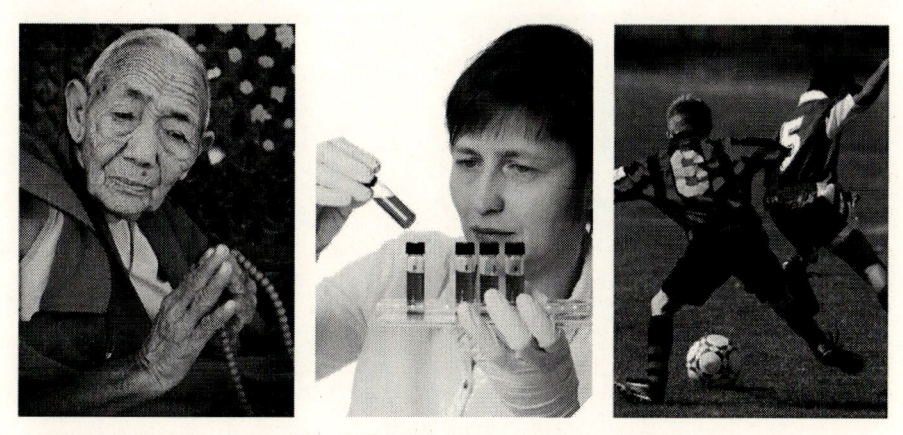

Capítulo 3 Compreendendo Cultura e Comportamento... 65

Figura 3.22: *O ato disciplinado é uma prática social. Nós somos a nossa disciplina.*

O conhecido filósofo francês Michel Foucault descreve educação, disciplina e poder como conceitos que se misturam. O que mantém o poder e faz com que ele seja aceitável é o fato de não se caracterizar como uma força que apenas diz "não", mas sim permear todas as coisas, produzindo discursos, educando e produzindo individualidade (Foucault, 1995).

Exemplo disso é a confirmação da teoria do germe, do francês Louis Pasteur, e a revelação de que lavar as mãos pode evitar a propagação de doenças, como apontado na Figura 3.23 abaixo. O conceito tornou-se um ato disciplinado tão poderoso, que alterou a higiene pública, tendo sido firmemente incorporado ao hábito moderno.

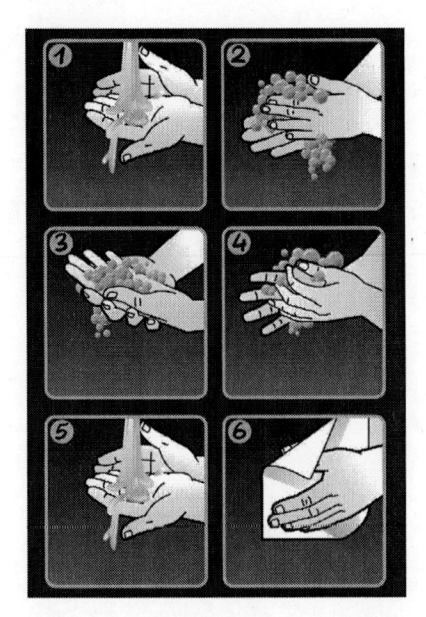

Figura 3.23: *Alterar comportamentos simples pode produzir mudanças no mundo*

3.8.1 Disciplina Operacional

Nas indústrias de petróleo e gás, a disciplina operacional se origina da doutrina "todos fazem todas as tarefas, da forma certa, o tempo todo", apontada na Figura 3.24. Incorporar esse hábito em modelos mentais, por meio do comportamento automático, conduz à excelência operacional. A ideia não é nova. A seguinte declaração é atribuída ao filósofo grego Aristóteles:

> *"Nós somos o que fazemos repetidamente. Excelência, então, não é um ato isolado, mas um hábito."*

Excelência é um feito alcançado por meio da educação e da disciplina.

A excelência operacional pode ser pensada como o estágio mais elevado da maturidade da gestão de ativos. A excelência operacional é descrita em detalhes no Capítulo 8. Tem como origem a doutrina da disciplina operacional, que é uma abordagem prática para a gestão de ativos.

Capítulo 3 Compreendendo Cultura e Comportamento... **67**

Mãos na massa em ferramentas, mãos na massa sobre as alavancas, mãos na massa na gestão de riscos, mãos na massa na liderança: se o trabalho sempre for feito corretamente, acidentes e falhas serão evitados, reduzindo assim os riscos, custos e aumentando a produção.

Figura 3.24: *Disciplina operacional significa completar todas as tarefas, da forma correta, o tempo todo*

3.9 Resumo

Mudar o comportamento é uma das formas de mudar a cultura. Reforço positivo e negativo, também conhecido como consequência oferecida pelos líderes, pode criar novos comportamentos. Novos comportamentos, por sua vez, tornam-se antecedentes. Após um tempo, esses comportamentos se tornarão hábitos para alguns. Quando adotados pela maioria das pessoas, novos comportamentos se tornarão os *habitus* de Bourdieu e, finalmente, cultura.

O contrário da disciplina operacional é a complacência, que leva ao mau comportamento automático. Educação, atenção focalizada e disciplina desempenham importante papel na transformação do comportamento organizacional e, portanto, afastam a cultura da complacência e da desatenção.

Este capítulo salientou a importância dos fatores humanos visíveis e invisíveis na busca da melhoria do desempenho organizacional por meio da excelência em gestão de ativos. Muitas coisas precisam ser levadas em conta até que se obtenha uma mudança de cultura. É importante olhar para a realidade em questão de várias maneiras. Na imagem da capa, há uma árvore, um vaso e duas cabeças humanas. Ocorre o mesmo na cultura organizacional: o que é visto em primeiro plano pode não ser a única coisa a afetar a cultura.

A Jornada de Ativos Pouco Confiáveis para Ativos de Classe Mundial, Parte 3

P: Fazendo uma reflexão sobre o que foi dito até agora, quais são as principais medidas implementadas para a mudança da cultura?

R: Difícil saber exatamente por onde começar. Ter clareza a respeito do que era necessário à sobrevivência do negócio foi importante. A partir daí, cada função na organização tinha de concentrar sua atenção sobre o que era preciso fazer para a entrega de resultados. Todas as reuniões com a equipe de gestão eram iniciadas com a clara afirmação dos objetivos do negócio. Fossem elas sobre segurança, confiabilidade do ativo, resultado de produção específico por um período de tempo, custo etc, todas as reuniões precisavam se relacionar aos objetivos do negócio. Procurávamos tornar claro, para cada função, o que tinham de fazer para serem excelentes na entrega do resultado esperado. Cada gerente sênior era dono do processo de negócios e esse atributo promoveu soluções funcionais.

E o que celebrávamos era o sucesso de toda a equipe. Então, se uma função individual, como contratação, encontrasse algo mais barato, esse resultado específico não seria reconhecido individualmente. No entanto, se os empregados fossem capazes de comprar, digamos, uma bomba centrífuga e trazê-la para a organização, instalando de forma efetiva, estabelecendo um regime apropriado de manutenção em torno dela e operando do jeito que gostaríamos, então toda a equipe responsável celebraria o sucesso. Assim, as realizações individuais recebiam menos reconhecimento. Comemorávamos com a equipe como um todo.

Capítulo 4

ENTENDENDO O PAPEL DAS EMOÇÕES

Até aqui, foram explorados os conhecimentos, habilidades, competências e experiências que constituem os pensamentos e comportamentos. Este capítulo abordará como as emoções influenciam o comportamento, a cultura e a liderança. A liderança exerce sua influência nas pessoas através das emoções. Para que a mensagem da liderança alcance a memória de longo prazo, centro da experiência e do conhecimento, ela tem de afetar as emoções das pessoas. Pensamentos racionais, por sua vez, acessam somente a memória de curto prazo. É por isso que é tão importante para líderes entender sobre emoções (Lafraia, 2011).

Para que o comportamento se torne um hábito, ele tem de seguir os caminhos neurais corretos dentro do cérebro. Isso vale tanto para os maus hábitos como para os bons. Bons hábitos formarão uma cultura desejada somente se o *pano de fundo* emocional carregar conotações positivas e alcançar a parte correta do cérebro; isto é, a memória de longo prazo. Na nossa metáfora do pomar, as emoções são representadas pelo afeto que o jardineiro tem pelas árvores e pelos outros. O afeto é um requisito necessário para que organismos vivos cresçam e amadureçam. O tópico de emoções e afetos nas organizações pode parecer supérfluo, mas este capítulo apresenta um exame lógico e racional da química cerebral e da neurociência que prova o contrário. O Capítulo 5 abordará mais detalhadamente como a liderança pode lidar com as emoções para produzir resultados mais rápidos e sustentáveis para os negócios.

4.1 Emoções

A palavra "emoção" vem do latim e significa literalmente "movimento que vem de dentro". A literatura organizacional fala muito sobre motivação e capacitação sem fazer referência ao fato de que as verdadeiras fontes de motivação e capacitação são as emoções que advêm dos elementos estruturantes, cultura e liderança. Elementos estruturais, como processos, ferramentas e práticas, raramente atingem camadas mais profundas do que o nosso cérebro racional. Para que possam incentivar na direção correta, os símbolos e sinais da liderança e da cultura têm de alcançar os centros emocionais do cérebro (Ramos, 1984).

As emoções são independentes da consciência racional e acontecem em décimos de segundo. Elas causam modificações na composição hormonal do sangue, batimentos cardíacos, ritmo respiratório e composição hidráulica da pele. As emoções são divididas em duas categorias: primárias e secundárias. As emoções primárias são o medo, a alegria, a raiva, a tristeza e o amor. As emoções secundárias são combinações um pouco mais sofisticadas das emoções primárias, tais como a inveja, o ciúme e a vingança.

A antiga visão sobre as emoções é de que elas desequilibram e perturbam os mecanismos de pensamento e interferem com os bons processos de comunicação, logo deveriam ser controladas ou mesmo suprimidas. Entretanto, uma vez que as emoções sejam controladas ou suprimidas, elas reduzem a motivação, a criatividade e a sensação de prazer. Isso leva à redução da capacidade de transformação das habilidades básicas de aprendizado e ao reforço do pensamento racional.

Estudos sobre a inteligência emocional mostram que lidar com as emoções produz resultados muito mais desejáveis do que suprimi-las ou mesmo ignorá-las (Goleman, 1995). A visão atual é de que as emoções devem ser reconhecidas e harmonizadas. Isso significa levar em conta as emoções, entender suas origens e, até mesmo, aplicá-las no intuito de melhorar a comunicação e o aprendizado, reforçar a sensibilidade, aumentar a motivação e a criatividade e, finalmente, aumentar a sensação de bem-estar. Para as organizações, esta é uma maneira sustentável de produzir resultados excelentes.

4.2 O Sistema Nervoso e o Sistema Endócrino

Para esclarecer um pouco mais sobre as emoções, é necessária uma breve descrição dos sistemas envolvidos na coordenação e regulação do corpo humano. Tais sistemas são o sistema nervoso e o sistema endócrino. O sistema nervoso humano é o mais complexo dentre os animais. Sua função básica é receber informações sobre variações externas e internas e produzir respostas a essas variações por meio dos músculos e glândulas. Dessa forma, ele contribui, junto com o sistema endócrino, à adaptação do homem ao seu ambiente, garantindo sua sobrevivência. Para as organizações, esta é a forma que os indivíduos escolhem para se adaptar ao ambiente ao redor.

4.2.1 O Sistema Nervoso

O sistema nervoso funciona através de sinais elétricos que percorrem os vários nervos do corpo, resultando em um tempo de resposta muito rápida. O sistema nervoso pode ser dividido em duas grandes partes: o sistema nervoso central e o sistema nervoso periférico.

O sistema nervoso central recebe, analisa e integra as informações. É o sistema responsável por tomar decisões e emitir ordens, e consiste no cérebro e na coluna vertebral. O cérebro é dividido em três grandes sistemas funcionais: o neocórtex, o sistema límbico e o sistema reptílico, conforme mostrado na Figura 4.1. Um dos aspectos principais do sistema nervoso central é que ele processa informações e sinais em paralelo a outros sistemas.

A seguir, veremos a descrição dos três sistemas funcionais (Parika, 1991; Chopra et al, 2012) no interior do cérebro que compõem o sistema nervoso central, como descrito na Figura 4.1.

72 Vivendo a Gestão de Ativos

O neocórtex é a área que gera as origens racionais dos comportamentos, conhecimentos, habilidades e pensamentos. Os pensamentos racionais foram explorados anteriormente, nos níveis neurológicos. As intenções descritas no Capítulo 3 estão relacionadas a valores que são dirigidos pelo neocórtex. A Figura 4.2 mostra as principais funções e características desse sistema do cérebro.

Neocórtex
Sistema Racional
Pensamento

Cerebelo
Sistema Reptílico
Habilidades

Amígdala
Sistema límbico
Emoções

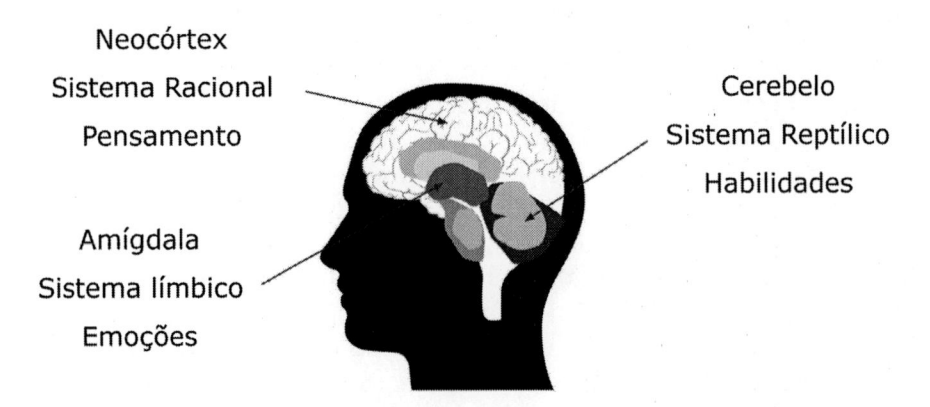

Figura 4.1: *Diagrama simplificado da anatomia cerebral.*

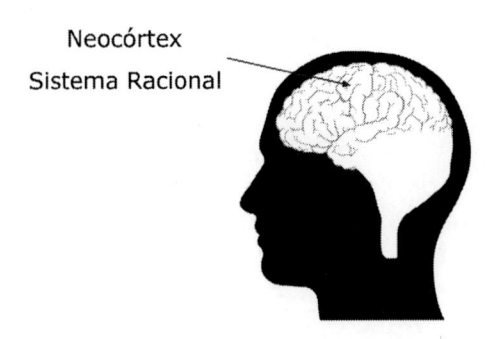

Neocórtex
Sistema Racional

Neocórtex

• Entra em operação quando é necessário fazer alguma interpretação que não se encaixe na memória.

• Sede dos comportamentos baseados no raciocínio e no conhecimento.

• Responsável pelo comportamento social, pela consciência e pelo pensamento.

• Responsável pela atenção e memória de curto prazo.

• Contém o Córtex motor, auditivo, visual e olfativo.

• Centro do pensamento/raciocínio lógico e do comportamento baseado em intenções.

• Baixa velocidade de resposta em função do elevado nível de processamento

Figura 4.2: *Localização e função do neocórtex.*

Capítulo 4 Entendendo o Papel das Emoções 73

O sistema límbico guia os sentimentos, as emoções e as memórias emocionais. As expectativas estão relacionadas às crenças, conforme já descrito; as crenças, por sua vez, estão relacionadas ao caráter. O sistema límbico, que contém a amígdala, é o ponto de partida das emoções. O sistema límbico influencia todas as funções corporais, voluntárias e involuntárias, conscientes e inconscientes. A atenção é influenciada pela amígdala.

A Figura 4.3 mostra as principais funções e características desse sistema.

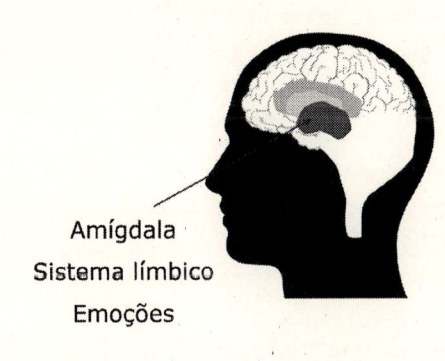

Amígdala
Sistema límbico
Emoções

Sistema límbico SL
- Intimamente ligado às demais áreas do cérebro
- Região da Memória de logo prazo
- Sede das emoções (amígdala)
- Tem influencia em todas as funções do corpo
- O acesso a ele se dá por: 1) Excitação 2) Novidade 3) Comportamento Involuntário
- Não gosta de repetição
- Velocidade de resposta altíssima
- É acessado via imagens mentais internas
- Seu acesso é regulado pelas emoções positivas e negativas
- Centro do comportamento baseado nas emoções e no uso da memória
- Centro do nosso caráter – um dos atributos ou características que nos individualiza.

Figura 4.3: *Localização e função do sistema límbico.*

O sistema reptílico é o mais antigo desses sistemas, tendo sido preservado através dos vários estágios da história evolutiva do homem. O estado emocional interno está relacionado ao temperamento, que é guiado pelo sistema reptílico. Ele também guia as habilidades motoras e o instinto de territorialidade, conforme mostrado na Figura 4.4.

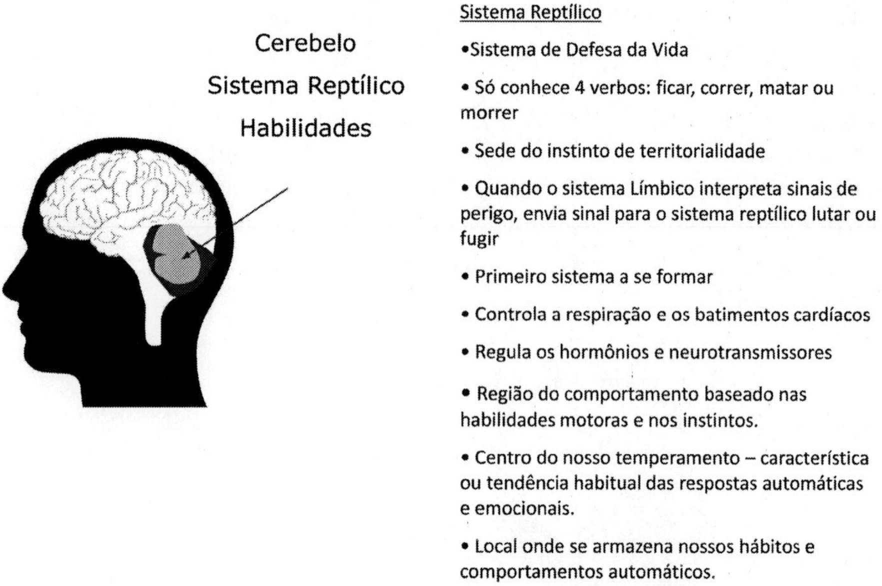

74 *Vivendo a Gestão de Ativos*

Cerebelo
Sistema Reptílico
Habilidades

Sistema Reptílico

•Sistema de Defesa da Vida

• Só conhece 4 verbos: ficar, correr, matar ou morrer

• Sede do instinto de territorialidade

• Quando o sistema Límbico interpreta sinais de perigo, envia sinal para o sistema reptílico lutar ou fugir

• Primeiro sistema a se formar

• Controla a respiração e os batimentos cardíacos

• Regula os hormônios e neurotransmissores

• Região do comportamento baseado nas habilidades motoras e nos instintos.

• Centro do nosso temperamento – característica ou tendência habitual das respostas automáticas e emocionais.

• Local onde se armazena nossos hábitos e comportamentos automáticos.

Figura 4.4: *Localização e função do sistema reptílico.*

Os sistemas límbico e reptílico estão localizados no nível primário e instintivo do cérebro. Tais sistemas agem na defesa da vida, na proteção do território, na proteção contra agressões externas, na reprodução e nas nossas habilidades motoras. Estes são nossos instintos naturais.

O neocórtex, o sistema límbico e o sistema reptílico funcionam em paralelo. Todos são ativados por um estímulo, do qual decorrem emoções que, por sua vez, influenciam pensamentos, atitudes e modelos mentais e, por fim, os comportamentos. Os comportamentos se tornarão hábitos, que virarão cultura.

O segundo grande sistema do sistema nervoso é o periférico. O sistema nervoso periférico é composto de nervos e gânglios, que são grupos de corpos celulares nervosos. Carrega informações dos órgãos sensoriais para o sistema nervoso central e deste para os músculos e glândulas, ou sistema endócrino.

O sistema nervoso periférico, além disso, contém o sistema nervoso autônomo, composto por duas partes distintas: a simpática e a parassimpática. O sistema nervoso autônomo é o agente das funções simpáticas, sejam elas subconscientes, inconscientes ou instintivas, tais como os batimentos cardíacos, a respiração, a digestão e a excreção. As funções parassimpáticas operam sob o comando do pensamento consciente, restringindo as funções instintivas. Os sistemas simpático e parassimpático têm funções opostas. Um corrige os excessos do outro. Por exemplo, se o sistema simpático acelera demais os batimentos cardíacos, o sistema parassimpático entra em ação, reduzindo a frequência cardíaca. Se o sistema simpático acelera o trabalho do estômago e dos intestinos, o parassimpático entra em jogo para desacelerar as contrações desses órgãos.

4.2.2 O Sistema Endócrino

As mensagens transmitidas pelo sistema endócrino são de natureza química; elas dependem da ação dos hormônios. Os hormônios são substâncias que são distribuídas pelo sangue e modificam o funcionamento de outros órgãos. A atuação do sistema endócrino é mais lenta do que a do sistema nervoso devido à latência entre a recepção do estímulo e a chegada do hormônio aos órgãos. O sistema endócrino, no entanto, tem uma vantagem sobre o sistema nervoso porque seu consumo de energia é bem menor. Uma pequena quantidade de hormônio pode desencadear uma intensa e duradoura reação nas células de um órgão ou até mesmo no corpo inteiro. O sistema nervoso pode ativar o bloqueio de uma ação, enquanto o sistema endócrino pode apenas iniciar uma ação. Depois que um hormônio é liberado na corrente sanguínea, não há qualquer forma de acelerar sua remoção; ele continua a agir enquanto circula.

4.3 Processamento Paralelo: Como Tudo Funciona

Dependendo da nossa memória emocional e experiência anterior de medo em uma situação ameaçadora, a amígdala no nosso sistema límbico entra em ação, enviando um sinal ao sistema nervoso para lutar ou fugir. Essa resposta é imediata e faz parte do nosso instinto de sobrevivência. Como um indivíduo reage a uma situação estressante ou ameaçadora depende do grau de interação entre o sistema límbico e o sistema reptílico, bem como das experiências anteriores. O exemplo a seguir demonstra como isso funciona (Ledoux, 1998).

Uma pessoa está andando pela floresta quando de repente se depara com uma cobra enrolada atrás de um tronco caído no caminho, conforme mostrado na Figura 4.5. A cobra é percebida como uma ameaça ou um estressor. Esse estímulo visual é processado no cérebro primeiramente pelo sistema límbico, que transmite a informação diretamente à amígdala. Essa transmissão permite ao sistema iniciar a reação do sistema reptílico ao perigo potencial. A ativação do sistema nervoso autônomo simpático mobiliza a energia necessária para a resposta ao estresse. As pupilas dilatam, a frequência respiratória aumenta, promovendo a liberação de glicose pelo fígado, também produzindo e liberando adrenalina e norepinefrina da medula das glândulas adrenais. Essas ações inundam os músculos com tudo o que eles precisam para se preparar para lutar ou correr, matar ou morrer.

Simultaneamente, o neocórtex processa informações e produz uma resposta mais detalhada e precisa diante do estímulo recebido. O neocórtex entra em ação quando o indivíduo tem de interpretar uma situação para que ele possa agir ou reagir apropriadamente. O sistema endócrino é estimulado causando a produção e secreção de cortisol, que promove a integridade fisiológica, regulando os níveis de glicose sanguínea e mantendo o equilíbrio hemodinâmico, essencial à sobrevivência do indivíduo.

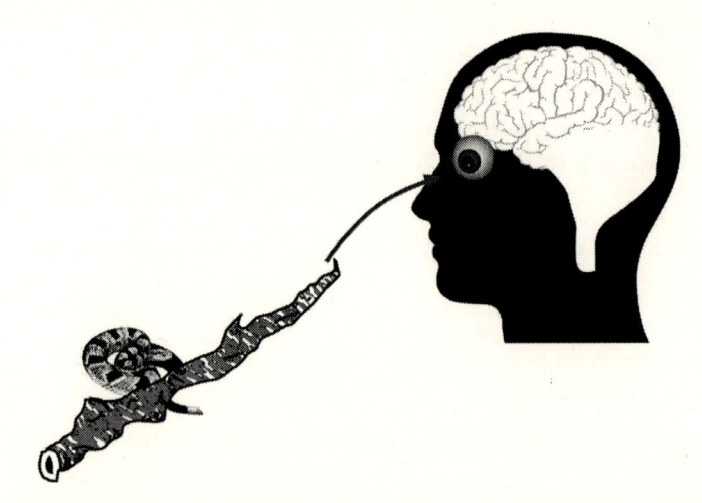

Figura 4.5: *A função das emoções no cérebro (adaptado de Ledoux (1998)). Uma leitura incorreta da situação pode pôr um indivíduo em sério risco.*

Capítulo 4 Entendendo o Papel das Emoções

Apesar de o neocórtex prover uma resposta mais definida do que o sistema límbico, ele precisa de um tempo muito maior para que a informação chegue à amígdala. Em situações perigosas, a capacidade de reação rápida é extremamente útil. O tempo poupado permite ao sistema límbico agir imediatamente sobre as informações da amígdala em vez de esperar pelas informações do neocórtex. Isto pode significar a diferença entre a vida e a morte.

Na maioria das vezes, em ambientes relativamente familiares, os indivíduos não estão conscientes de seu sistema límbico fazendo uma varredura do ambiente e testando-o em relação às suas intenções e expectativas. Frequentemente, os indivíduos só se tornam conscientes desse processo quando há uma surpresa ou um símbolo diferente; por exemplo, quando alguém altera seu comportamento habitual em relação ao indivíduo de uma forma que não se encaixa em sua expectativa. Nesse caso, a área do neocórtex é ativada para interpretar essa nova situação que não se encaixa na memória existente e alerta o indivíduo.

As pessoas podem subestimar como é importante prever e monitorar precisamente, pois elas não estão inteiramente conscientes de fazê-lo. De fato, se os indivíduos fossem inteiramente conscientes desse processo o tempo inteiro, eles não poderiam se concentrar facilmente na tarefa que têm em mãos. Sempre que um evento incomum ou falha na predição é visto ou experimentado, o sistema límbico não pode ignorá-lo. Uma exceção não pode ser apenas notada; ela deve ser explicada para que o indivíduo não seja surpreendido de novo. Esta é a metodologia heurística de formação de modelos mentais, discutida no Capítulo 3, que resulta em um conjunto de princípios e regras para a predição de comportamento, tanto das pessoas quanto de seu mundo físico. Ao formar modelos mentais, os indivíduos desenvolvem suas próprias teorias sobre o comportamento humano e o mundo material. Os modelos mentais são importantes para os indivíduos, pois são essenciais para uma sensação de bem-estar e até mesmo sobrevivência. Sob as circunstâncias descritas na Figura 4.5, uma leitura incorreta da situação pode pôr um indivíduo em sério risco.

Nos casos em que o sistema límbico, dependendo do histórico e do contexto de trabalho, percebe uma atmosfera de medo, incerteza, desconfiança, alienação, injustiça, ameaça ao status, supressão da autonomia ou invasão de território, o que frequentemente ocorre em organizações, a reação é lutar ou fugir. Em tais casos, as pessoas entram em um "modo de emergência", caracterizado por uma preponderância de atitudes reativas visando à sobrevivência, o que, por sua vez, gera estresse.

4.3.1 Reações de Estresse

Entende-se, de maneira geral, que o estresse é um conjunto de reações corporais, caracterizado pela interrupção do estado interno de equilíbrio ou homeostase. Essas reações são geradas pela inabilidade do indivíduo de se adaptar à exposição prolongada a estressores negativos como, por exemplo, ameaças e ataques advindos de estímulos físicos ou psicológicos inabituais. A produção prolongada e excessiva de cortisol, o hormônio do estresse produzido nessas situações, contribui para alterações na memória e na cognição associadas ao estresse crônico. A resposta imunológica também é mediada pela resposta do cortisol, o que resulta em uma reação anti-inflamatória e imunossupressora no corpo.

As respostas comportamentais a um estressor negativo incluem: confrontação, luta, evasão, fuga, passividade e/ou colapso. As estratégias de enfrentamento correspondem a um conjunto de pensamentos embutido nos modelos mentais do indivíduo. Podem ser aprendidas, usadas, descartadas e reforçadas, de acordo com a experiência de cada um.

Recapitulando, o sistema emocional influencia as percepções com base em modelos culturais e mentais armazenados na memória dos indivíduos. O sistema límbico recebe informações do ambiente por meio de sensores. Ele é responsável por desencadear o reflexo de fugir ou lutar a partir do estímulo ao sistema nervoso autônomo. A adoção ou não adoção de comportamento próprio ou impróprio dependerá de tal reflexo.

Nota-se que a resposta obtida depende de como a amígdala modula a reação aos estímulos dos antecedentes e consequências. Exemplo disso é a resposta produzida quando um chefe percebido como ameaçador grita e repreende um membro da equipe. Nesse caso, uma resposta racional seria muito improvável e o membro da equipe não responderia com base na sua experiência. Esses elementos têm impactos no comportamento, que por sua vez é influenciado pelas organizações, como veremos a seguir.

4.4 A Importância das Emoções no Contexto Organizacional

Organizações devem evitar contextos de trabalho que gerem percepções de insegurança e medo, pois podem causar estresse negativo excessivo nas pessoas. Nesse caso, o comportamento das pessoas pode ser indesejável, mesmo em situações perigosas. Quando guiadas pelo medo e pela insegurança, as pessoas podem responder impulsivamente, impelidas por experiências prévias ou interações inadequadas e inabituais da amígdala.

> *O conhecimento, as atitudes e as habilidades por si só não gerarão o comportamento desejado. É preciso levar em conta a influência das emoções.*

Os seres humanos precisam de um ambiente de segurança, respeito e confiança que encoraje comportamentos que se encaixem adequadamente na ação de modulação da amígdala. O contexto de trabalho ideal é aquele em que o normal é o comportamento regular e previsível, e não a ameaça, para que as ações e reações possam ser sempre proativas. Uma liderança efetiva cria confiança porque as pessoas identificam a coerência no contexto organizacional. O exemplo dado pela liderança e o comprometimento visível com as crenças e valores da organização são essenciais para o estabelecimento de relações de respeito e confiança.

O sistema límbico desempenha um papel crucial na aprendizagem humana. Estudos sobre o cérebro humano indicam que as emoções, portanto as amígdalas, são a chave para armazenar informações na memória de longo prazo. Emoções positivas, como a alegria e o afeto, permitem que informações racionais sejam processadas no neocórtex, que contém a memória de curto prazo, e depois sejam transportadas e armazenadas na memória de longo prazo. Portanto, contextos de trabalho que geram confiança e segurança são importantes, pois reduzem o estresse negativo que, consequentemente, facilitam a aprendizagem humana.

> *A comunicação na gestão de ativos deve ser focada, objetiva e emocionalmente positiva.*

A memória de curto prazo possui uma capacidade de armazenamento limitada. Por exemplo, a memória de curto prazo só consegue trabalhar com aproximadamente sete informações, como instruções ou comandos. Se os sensores de um indivíduo estiverem superlotados de informação, apenas uma quantidade limitada será armazenada na memória de longo prazo. Isto quer dizer que a comunicação da gestão de ativos deve ser focada, objetiva e emocionalmente positiva.

O sistema límbico é capaz de fazer associações intuitivas e arquetípicas. O neocórtex, no entanto, precisa de informações racionais, como palavras, gráficos e números. Portanto, para facilitar a aprendizagem, as equipes de liderança das organizações devem usar metáforas, analogias e histórias para que possam estimular e acessar diretamente a memória de longo prazo. Muitos líderes fazem uso de imagens, sinais e símbolos para transmitir conceitos que contribuem para a boa gestão de ativos, melhorando o desempenho organizacional. Essa é uma das razões para a metáfora da árvore e do pomar usada neste livro.

O uso de linguagem negativa pode causar comportamentos que os líderes na verdade querem evitar (O'Connor & Seymour, 1993). Por exemplo, se for dito para um indivíduo "pense azul", a pessoa pensará em 'azul'. Se for dito para um indivíduo "não pense vermelho", a pessoa não conseguirá pensar em outra coisa que não "vermelho". O comando negativo não inibe o pensamento, na verdade ele faz o oposto. Outro exemplo é a mensagem "evite acidentes" que pode induzir ao pensamento negativo "acidente". Pensar sobre o que não queremos cria, no mínimo, uma ambiguidade na interpretação do sistema límbico acerca da situação. Idealmente, ao falar sobre segurança, o comportamento desejado deve ser destacado por uma linguagem direta e positiva. Uma alternativa à mensagem de "zero acidente" é a mensagem "100% segurança". O objetivo é destacar o comportamento desejado clara e objetivamente. Indicadores e comandos no negativo geram na mente, na melhor das hipóteses, a dúvida, e quando a mente está em dúvida, o comportamento é incerto.

> *Idealmente, quando quiser que os outros adotem o comportamento apropriado, comunique o comportamento desejado.*

Comportamentos e resultados desejados acontecem quando os resultados positivos que a organização busca alcançar são afirmados. Na gestão de ativos, os resultados organizacionais requerem que muitas pessoas diferentes trabalhem em conjunto para atingir o sucesso. Portanto, os líderes precisam se comportar da maneira que eles querem que os outros se comportem, isto é, com cooperação e respeito, por exemplo.

> *Se afirmarmos claramente o que queremos, o cérebro tentará obter o que desejamos.*

Mensagens contraditórias geram ambiguidade na percepção da situação e uma resposta incerta. Por essa razão, a linguagem usada no contexto de trabalho tem de ser muito clara sobre o comportamento que queremos atingir, senão o processo de comunicação será comprometido (Rock, 2009).

Em resumo, seguem algumas dicas para facilitar a aprendizagem resultante da comunicação da liderança:

- Faça uso de mensagens que falam sobre emoções positivas, como o afeto e a alegria;
- Limite as mensagens a aproximadamente sete blocos de conhecimento ou informação;
- Use metáforas, histórias e símbolos;
- Use linguagem positiva, clara e objetiva.

4.5 Emoções e Consequências

As emoções e os comportamentos humanos sempre têm uma intenção positiva: garantir a sobrevivência e adaptação ao ambiente. As emoções auxiliam os humanos a se adaptar ao ambiente exterior.

Na Figura 4.6, as consequências, fase C do modelo ABC discutido no Capítulo 3, são desconstruídas. Esses efeitos são divididos em três categorias: significado, certeza e prazo (Geller, 1996). O significado de uma consequência pode ser positivo, negativo ou neutro em termos de seu impacto no sentimento e na sensação dos perfis de Certeza, Autonomia, Relação, Equidade e Status que serão chamados de modelo de consequências CARES (adaptado de Pratlett (2013)). A certeza de uma consequência pode ser certa ou incerta. O prazo de uma consequência pode ser agora ou depois.

Significado	→	Positivo Negativo (efeito colateral) Neutro
Certeza	→	Certo Incerto
Prazo	→	Hoje Futuro

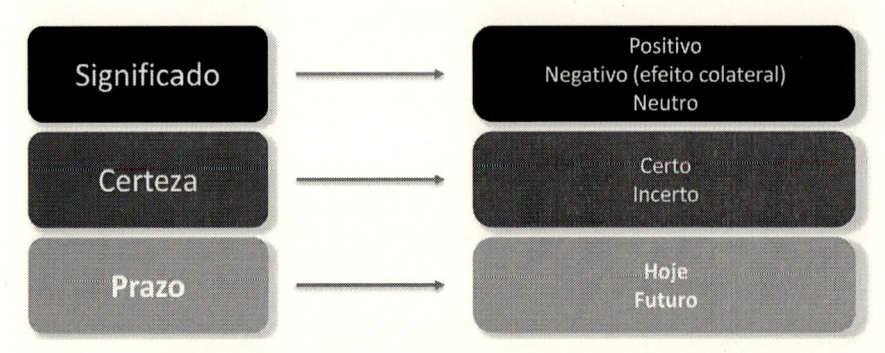

Figura 4.6: *Perfil dos efeitos das consequências (adaptado de Geller (1996))*

O perfil de significado positivo pode gerar nas equipes ou indivíduos sentimentos e sensações de certeza, liberdade, afiliação, amizade, justiça e respeito ao status. Já o perfil de significado negativo pode gerar sentimentos e sensações de incerteza, falta de autonomia e gestão de detalhes, exclusão e isolamento, iniquidade e injustiça, má reputação e ameaça ao status.

As pessoas são motivadas a maximizar consequências positivas e minimizar consequências negativas, o que pode representar uma resposta de afastar-se da ameaça ou de aproximar-se da recompensa, conforme se vê na Figura 4.7 (Rock, 2009). O sistema cerebral que governa essa resposta é o sistema límbico, ativado para produzir uma resposta que minimize a consequência negativa e maximize a consequência positiva.

A resposta à ameaça frequentemente supera a resposta à recompensa porque se caracteriza por ser forte, imediata e difícil de ignorar. Se a percepção de ameaça está presente, a reação

Capítulo 4 Entendendo o Papel das Emoções   83

automática do corpo é de lutar ou fugir. Em casos extremos, a amígdala pode ser ativada com intensidade e velocidade, produzindo uma resposta extremamente estressante.

A resposta à ameaça bloqueia a aprendizagem e a produtividade, pois utiliza o oxigênio e a glicose do sangue, desviados de outras partes do cérebro, incluindo da função da memória responsável pelo processamento de novas informações e ideias. Justamente quando as pessoas mais precisam de suas sofisticadas capacidades mentais, os recursos do cérebro são direcionados para lidar com a ameaça detectada. Os seres humanos não conseguem pensar criativamente, trabalhar bem com os outros ou tomar decisões acertadas quando a resposta à ameaça está no automático e em alerta máximo.

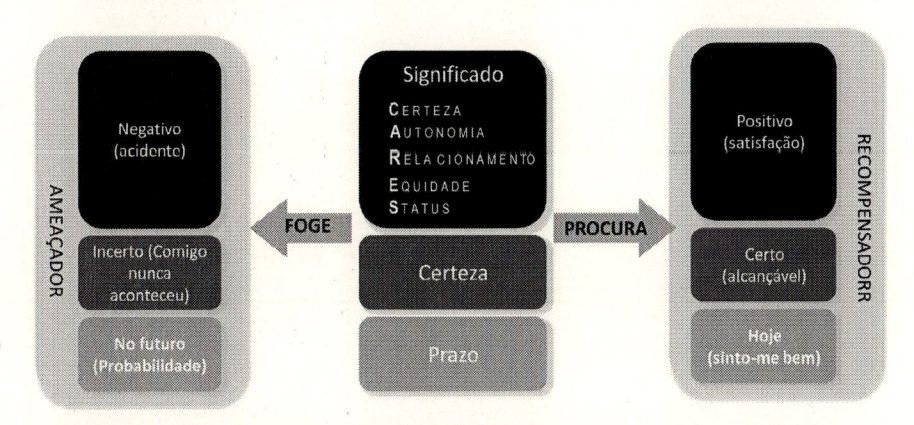

Figura 4.7: *Os dois tipos de perfil dos modelos de consequência "CARES": afastar-se da ameaça ("SCARER") ou aproximar-se da recompensa ("CARER").*

Veja o exemplo dos efeitos do uso de Equipamento de Proteção Individual (EPI) no local de trabalho, resumido na Figura 4.8. Qual é a consequência do seu uso? O significado positivo é o de garantir a integridade da segurança pessoal, enquanto o desconforto é o significado negativo. Vestir um capacete gerará desconforto. Na verdade, qualquer tipo de equipamento de proteção pessoal que restrinja o movimento ou aumente a temperatura corporal teria um significado negativo.

Agora considere a categoria certeza. O desconforto e a restrição do movimento podem ser percebidos no momento presente.

84   Vivendo a Gestão de Ativos

A "incerteza" diz respeito a pensar algo como: *"Por que eu deveria usar um capacete se nunca nada aconteceu comigo?"* ou *"Eu tenho colegas que trabalharam a vida inteira e nunca foram atingidos no capacete"*.

Concluímos que a pessoa tem certeza do desconforto e dúvidas quanto à possibilidade de um acidente. Que decisões você acha que ela vai tomar?

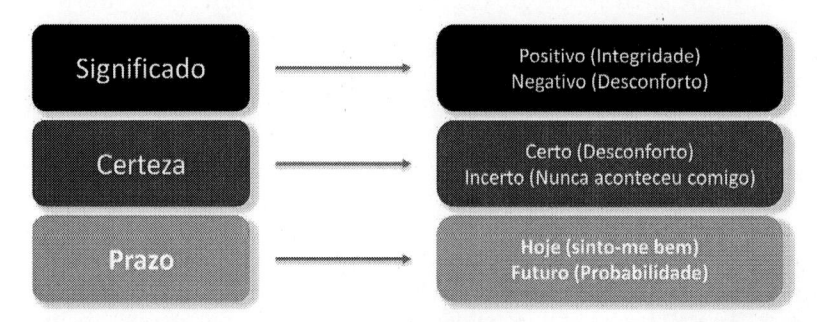

Figura 4.8: *Perfil dos efeitos do uso de equipamento de proteção pessoal.*

Agora, a categoria prazo entra em jogo. O problema é que a necessidade do uso de equipamento de proteção individual é contrária à preferência do indivíduo. Ela vai contra a necessidade de prazer e conforto hoje, não amanhã ou no futuro. Isto está resumido na Figura 4.9.

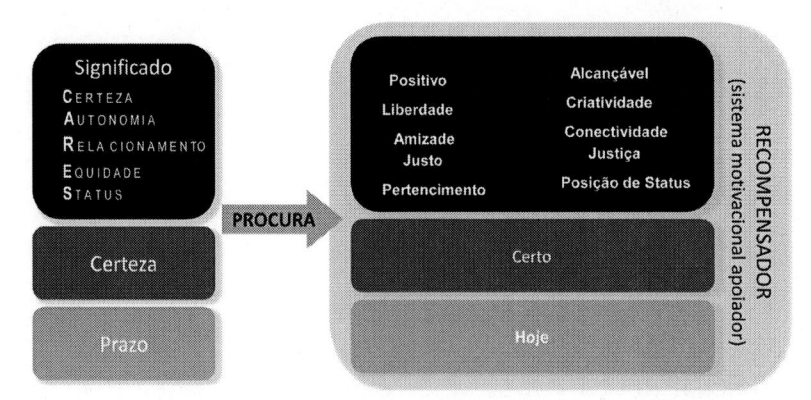

Figura 4.9: *Modelo de consequência "CARER" (Cuidador) – Perfil dos efeitos preferidos pelo ser humano que se aproxima dele (adaptado de Pratlett (2013)).*

Os seres humanos preferem um significado positivo, com alta certeza e agora. Esta é uma das razões pelas quais as pessoas fumam, por exemplo. O alívio psicológico que elas sentem hoje é mais poderoso que a ameaça de futuros impactos em sua saúde. O significado é positivo: *"Eu me sinto bem"*. Em termos de certeza: *"Eu sei que vou me sentir bem depois do cigarro"*. Em termos de prazo: *"Eu estou me sentindo bem agora"*.

> *Os seres humanos dão preferência à sua necessidade de prazer e conforto imediata.*

Por outro lado, a ideia de largar o cigarro toca em um significado negativo. *"Eu vou sentir aquela ânsia de fumar, e se eu não fumar, vou me sentir bem mal"*. A consequência de fumar é incerta: *"Olha, minha tia fumou por toda sua vida e nada jamais aconteceu com ela. Então por que parar? Se acontecer alguma coisa, será daqui a vinte anos, quando eu for velho/a"*.

Qual é o significado positivo intrínseco à não adoção do EPI? *"Eu poderei ser mais produtivo/a, me sentirei mais confortável, trabalharei mais rapidamente e não perderei tempo seguindo o procedimento"*. Qual é a certeza da não adoção do EPI? *"Não usar o EPI hoje me faz sentir mais rápido/a, eu me sinto melhor agora, tenho menos peso e posso ser mais produtivo/a"*. As pessoas podem encontrar várias razões para apoiar a não adoção, então ela é previsível agora.

Quanto à categoria certeza sobre um acidente, temos toda a incerteza agindo no momento presente, representada pelo risco de efeitos colaterais do acidente e um futuro imprevisível. Os seres humanos têm a sensação de que coisas ruins só acontecem com outras pessoas. É difícil que enxerguem além de suas próprias experiências imediatas. Do ponto de vista da gestão de ativos, isso explica a importância de recompensarmos comportamentos que alcancem os resultados organizacionais, mais do que recompensar apenas uma seção ou divisão individualmente, conforme discutido no Capítulo 2. As pessoas devem ter como foco, primeiramente, o que é importante para a organização como um todo e, posteriormente, para o seu setor em particular.

Concluindo, deve ser oferecido um significado positivo, certo e imediato para o comportamento desejado (modelo de consequência "CARER"). Oferecer tal significado é responsabilidade das equipes de liderança. A consequência do comportamento indesejável deve ser certo e no *prazo* "agora". Se um líder vê ou fica sabendo de um comportamento indesejável, deve agir a todo momento e imediatamente. Ao mesmo tempo, as pessoas também devem saber das consequências positivas de se agir em conformidade com o comportamento desejado. Os líderes devem reconhecer comportamentos e agir com consequências apropriadas e no tempo certo.

4.5.1 Neurociência e Consequências Positivas

A expertise oferecida pela neurociência é de grande importância para entender como as pessoas tomam decisões, particularmente aquelas com tendência a assumir riscos e buscar recompensa e reconhecimento. A neurociência descobriu que as regiões cerebrais correspondentes a atitudes de risco e de busca por recompensa e reconhecimento são a amígdala, responsável pelos sentimentos de medo, e o neocórtex, que responde por decisões racionais. Além disso, uma parte do cérebro, chamada corpo estriado ventral, localizado no sistema límbico, também está implicado nesse processo. O sistema límbico, especificamente o corpo estriado ventral, abriga muitos dos nossos receptores de prazer (Williams, 2009).

A neurociência mostra que o estriado ventral é estimulado por recompensa e reconhecimento. Quando algo positivo, novo ou original é encontrado, o estriado ventral libera dopamina. Dopamina, apelidada "a molécula do prazer", é um neurotransmissor produzido no cérebro. Acredita-se que a dopamina estimula o desejo. Para a neurociência, a dopamina é um elemento-chave na busca por estímulos. Sistemas dopaminérgicos variam enormemente de pessoa a pessoa (Williams, 2009).

Quando atividades arriscadas acionam a região da amígdala, sentimentos de medo são gerados. Nesse caso, algumas pessoas revelam aversão ao risco. Para essas pessoas, a ativação da amígdala causa a ativação da região oposta do estriado ventral: elas têm uma aversão ao risco e reagem com cautela.

Capítulo 4 Entendendo o Papel das Emoções **87**

Conforme já foi apresentado, os efeitos do risco e da recompensa envolvem os efeitos do significado, da certeza e do *prazo* das consequências. Os efeitos do risco e da recompensa podem ter um resultado significativo e positivo, por exemplo, a conclusão satisfatória de uma atividade, ou um resultado negativo, por exemplo, um acidente. A consequência pode ser a satisfação: *"Não aconteceu comigo"*, ou a certeza, *"Nunca vai acontecer comigo."* Na realidade, isso não é certeza, é mera probabilidade.

Os seres humanos escolhem um significado certo e positivo no curto prazo, o que explica a existência do comportamento de risco e de busca por recompensa que se aproxime de um sistema motivacional (modelo de consequências "CARER"). Os seres humanos tendem a resistir às consequências que tenham significados negativos, que sejam incertas e no futuro. Um sistema de consequências que sempre leva a consequências negativas resulta em reações como evasão, apatia, resistência e agressão, em suma, ao comportamento de se afastar e fugir, conforme o modelo de consequências *"SCARER"* aversivo e ameaçador, como na Figura 4.10.

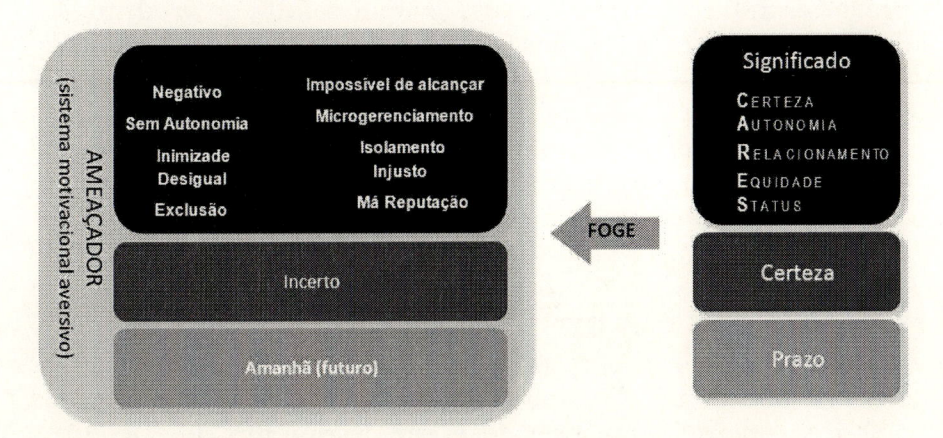

Figura 4.10: *Modelo de consequências "SCARER" – Perfil dos efeitos evitados pelo ser humano: modelo gera evasão.*

> O uso excessivo de consequências negativas gera evasão, agressão, apatia e resistência nas pessoas.

Um sistema de consequências deve incentivar a recompensa e o reconhecimento desejados e ao mesmo tempo prevenir que as pessoas assumam riscos indesejáveis nas organizações. Os indivíduos que assumem riscos devem ter seus limites bem estabelecidos no sistema de consequências negativas para que suas atitudes não apresentem um risco crescente para a organização. Por outro lado, um modelo de consequências que é considerado injusto e rígido (modelo de consequências "*SCARER*" – veja a Figura 4.10) impedirá que pessoas avessas ao risco tomem as decisões certas, e a inovação e a criatividade deixarão de existir. A ameaça sempre supera a resposta à recompensa, então um equilíbrio deve ser estabelecido entre essas duas condições.

4.5.2 Sistemas de Consequência

Ao desenvolverem um sistema de consequências, os líderes devem ter o cuidado de criar respostas com significados positivos. Respostas com significados exclusivamente negativos podem até produzir resultados em curto prazo, mas no longo prazo gerarão reações negativas, levando à falta de produtividade e motivação, entre outros efeitos colaterais prejudiciais à *performance* organizacional. De que forma uma organização pode implantar um sistema de consequências que valorize o comportamento seguro, disciplinado e apropriado no ambiente de trabalho, levando em conta a natureza humana, sem recorrer exclusivamente aos significados negativos? Para a efetiva mudança de cultura organizacional, é preciso criar um ambiente em que os processos e procedimentos apropriados tenham um significado positivo, certo e imediato.

Como você agiria para mudar a existência de silos organizacionais, abordada no Capítulo 2, em que o cumprimento dos objetivos operacionais prevalece em detrimento dos objetivos estratégicos?

> *Fazer com que as consequências sejam positivas, previsíveis e imediatas influenciará as emoções e alterará o comportamento.*

Relacionar o comportamento da liderança aos sistemas de recompensa é importante. Líderes eficazes usam várias técnicas diferentes para fazer isso. Por exemplo, definir um conjunto-chave de resultados compartilhados entre diferentes funções pode ajudar. Isso quer dizer que cada função precisa entender o que é exigido pelas outras funções para atingir os objetivos. Isso requer o compartilhamento de informações, entender o que "eles" precisam de "nós"; isso ajuda na comunicação e na aprendizagem. Se o ambiente certo é estabelecido, pode gerar melhorias significativas nos resultados de toda a organização.

A seguir, temos um exemplo em termos de segurança e confiabilidade. Para evitar falhas e acidentes, indicadores-chave de desempenho são usados, enfatizando comportamentos positivos, como seguir procedimentos, detectar e prevenir acidentes e defeitos e aplicar efetivamente a disciplina operacional em vez de apenas evitar falhas e acidentes. O sistema de recompensas deve despertar o orgulho pelo bom desempenho relativo aos indicadores-chave de desempenho. O mesmo acontece na gestão de ativos. Para que as decisões sejam baseadas nos princípios da gestão de ativos, a equipe de liderança deve valorizar, recompensar e proporcionar exemplos de decisões e comportamentos que valorizem a redução de riscos, a consideração com o ciclo de vida e demandem análise com um significado positivo, de uma maneira previsível e no tempo adequado. Paralelamente, deve-se lidar com o comportamento indesejado por meio de um sistema de consequências negativas que tenha ao menos um significado de justiça (isso será discutido mais detalhadamente no Capítulo 8), de uma maneira previsível e em tempo. A justiça deve ser aplicada a todos os níveis, preservando o status das pessoas sujeitas a ela. Para que um sistema de consequências seja considerado justo, ele tem de ser aplicado também em nível comportamental e não apenas em nível de indicador-chave de desempenho.

Se houver uma mudança real no significado, na certeza e no *prazo* da consequência, de maneira que o comportamento desejado seja mais confortável e conveniente, o indivíduo mudará. Esta é a chave para o desenvolvimento de uma cultura na qual as necessidades da gestão de ativos da organização sejam entendidas e internalizadas.

4.6 As Emoções e a Mudança de Cultura

Qualquer mudança perturba a zona de conforto do ser humano, consequentemente ameaça o instinto territorial. Se a mudança não for bem entendida e administrada, ela pode ser percebida como uma ameaça ou um estressor, e a resposta de lutar ou fugir será ativada.

Como é que a mudança cultural pode ser promovida sem gerar uma reação negativa? As condições corretas precisam ser geradas para que o sistema límbico aja em conjunto com o neocórtex, resultando em uma atitude positiva com o significado da mudança; isto é, uma atmosfera na qual sentimentos de afeto, confiança e segurança prevaleçam. Somente dessa forma as pessoas aderirão e apoiarão o processo de mudança e criarão um contexto que facilitará o aumento da criatividade individual.

Cultura envolve características complexas, como artefatos materiais, espiritualidade, diferenças intelectuais e emocionais, que estabelecem as características únicas de uma sociedade, grupo de indivíduos ou uma organização. As emoções impulsionam a motivação e a criatividade e, para que isso ocorra, as emoções têm de estar harmonizadas e alinhadas por meio do *coaching*. O *coaching*, conforme mostrado na Figura 4.11, tem a ver com assentir, reconhecer, recompensar e validar as emoções, para então ser capaz de trespassar tais emoções e sentimentos (Gilligan & Dilts, 2009). Para que as emoções evoluam de instintos naturais à cultura, elas têm de ser reconhecidas e validadas pelo processo de *coaching* da liderança. O *coaching* é o processo usado pela liderança para reconhecer a identidade de outra pessoa, aceitando e identificando todos os aspectos daquela pessoa (emoções e comportamentos tanto positivos quanto negativos). Isto é alcançado por meio de um sistema de antecedentes e consequências planejado e coerente, que leve em conta as emoções.

Capítulo 4 Entendendo o Papel das Emoções 91

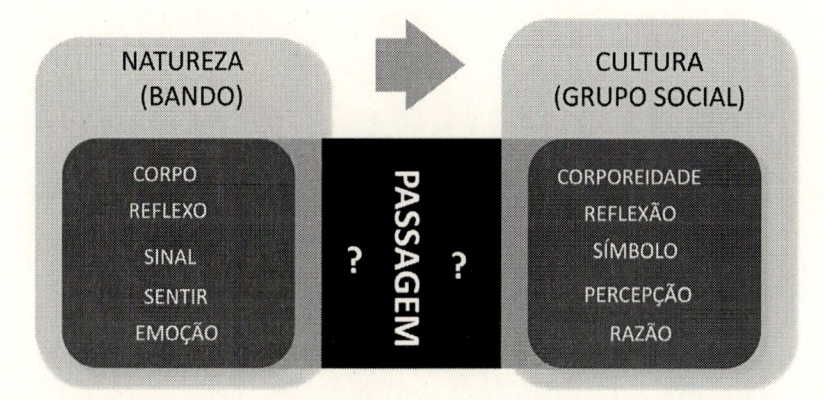

```
┌─────────────────────┐   ┌─────────────────────┐
│      NATUREZA       │──▶│       CULTURA       │
│      (BANDO)        │   │   (GRUPO SOCIAL)    │
│                     │ P │                     │
│      CORPO          │ A │    CORPOREIDADE     │
│      REFLEXO        │ S │    REFLEXÃO         │
│      SINAL        ? │ S │ ?  SÍMBOLO          │
│      SENTIR         │ A │    PERCEPÇÃO        │
│      EMOÇÃO         │ G │    RAZÃO            │
│                     │ E │                     │
│                     │ M │                     │
└─────────────────────┘   └─────────────────────┘
```

Figura 4.11: *O coaching é a ponte de passagem para transformar os instintos naturais em cultura (Gilligan & Dilts, 2009).*

No Capítulo 5, o processo de *coaching* para mudar valores e crenças será descrito como processo de liderança transformacional. O *coaching* de emoções também permite que um grupo de pessoas se torne uma equipe. Sem o *coaching* das emoções, as pessoas trabalharão usando apenas os instintos naturais.

Emoções e sensações apreciadas pela liderança levam a pensamentos que formam modelos mentais. Modelos mentais levam a comportamentos que são reforçados conforme o modelo ABC descrito no Capítulo 3. Quando esses comportamentos se tornam hábitos por meio do ajuste apropriado do contexto, eles se espalham epidemicamente e viram cultura. A cultura, ao seu próprio modo, influenciará as emoções de uma maneira particular, e então comportamentos de base cultural aparecerão. Em um mundo mecânico, esses círculos de influência durariam para sempre, mas no mundo humano, em vez de um círculo, temos uma espiral que leva a situações mais evoluídas e maduras.

4.7 Circuitos do Cérebro

Recapitulando o que foi abordado até agora, símbolos tanto verbais quanto não verbais oriundos do contexto podem seguir diversos ramos de circuito no nosso próprio cérebro. Todos esses circuitos influenciam nossos modelos mentais e nossas identidades, conforme mostrado na Figura 4.12.

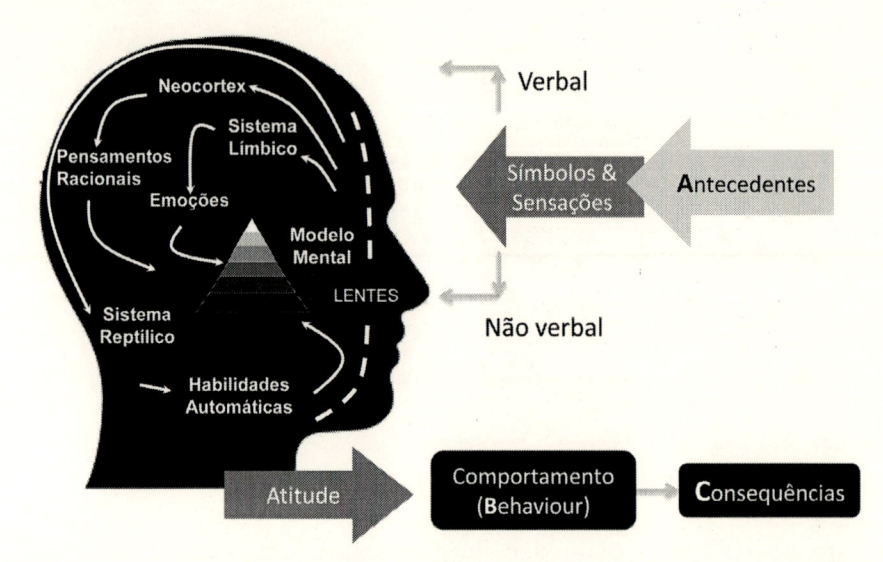

Figura 4.12: *Os circuitos que influenciam nossos modelos mentais e nosso comportamento.*

O primeiro circuito é o do pensamento racional. Os símbolos verbais e não verbais vindos do ambiente são filtrados através de lentes culturais, discutidas no Capítulo 3, e processados na nossa consciência para formar a parte consciente dos nossos modelos mentais. Os níveis neurológicos são formados principalmente por esse circuito.

O segundo circuito é o das emoções. Símbolos tanto verbais quanto não verbais vão diretamente para o sistema límbico onde está localizada a amígdala. Ela faz parte do sistema nervoso central, região do nosso processo não consciente e das memórias, especialmente memórias emocionais e de longo prazo. Experiências da neurociência demonstram que quando a amígdala é suprimida, os seres humanos são incapazes de armazenar novos eventos na memória. A supressão da amígdala também impede que nosso sistema defensivo aja em uma situação de risco. O sistema límbico age muito mais rapidamente do que o neocórtex e, por isso, afeta todos os pensamentos e reações racionais. A visão anteriormente aceita ditava que as emoções deveriam ser temperadas ou até mesmo suprimidas, mas agora sabemos que elas devem ser harmonizadas por meio do processo de *coaching*.

O terceiro circuito é o do sistema reptílico, incluindo o cerebelo, que toma conta do comportamento consciente automático e também faz parte do sistema nervoso central. É o centro de nossas capacidades físicas, como dirigir, jogar tênis etc. Esse sistema aprende pela repetição e por meio das imagens enviadas pelo sistema límbico. Normalmente, o sistema reptílico e o límbico trabalham juntos para produzir alto desempenho, em termos de habilidades.

O quarto circuito é o do sistema nervoso autônomo, que é o sistema regulatório inconsciente localizado no tronco cerebral, responsável pela respiração, batimento cardíaco, regulação da temperatura etc. Esse circuito, independente dos três anteriores, é responsável pelos reflexos. Os circuitos hormonais estão localizados aqui e são acessados diretamente pela amígdala, produzindo adrenalina em uma situação estressante.

Então a questão é: como influenciar o comportamento individual a fim de criar um clima positivo para a mudança? O comportamento é uma ação visível e também um símbolo não verbal, logo a mudança de cultura também é observável.

Seres humanos preferem não mudar. É mais fácil manter o *status quo*. O sentimento geral é de que a mudança exige esforço. Nesse contexto, nada muda. O que então os líderes devem fazer? Devem trabalhar com os componentes do modelo ABC de antecedentes e consequências, já que estes são os dois fatores responsáveis por provocar mudanças comportamentais.

O contexto de fundo é importante para criar uma atmosfera de confiança e segurança que produza a sensação de que vale a pena mudar. A mudança trará, por exemplo, uma situação mais segura, confiável, limpa e organizada, na qual as pessoas possam trabalhar em equipes para produzir resultados melhores. Reforçar a sensação de que a mudança tornará o processo mais eficaz e as pessoas mais felizes pode convencer as pessoas de que não vale a pena permanecer como está.

Quanto às consequências, é essencial definir claramente qual comportamento é esperado de cada pessoa, e a partir dessa definição, criar um sistema de consequências que recompense papéis positivos, por meio do elogio e do reconhecimento, de forma previsível e em tempo. Também é essencial criar um sistema que leve em conta as consequências de comportamentos indesejados, tomando, contudo, cuidado para evitar que conotações negativas se tornem mais proeminentes. Isto é essencial para evitar um sistema de consequências aversivo que gere ameaça, de acordo com a Figura 4.10. Esse processo inteiro deve atingir a todos na organização, para reforçar o comportamento que precisa ser implementado para a construção da nova cultura.

As organizações precisam de ação sincronizada, na qual tanto o reconhecimento positivo e as recompensas quanto as consequências negativas levem aos novos comportamentos almejados. Campanhas motivacionais positivas têm de ser postas em prática, para reconhecer e valorizar pessoas que apresentem o novo comportamento. Em contraste a esse ciclo virtuoso no qual a comunidade influencia o reconhecimento individual, também é importante criar um sistema de consequências para estabelecer claramente penalidades justas para as falhas, a fim de que se possa internalizar o processo de mudança dentro de um sistema motivacional (veja o modelo de consequências "CARER" na Figura 4.9). Vale notar que algumas companhias que têm excelentes resultados na gestão de ativos adotam a premissa de que o comportamento adequado é uma condição primária para manter-se no cargo.

A chave para mudar o comportamento é, portanto, a criação de um contexto de antecedentes e consequências no qual a mudança será melhor e mais fácil do que permanecer da mesma e velha forma. Só então a mudança será sustentável, conforme ilustrado na Figura 4.13 (Lafraia, 2011).

- Quando é mais **fácil ficar como** está do que mudar, **nada muda**;
- Quando é **mais fácil mudar** do que ficar como está, a **mudança ocorre** naturalmente;

... Então, a chave da mudança é fazer com que ela **seja mais fácil** do que a alternativa de ficar como está.

Figura 4.13: *A influência da situação no comportamento.*

Em muitas organizações, frequentemente é realizada uma análise simplista desse processo e a mudança é implementada apenas racionalmente, sem levar em conta os aspectos emocionais. Esses aspectos são cruciais para a mudança.

4.8 Resumo

Vimos, neste capítulo, que ações de melhoria devem levar em conta o ambiente influenciador (antecedentes e consequências) em vez de somente os indivíduos que geram o comportamento impróprio. Esse modelo requer que as palavras e as ações da liderança tenham um impacto preponderante no comportamento dentro da organização. Esse processo é conduzido pela liderança através do *coaching*. A mudança do comportamento começa por mudar o ambiente influenciador. Neste capítulo, foram descritas a consequência das ações e dos comportamentos e de que forma tal consequência afeta as emoções. Recompensas e punições extrínsecas podem deslocar o *locus* do controle de fontes internas para fontes externas. Sob certas circunstâncias, recompensas e punições podem alterar o comportamento, mas também é certo que a motivação intrínseca pode ser prejudicada. Embora o comportamento possa ser alterado, crenças subjacentes podem continuar inalteradas. Isso sugere que a reversão a comportamentos antigos é bastante provável. Valores e crenças são fatores cruciais para determinar como e por que as pessoas vão se comportar de determinada forma. Valores podem ser aceitáveis, mas expectativas serão impulsionadas por crenças. As pessoas precisam sentir que têm um grau suficiente de controle sobre seu ambiente e ações, que suas crenças estão em conformidade com seus valores e que consequências inapropriadas podem se revelar contraproducentes para a criação de indivíduos intrinsecamente motivados.

A Figura 4.14 apresenta um resumo do que foi visto até agora. Emoções levam a sentimentos e sensações que influenciam pensamentos, que por sua vez formam modelos mentais. Modelos mentais levam a comportamentos que se tornam hábitos comuns entre a equipe. Esses hábitos, com o tempo, se transformarão em cultura que influenciará as emoções, junto com a liderança. Esse ciclo continuará produzindo indivíduos e organizações maduros ou irá para a direção oposta e perpetuará uma organização imatura sustentada por indivíduos imaturos.

Outro ponto a ser destacado: qualquer tentativa de mudar a cultura que afete o *status* das pessoas tende a ativar o sistema límbico, causando a sensação de medo que atrasará, ou dificultará, o processo de mudança. O modelo de consequências "*SCARER*" não provocará mudança alguma. A mudança não ocorrerá se somente o neocórtex for afetado. Para ser efetivo, o processo de mudança deve desencadear emoções positivas (modelo de consequências "*CARER*") para que as pessoas se sintam motivadas a adentrar a nova situação.

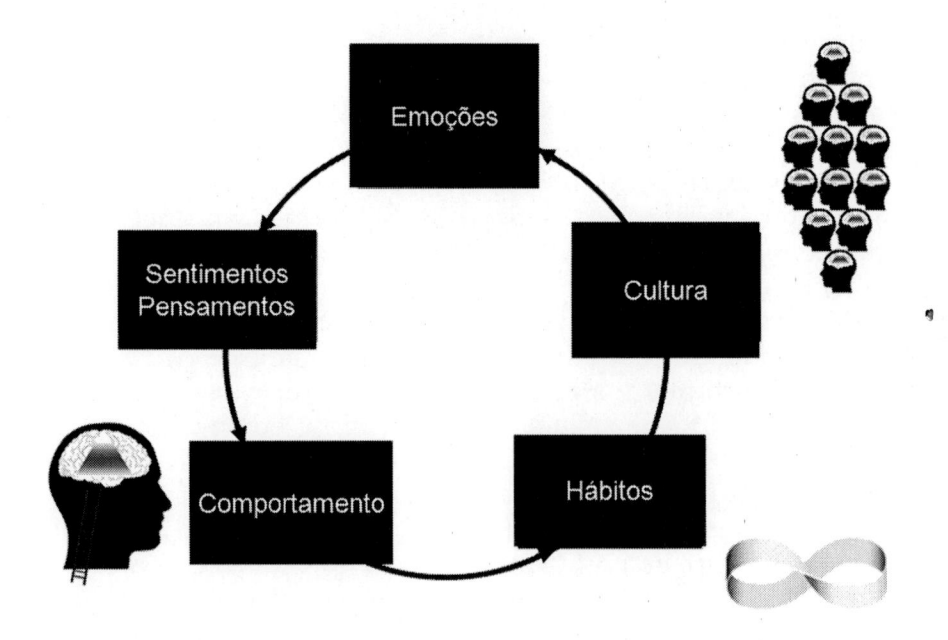

Figura 4.14: *A relação entre emoções, comportamento e cultura.*

O Capítulo 5 descreverá como promover uma cultura de "entusiastas" que têm o desejo de fazer certo todas as tarefas, o tempo todo.

Uma Jornada de Ativos Pouco Confiáveis para Ativos de Classe Mundial, Parte 4

P: O senhor pode falar um pouco sobre reforço positivo? Como isso afetou a cultura na sua organização?

R: Recompensar as pessoas por ótimos resultados, tanto culturalmente quanto numericamente em termos de custos ou desempenho, é altamente importante. Ao manter o foco em equipes integradas, grupos de pessoas de diferentes funções que se juntaram para atingir o resultado foram recompensados enquanto equipe. Não recompensamos uma função individual.

As recompensas tangíveis eram focadas em como aumentar a estima do indivíduo dentro do grupo familiar. Nós tentávamos, quando havia uma recompensa tangível, dar algo que as pessoas pudessem levar para casa, visando a levar seu/sua parceiro/a ou filhos a perguntar: "Você ganhou isso pelo quê? Sua organização deve achar que você é muito bom se eles te deram isso". Se todos têm de contribuir para o resultado dos negócios, nós queríamos que a contribuição fosse reconhecida dentro da organização, mas também dentro dos contextos familiares para que suas próprias autoestimas fossem aumentadas.

Outra coisa que nós fizemos para estabelecer uma nova cultura na organização foi levar todos os empregados e seus/suas companheiros/as, bem como alguns de nossos contratados permanentes e seus/suas parceiros/as, para a festa de Natal, porque esses contratados também faziam parte das atividades da equipe de tomada de decisões. Não era apenas uma situação de "um empregado sabe mais do que um contratado". Nós valorizávamos a contribuição dos nossos contratados. Se fosse necessário cortar custos, poderiam argumentar que eu não deveria agir assim, que essa celebração deveria ser somente para empregados. Nesse caso, eu diria que esse era um investimento muito pequeno para assegurar que o valor que gostaria de disseminar na organização – que todos têm uma contribuição a dar em relação ao resultado dos negócios – fosse sentido e apreciado por todos.

Capítulo 5

ENTENDENDO A LIDERANÇA E A GESTÃO NAS ORGANIZAÇÕES

Este capítulo abordará a liderança dentro das organizações e como ela modula o comportamento, a mudança e o potencial organizacional. Em nossa metáfora da árvore, a liderança é simbolizada pelo jardineiro. Ela é um dos elementos mais acessíveis, mais tangíveis, dos que estão sendo cobertos, juntamente com as pessoas e sistemas de gestão, atuando como um enorme suporte para o resto da árvore. Este capítulo também explorará a gestão e mostrará como a combinação da liderança com a gestão é essencial para a excelência em todas as organizações.

5.1 Introdução

Uma mãe levou seu filho até Mahatma Gandhi e disse: "Por favor, Mahatma, diga para meu filho parar de comer açúcar". Gandhi fez uma pausa e disse: "Traga seu filho de volta em duas semanas". Intrigada, a mulher lhe agradeceu e disse que faria o que ele pediu. Duas semanas depois, ela voltou com seu filho. Gandhi olhou para o menino e disse: "Pare de comer açúcar". Grata, porém aturdida, a mulher perguntou: "Por que me pediu para trazê-lo de volta duas semanas depois? O senhor poderia ter dito a mesma coisa antes". Gandhi respondeu: "Duas semanas atrás eu estava comendo açúcar demais".

A liderança é um processo-chave para a introdução de novos valores em uma organização. Um dos maiores desafios para a liderança é transformar valores organizacionais em comportamento cultural que permeie toda a organização. A promoção do alinhamento entre um valor desejado e um valor internalizado faz uma grande diferença tanto na gestão quanto na liderança (Zanini et al, 2010).

A liderança deve ser vista como um processo e não apenas uma posição ocupada por aqueles que têm a autoridade de comandar (Jacobson, 2000). Como isso se traduz em um contexto organizacional?

Organizações frequentemente exibem enunciados em pôsteres ao redor do local de trabalho, como na recepção, na cantina ou na linha de produção. Esses pôsteres promovem valores organizacionais, como missão e visão, compromisso com os códigos de conduta e comportamento desejado. Esses pôsteres apresentam a forma como a gestão quer que a organização seja vista. Em muitas organizações, fica claro que os comportamentos exibidos pelos funcionários não são congruentes com aqueles que os pôsteres descrevem. Apenas fazer uma enunciação em um pôster não se traduz em valores organizacionais.

Se as organizações querem mostrar seus valores ao público, ou às suas partes interessadas, clientes, funcionários, acionis-

> **Gary Seabury, posições de liderança de gestão, com mais de 30 anos de experiência no setor ferroviário, sobre a inclusão da equipe de liderança.**
>
> *Uma das equipes de liderança mais eficazes em que eu já trabalhei era muito inclusiva. Nós de fato trabalhávamos juntos cooperativamente. Isso significava debater intensamente as questões e buscar soluções para elas, por isso havia conversas estratégicas sobre o que era crucial para os negócios e o que não era. Havia uma abertura para discutir as questões, então nada ficava por dizer – tratava-se de resolver os problemas.*

Capítulo 5 Entendendo a Liderança e a Gestão nas Organizações 101

tas ou fornecedores, é preciso que todos na organização incorporem, compartilhem e trabalhem com os mesmos valores. A liderança enquanto processo é provida por meio da cadeia de comando. É essencial que todos os líderes incorporem esses valores em seus processos para poder influenciar os outros (Zanini et al, 2010).

Para que a liderança seja compartilhada por todas as camadas da organização, é necessário que os funcionários, individualmente, tenham a autonomia para exercê-la. Um dos significados da palavra autonomia é o de "dar a si mesmo a norma". Deve ser estabelecido como padrão que os valores e crenças compartilhados pelos funcionários da organização estejam fortemente presentes na cultura da organização, compartilhados por todos e usados em toda e qualquer atividade prática.

5.2 Gestão de Ativos e Teoria da Gestão

"Durante as principais mudanças nas teorias da gestão, as questões relacionadas à segurança seguiram seus próprios caminhos, ignorando a realidade. A maioria dos programas de segurança permanece "clássicos" em sua natureza; os gestores decidem, as pessoas obedecem às regras"

(Hansen, 1993).

A abordagem clássica para a teoria da gestão à qual a citação acima se refere é caracterizada pelo foco extremo em tarefas e na estrutura organizacional. Durante o século XX, a teoria da gestão foi desenvolvida de várias formas. Desde que Taylor publicou seu trabalho seminal sobre administração em 1911, houve múltiplas abordagens para descrever a teoria da gestão. No contexto das limitações das teorias existentes, surgiram novas ideias levando a outras abordagens, como as relações humanas, a motivação e o ambiente, das quais a organização faz parte. Cada nova abordagem era ligada ao contexto específico, ou limitação, que permitiu que ela surgisse. Hoje, fala-se muito sobre capital intelectual, a importância das pessoas para as organizações e a aprendizagem organizacional. As mudanças continuam ao longo do tempo e as teorias continuam a evoluir.

Uma parte da gestão de ativos, entretanto, não evoluiu como a teoria da gestão. A gestão de ativos permaneceu presa à abordagem clássica. Um dos aspectos principais da abordagem clássica é a divisão de trabalho. A separação do trabalho representa a divisão entre o pensar e o fazer nas organizações. Os gestores são responsáveis pela atividade primeiramente e os trabalhadores assumem a responsabilidade em segundo lugar. Aqueles que planejam o trabalho geralmente não o realizam, e vice-versa.

Enquanto a gestão de ativos estava confinada à abordagem clássica, muitas questões permaneceram não resolvidas, ou pelo menos mal resolvidas. Perguntas sobre como fatores humanos interferem na confiabilidade e na segurança, ou como fatores humanos influenciam a cultura, não podem ser respondidas a partir de uma perspectiva clássica. Isso se deve ao fato de que a perspectiva clássica não considera fatores humanos. A abordagem clássica à teoria da gestão só se preocupa com a estrutura organizacional e com a busca por uma maneira ideal de desenvolver ações específicas para garantir maior produtividade. Trata-se estritamente da técnica. Na perspectiva clássica, questões que não estão relacionadas à técnica ainda estão por ser respondidas. Ao passo que a técnica, a tecnologia e os equipamentos são todos componentes necessários para a excelência, o fator humano tem um peso significativo na gestão de ativos.

A análise dos programas de gestão de ativos nas organizações frequentemente revela uma dependência de esquemas tradicionais de organização funcional. Não é incomum ver que uma das primeiras iniciativas da administração é criar um manual de gestão de ativos. Esse manual trata de regras, processo e procedimento e técnicas. Também não é raro ver organizações destinando departamentos inteiros a cuidar da gestão de ativos e até mesmo da segurança separadamente. Em geral, os programas de gestão de ativos se baseiam em outros fatores que incluem departamentos e gestores para a gestão de ativos, e reuniões, *slogans*, pôsteres, campanhas e programas de gestão de ativos para estimular a excelência.

Programas tradicionais, como descritos acima, põem a responsabilidade pela gestão de ativos em um membro da equipe, que fica isolado dos funcionários da linha de frente e de outros departamentos funcionais da organização. Essa abordagem pode ser uma resposta apropriada à necessidade de focar na gestão de ativos como uma parte da jornada, mas não deve ser considerada apropriada nos níveis avançados da jornada rumo à maturidade. Nos últimos estágios de maturidade, descritos no final deste capítulo e detalhados no Capítulo 6, a abordagem clássica é falha, pois ela não integra a gestão de ativos à organização como um todo. A responsabilidade pela gestão de ativos permanece restrita ao especialista e ao departamento de gestão de ativos da organização. Quando isso ocorre, há uma limitação significativa na capacidade organizacional para identificar e resolver questões que contribuem para perdas.

A gestão de ativos é um exemplo de uma disciplina que não pode ser destinada a um único departamento ou uma única função; ela se estende por todas as disciplinas e funções de uma organização.

5.3 Os Conceitos de Liderança, Gestão e Valor

A liderança e a gestão são complementares. Para que haja excelência na gestão, todos em uma organização precisam estar motivados a tomar decisões seguindo os mesmos princípios, crenças e valores. Estes são produzidos pelo processo de liderança.

5.4 O Papel da Liderança

A liderança é o direcionador que leva à mudança de comportamento e cultura. A liderança de uma organização é responsável por estabelecer os antecedentes e as consequências dos comportamentos descritos no Capítulo 3. Considere a versão aprimorada do modelo ABC no Capítulo 3 na Figura 5.1. Essa versão leva em conta o fato de que a cultura é formada pela doutrina, ritos e rituais, modelos comportamentais, recompensas, contexto e estrutura presentes. Esse modelo demonstra que a liderança é a chave para a mudança de comportamento.

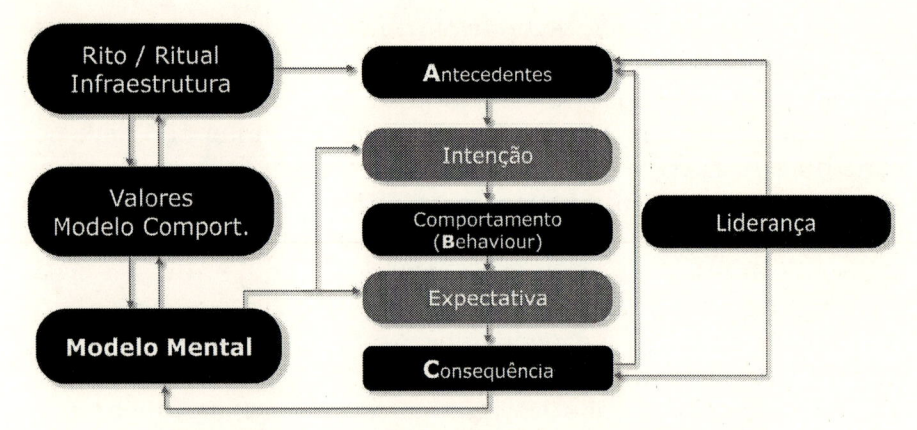

Figura 5.1: *O papel da liderança no modelo ABC.*

A liderança é um processo. Muitas pessoas acreditam que a liderança só é representada pelo líder, mas isso é uma suposição inadequada. A liderança é um processo que envolve líderes e liderados. Ela permite que o trabalho em equipe seja traduzido em resultados planejados, potencialmente em nível de excelência. A liderança vira um processo quando ela se torna mais ativa e não há mais um único líder. Nesse caso, modelos padrões de comportamento para todos são guiados pelos valores e crenças da organização, que são condizentes com sua cultura e contexto. O trabalho em equipe é visível.

A liderança como processo segue uma disciplina simples, mas continua a atingir bons resultados. Os membros da equipe trabalham em conjunto para criar produtos, serviços de alto valor e resultados significativos. Isso exige que o comando alterne entre membros, sem que o líder designado perca o manto da liderança. Esse deslocamento do papel de liderança permite que o grupo receba mais poder e isto resulta em um melhor desempenho. Fazer da liderança um processo ao invés de uma posição única é a essência de equipes de alta *performance*.

Uma pessoa agindo sozinha não pode fazer com que uma organização seja bem-sucedida. Uma liderança eficaz entende as habilidades necessárias para atuar com sucesso, para que os indivíduos avaliem suas próprias capacidades e se juntem a pessoas que tenham capacidades complementares. O líder entende que todos têm de cumprir sua parte dentro das equipes

Capítulo 5 Entendendo a Liderança e a Gestão nas Organizações 105

para ter sucesso. Aquelas pessoas que têm habilidades complementares e aprendem a trabalhar em uma equipe de liderança, provavelmente desenvolverão o sucesso no longo prazo da organização. Às vezes, as autoridades formais se tornam seguidores. Isso permite que outros dividam as responsabilidades da liderança. Isso resulta em abrir mão da noção do líder heroico ou da pessoa que tem todas as respostas.

Em muitas organizações, os supervisores fazem parte da liderança. Esses líderes são os mais próximos dos trabalhadores. Os supervisores dão exemplos de antecedentes e consequências de comportamento aos funcionários, conforme ilustrado na Figura 5.2. Uma liderança genuína é sentida e vista através dos exemplos do comportamento do líder. Se os supervisores não fornecerem exemplos apropriados, condizentes com o discurso da alta administração, haverá disfunção no processo de liderança.

Figura 5.2: *O papel da liderança de estabelecer antecedentes e consequências*

A liderança pode ser definida como o exercício do poder de influenciar as pessoas rumo a uma visão e um propósito. Os líderes têm a capacidade de influenciar uns aos outros para atingir resultados, estimular o trabalho em equipe e liderar por meio do exemplo. Em quase todos os grupos sociais há líderes, porque eles são necessários para a existência dos grupos em si. Os líderes têm a responsabilidade de harmonizar interesses e ideias, sem os quais os grupos perdem o rumo. Os líderes também dão forma e propósito ao grupo em si. A liderança permite que pessoas se identifiquem com os objetivos do grupo e age para motivá-las.

O conceito de poder desempenha um papel ambíguo na liderança, tanto teoricamente quanto na prática organizacional. Ao passo que a liderança funciona através de diversos conceitos, o poder continua em segundo plano. *Potere* em Latim é poder e significa "ser capaz de". O verbo pode significar um ato voluntário ou produzir algo. O substantivo pode significar controle, limite e liderança. O poder pode, portanto, ser definido como a capacidade de influenciar as ações dos outros (Weber et al, 1958).

O poder é a capacidade que uma pessoa tem, em uma relação social, de impor sua vontade apesar da resistência. O poder não é propriedade de um indivíduo, mas corresponde à capacidade de um ser humano de agir de forma coordenada (Arendt, 1998). O poder é uma capacidade transformadora que pode interferir em um dado contexto para modificá-lo. O poder pressiona a si mesmo. Ninguém é dono do poder, mas ele pressiona em uma direção, tendo alguém de um lado e outro alguém do outro. Pode não ser evidente quem tem o poder, mas é evidente quem não o tem (Foucault, 1995). Considere essa afirmação no contexto da imagem na Figura 5.3. Quem você acha que tem o poder nesta imagem? O poder não é exercido em uma direção, mas na relação entre as pessoas.

Figura 5.3: *Quem tem o poder?*

Capítulo 5 Entendendo a Liderança e a Gestão nas Organizações 107

Liderança tem tudo a ver com o processo ético. De acordo com Max Weber (Weber, Gerth & Mills, 1958), a liderança pode tradicionalmente ser caracterizada por três estilos. São estes o tradicional, o burocrático e o carismático, conforme ilustrado na Figura 5.4 abaixo.

Figura 5.4: *Os estilos de liderança.*

Um exemplo da liderança exercendo o poder através da coerção é uma pessoa que faz um engenheiro dançar balé. Como seria possível fazer com que um engenheiro vestisse um tutu e dançasse? Apontando uma arma para ele e forçando-o?

Um exemplo do outro tipo de liderança que exerce o poder carismático é aquele dos grandes líderes, como Gandhi ou Nelson Mandela, que adquirem liderados sem usar a coerção, só usando a persuasão.

Entre esses dois extremos jaz o poder da ética, das leis, das regras e do comportamento cultural. O que compele um indivíduo a seguir as ordens de um guarda de trânsito a não ser o fato de que ele pode acabar aplicando uma multa ou outra penalidade? Esta é a questão de autoridade legítima e legitimidade na maneira como o poder é exercido. O objetivo nesse processo é que as pessoas entendam que as regras e normas têm de vir não de um poder externo, mas de um processo chamado incorporação de valores, abordado mais adiante neste capítulo.

Existe uma relação entre ética e autonomia. Indivíduos autônomos são aqueles que estão em conformidade com as regras por meio de valores. A autonomia etimologicamente significa dar-se a si mesmo a norma, o que significa colocar-se no padrão autoimposto, o que Michel Foucault chama de olho interno (Foucault, 1995). Exemplo de autonomia ocorre quando indivíduos estão sozinhos, sem seguranças ou supervisão, e usam equipamentos de proteção individual. Esta é uma questão da consciência com seu padrão interno.

O conceito de autonomia não pode ser explorado sem abarcar a ética e a moral. Valores e princípios estão ligados à teoria de um mundo ideal. Por outro lado, a moral está ligada à prática, costumes e hábitos. A ética é o processo de questionar se a teoria e a prática estão alinhadas e se os valores e o comportamento são coerentes.

A condição para a autonomia é a atenção focalizada, vontade, liberdade e responsabilidade discutidas no Capítulo 3. Atenção focalizada é reconhecer que "eu sou um sujeito ético e o outro também é". Em termos matemáticos, liberdade é igual a desejo menos autocontrole mais autolimite. A ética está sempre associada à promoção da autonomia e à luta contra a complacência (Zanini et al, 2010).

A liderança é a arte e a ciência de inspirar confiança e convencer pessoas a agirem de acordo com os valores das organi-

> **Ítalo Freitas, Diretor, com mais de 20 anos de experiência em geração de energia, sobre liderança.** *A liderança para atingir os objetivos estratégicos da empresa é um fator essencial para a disseminação da cultura da gestão de ativos. Ela conduz toda a cultura de maneira que desde a linha de produção até o presidente da empresa, exista um objetivo comum que é alcançar os indicadores principais através de uma ferramenta como a gestão de ativos. Antes de tudo, você precisa acreditar que a gestão de ativos pode trazer benefícios. Este é um dos principais atributos que eu acho que é preciso ter na liderança – acreditar no que você está fazendo, acreditar nas pessoas que você está liderando, que elas podem alcançar os objetivos da empresa.*

zações. A liderança é uma ciência porque ela pode ser ensinada de uma forma clara e consistente; é uma arte quando exercida de uma maneira pessoal com características comportamentais próprias de cada líder. Nesse contexto, a liderança pode e deve ser aprendida e praticada, e é, portanto, uma arte e uma ciência ao mesmo tempo.

A liderança é uma função que a equipe de gestão exerce para motivar as pessoas para um propósito, um valor, um plano e resultados. O papel de liderança deve ser ensinado a todas as equipes com autoridade formal. Mesmo sem autoridade formal, a liderança pode ser exercida. Por exemplo, um funcionário que realiza o atendimento aos clientes está influenciando e exercendo poder e está liderando em nome da empresa. Como um processo, a liderança é exercida em todos os locais e níveis de uma organização. Nesse sentido, é o trabalho em equipe e seu desempenho que determina o tempo necessário para que os membros internalizem os valores organizacionais. Se eles não se comportam de forma consistente, suas ações podem não produzir o resultado pretendido.

Agir de acordo com a cultura de um grupo depende fundamentalmente do compromisso da equipe de liderança, mas também exige uma posição de seguidor. Não existe liderança sem seguidores. O liderado comprometido escolhe apoiar ativamente a liderança por seus valores e crenças. Essa é uma escolha livre e o papel da liderança deve ser criar o ambiente organizacional certo que motive todos a trabalhar em conjunto para alcançar os objetivos ou resultados da organização. Essa situação se chama estilo de liderança transformacional. A liderança será reconhecida como transformacional porque ela promove a autonomia, é ética, usa o poder da autoridade em vez da coerção e do carisma e é considerada um processo que é compartilhado entre líderes e seguidores. A linguagem da liderança transformacional é condizente com seu comportamento; isto é, liderança através do bom exemplo. Frequentemente, a liderança não consegue oferecer precisamente consistência entre o pensamento e as ações de seus líderes, o que prejudica a confiança entre liderados e líderes. A liderança transformacional trata da construção de confiança para promover a transformação e uma cultura de mudança.

Para ser bem-sucedida e dar conta das necessidades de uma organização, a gestão de ativos deve tornar-se tanto cultura quanto valor. A gestão de ativos exige que muitas partes da organização trabalhem juntas, em uníssono ou harmonia, para que se transformem em uma organização de alto desempenho. A interação entre os líderes e as pessoas gera a mudança cultural. Não há valor algum se os líderes quiserem mudar a cultura e as equipes não estiverem dispostas a cooperar e assumir a nova cultura.

5.5 Gestão

Há muitos livros sobre gestão. Para os propósitos deste livro, somente trataremos brevemente do conceito de gestão para compreendermos que a combinação de liderança e gestão logrará resultados sustentáveis. Gestão é a capacidade pessoal de tomar decisões para atingir os resultados planejados pela organização. A gestão é uma ferramenta de liderança que envolve planejar um futuro preferido, os meios para atingi-lo e organizar os recursos disponíveis. É preciso que tudo o que foi planejado seja executado com disciplina. A liderança é necessária para executar essa função (Charan & Bossidy, 2002).

A gestão e a liderança são complementares. Liderança sem um modelo de gestão é utopia. Nesse caso, devido à falta de implementação, a visão da liderança pode nunca ser transformada em resultados. A gestão praticada sem liderança resulta em um processo frio e burocrático, tendendo para o comando e controle rígidos (Kotter, 1996).

A gestão é a antítese da entropia, ou desorganização, caos e desordem, pois ela mantém a estrutura e a disciplina organizacionais. A gestão por si só previne ou dificulta a existência de mudanças não planejadas na organização. A liderança almeja comunicar os propósitos e valores, a visão, as estratégias e as inovações que fazem as organizações mudarem, melhorarem e atingirem seus objetivos. Enquanto a gestão organiza e sustenta o presente, a liderança se preocupa com a visão e o futuro. A combinação de liderança com gestão assegura que as organizações pratiquem seus valores em todas as suas ações e permite que as atividades de planejamento e manutenção tenham

Capítulo 5 Entendendo a Liderança e a Gestão nas Organizações 111

propósito. A liderança produz mudança, ao passo que a gestão produz sustentabilidade e constância.

A Figura 5.5 mostra a relação que existe quando a liderança e a gestão são exercidas sem ligação e quando as duas trabalham em harmonia. O quadrante CAOS acontece em organizações que têm liderança e gestão fracas. O quadrante das DIFICULDADES NAS MUDANÇAS ocorre em organizações com uma gestão forte e liderança fraca. O quadrante NENHUMA MUDANÇA SUSTENTÁVEL ocorre em organizações que têm gestão fraca e liderança muito forte. O quadrante MUDANÇA PERMANENTE E SUSTENTÁVEL ocorre em organizações onde a gestão e a liderança são fortes, equilibradas e integradas.

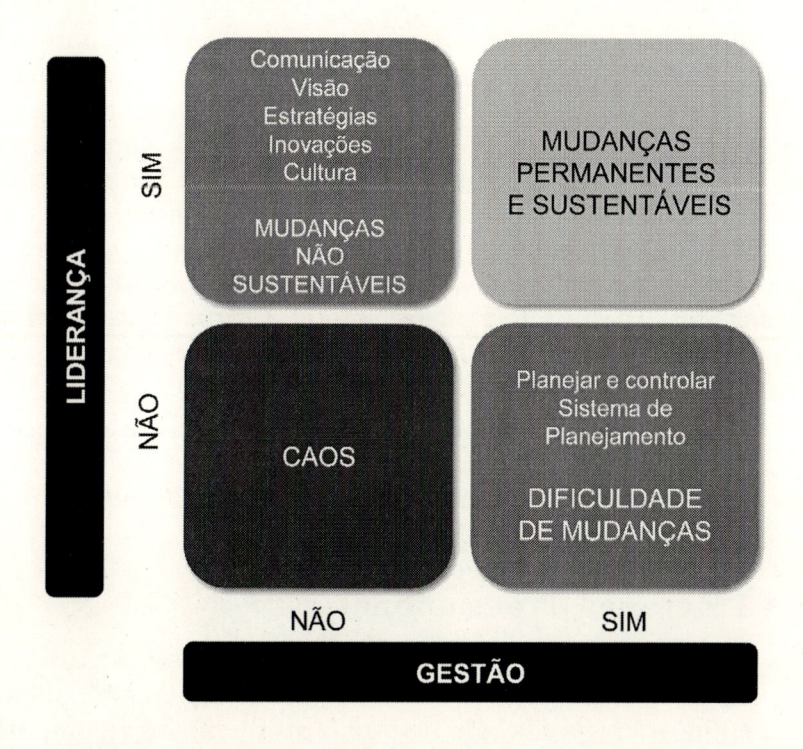

Figura 5.5: *O processo de sinergia entre liderança e gestão (adaptado de Kotter (1996)).*

A simples relação entre liderança e gestão oferece uma boa compreensão de por que tantas organizações têm um sucesso de curta duração. Apenas empresas que podem sustentar a excelência têm o equilíbrio certo entre liderança e gestão e são capazes de se adaptar ao ambiente externo em eterna mutação.

5.6 Liderança, Comportamento e Mudança

Quando as pessoas estão emocionalmente desconectadas da organização e de sua equipe de liderança, elas se comportam de formas contraproducentes, conforme discutido no Capítulo 4. Nesse caso, as pessoas trabalham em silos, conforme discutido no Capítulo 2, brigam por recursos e somente cumprem as ordens. As pessoas que trabalham nesse tipo de ambiente não se sentem inspiradas.

Visão, missão e valores por si só são insuficientes para produzir uma mudança comportamental sustentável. O que falta à maioria das organizações é um processo uniforme para que as pessoas se alinhem, colaborem e trabalhem em conjunto nas fronteiras organizacionais. Isto exige formas de integrar a força de trabalho por meio dessas fronteiras. Sem modelos padrões de comportamento, normas comportamentais improdutivas evoluem naturalmente. Novas regras de compromisso são necessárias para transformar os valores fundamentais em um quadro comportamental duradouro que una as pessoas para produzir excelentes resultados (Malandro, 2009).

O comportamento adequado é aprendido, mas o comportamento improdutivo é automático. As pessoas reagem instintivamente para proteger seus interesses, o que resulta em competição nociva, silos organizacionais e divisão.

5.6.1 Liderança Transacional

Quando um processo ou um sistema de gestão de ativos já existe em uma organização, mas seus resultados são insatisfatórios, é alta a probabilidade de que o problema seja comportamental. Pode ser que a gestão seja muito mão pesada, achando que esse é o único tipo de liderança necessário. Talvez a liderança não saiba ou esqueceu como pôr em prática um estilo de liderança transformacional apropriado.

Os resultados dos negócios e da gestão de ativos são diretamente proporcionais à forma como as pessoas trabalham em equipe. Quando as equipes de liderança não estão alinhadas e os funcionários não estão envolvidos, até mesmo a mais brilhante estratégia de negócios não terá sucesso. A forma como as pessoas se comportam e se relacionam com a organização, com os colegas e com a liderança determina o resultado alcançado. O comportamento improdutivo consome tempo, frustra a todos em seu caminho e impede que a organização atinja suas metas e objetivos.

Nada dá certo quando as pessoas não trabalham em equipe.

Sob a liderança transacional, não se pode mudar a forma como as pessoas agem por meio de slogans ou programas passageiros apenas. Nenhum tipo de bajulação, persuasão ou ameaça realmente alterará no que as pessoas acreditam. As pessoas continuarão a se comportar da mesma forma; elas só acobertarão seus comportamentos para que eles não sejam vistos.

Os gestores podem ver claramente a necessidade de envolver e alinhar as pessoas, mas podem procurar pela mudança em lugares totalmente errados. Fazer um diagnóstico errado das questões envolvendo pessoas leva a:

- soluções caras e ineficazes ocasionadas por mudanças no sistema que não resolvem as questões subjacentes; e
- abordagens de liderança inconsistentes, que carecem de padronização e uniformidade acerca de como se espera que as pessoas se comportem.

5.7 Liderança Transformacional

A transformação começa com as equipes de liderança; se as equipes de liderança focam em mudar os outros, o fracasso é certo. A maneira mais rápida de produzir uma mudança ampla é a liderança alterar seu comportamento, demonstrar responsabilidade e servir de modelo ao que é esperado dos outros. Essa é a razão pela qual o processo é chamado de liderança transformacional.

Mude a forma como as pessoas se comportam e você muda o que a organização pode alcançar.

Os pontos cegos são comportamentos reativos inconscientes, automáticos e mecânicos, normalmente ativados pelo sistema reptílico discutido no Capítulo 4. Esses comportamentos ocorrem espontânea e habitualmente e se intensificam em tempos de estresse e ansiedade. A menos que a influência que o comportamento automático exerce sobre os indivíduos seja entendida, ela não poderá ser alterada. A liderança transformacional compreende a distinção clara entre o comportamento automático e o comportamento adequado extraordinário.

O que se tem é o que se tolera.

O que acontece quando as organizações ignoram comportamentos improdutivos? Isso manda uma mensagem à organização de que modelos de conduta comportamental foram postos em prática de forma inconsistente. Há uma sequência que deve ser seguida para que uma organização seja transformada. A liderança deve vir em primeiro lugar. A transformação da liderança é precursora da mudança organizacional. As equipes de liderança devem assumir a responsabilidade por seus comportamentos automáticos inadequados, demonstrar como trabalhar em parcerias comprometidas e construir um ambiente onde as pessoas estejam verdadeiramente focadas na missão e nos objetivos da organização (Malandro, 2009).

A maioria das equipes de liderança transacional oferece expectativas de resultados que são claros e explícitos, mas não oferece o mesmo no que diz respeito ao comportamento. A maioria das organizações não tem um comportamento modelo uniforme, consistente e padrão, nem oferece às pessoas um meio de aprender novas habilidades. Quando o estresse e a incerteza estão altos, as pessoas precisam de um conjunto estável de regras que definam como se envolver. Comportamentos compartilhados unem e inspiram as pessoas. Comportamentos compartilhados permitem às pessoas ter poderes e recursos para atuar abordando e resolvendo problemas e promovendo melhorias nos resultados.

Os valores organizacionais fornecem princípios e conceitos-guia importantes. Contudo, não delineiam exemplos de com-

Capítulo 5 Entendendo a Liderança e a Gestão nas Organizações 115

portamentos reais no ambiente diário de trabalho. As pessoas necessitam de modelo padrões de comportamento para traduzir os valores organizacionais em ação que possa ser posta em prática nas interações diárias nas organizações. A liderança tem de abrir o caminho, mostrando às pessoas explicitamente quais são esses modelos.

Interagir com os outros de forma eficaz é um comportamento aprendido, especialmente quando diferenças culturais estão envolvidas. As equipes de liderança transformacional têm de ensinar o comportamento por meio de suas ações. Por exemplo, as pessoas têm de ver como as equipes de liderança se recuperam de erros, para que elas possam fazer o mesmo. As pessoas necessitam que as equipes de liderança sirvam de modelo naquilo que cada organização chama de comportamento bom ou aceitável.

Mensagens de cima para baixo sobre trabalho em equipe e colaboração não mudam, por si só, o comportamento. As pessoas precisam aprender, experimentar e praticar sua energia nas coisas com as quais elas se importam. Quando as pessoas não se importam, elas simplesmente se retraem, emocional e fisicamente. A maioria das organizações não tem falta de pessoas comprometidas; o que elas têm são pessoas comprometidas altamente frustradas.

A direção de uma organização não pode ser alterada sem liderança transformacional. As pessoas dependem de liderança; elas precisam de líderes para poder dar o primeiro passo e demonstrar uma resolução inabalável de se transformar a si mesmas e à organização. Mesmo os indivíduos mais céticos são receptivos a líderes corajosos que se posicionam, agem decisivamente e se envolvem com os outros de uma maneira extraordinária.

5.7.1 Desencadeando Compromisso

Há dois fatores instrumentais para entender a transformação. São eles: a importância de modelos claros e explícitos de comportamento e a distinção entre obter compromisso e desencadear o compromisso. A Figura 5.6 mostra os níveis de compromisso que existem sob a gestão e a liderança. Essa figura traça um paralelo com os níveis de graduação de faixas das artes marciais. Os faixa brancas, quando forçados a mudar seu comportamento, ficam totalmente apáticos, esperando que os outros os mandem mudar. Eles podem desempenhar o papel de "Eu não vou fazer isso, por que eu deveria mudar se não há qualquer valor associado à mudança esperada?". Em uma escala de maturidade individual, o primeiro nível de mudança é: "ótimo, tudo bem, eu faço, mesmo que eu faça por medo e me pergunte por que estou fazendo isso".

Conforme um indivíduo avança, ele pode desejar a mudança porque aparece como uma recompensa: "Eu vou ganhar algo com isso". Em níveis mais avançados, a pessoa começa a progredir cada vez mais em termos éticos quando começa a entender seu papel como um dever. Se entende seu papel como um dever ético, ela o desempenha imediatamente, e até mesmo informa aos outros. No nível mais alto, o indivíduo vê seu papel como valioso; ele o desempenha porque é um compromisso; sem que exista uma regra, lei ou regulamento. Ele o faz porque é um valor e sabe que está associado a um compromisso ético (Senge, 1999).

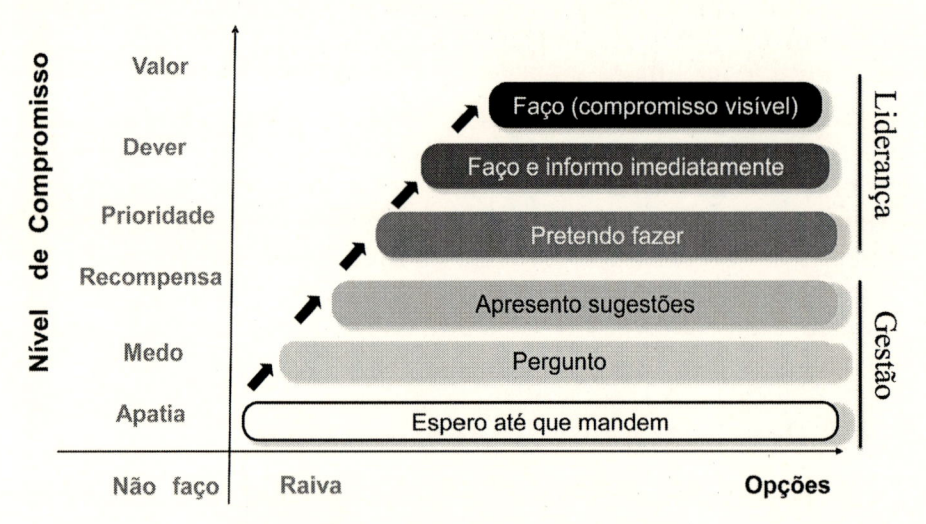

Figura 5.6: *Artes marciais: analogia.*

Capítulo 5 Entendendo a Liderança e a Gestão nas Organizações

O foco na transformação organizacional requer uma resposta a uma questão fundamental: queremos obter o compromisso das pessoas ou desencadear o compromisso que elas já têm? Se a resposta é obter o compromisso, então se assume que o compromisso ainda não existe. Nosso foco recairá sobre o que está faltando, o que não temos e o que é defeituoso, inadequado ou insuficiente. Nesse caso, as soluções focarão em consertar as pessoas, os sistemas e os processos. Se a resposta é desencadear o compromisso existente, a transformação requer compaixão e compreensão sincera. Nesse caso, a liderança busca entender como as pessoas se tornaram resignadas e adquirir uma apreciação pela profundidade de seu cuidado e compromisso. A liderança deve compreender que o que as pessoas realmente querem é dar o seu melhor, mas que elas não necessariamente sabem como fazer isso.

Uma réplica recorrente quando as pessoas estão resignadas é: "você não deveria se sentir assim" ou "você tem de superar isso". Entender que a resignação é um compromisso frustrado leva à apreciação e cuidado pelas pessoas de uma maneira nova. Quando as pessoas percebem que a liderança entende sua decepção e seu esforço, elas desencadeiam seu compromisso emocional. Com isto, a liderança transformacional pode criar uma plataforma poderosa e inspiradora para ajudar a renovar a confiança e o entusiasmo.

Desencadear o comprometimento das pessoas estabelece o quadro para a transformação. Líderes que acham que as pessoas são inadequadas, insuficientes ou não comprometidas frequentemente exibem emoções de decepção, raiva e frustração. É difícil para qualquer um ser inspirado por essas emoções, incluindo os próprios líderes.

Os princípios desta seção sobre liderança são cruciais para aqueles que implementam a gestão de ativos para obter a melhoria no desempenho organizacional. Para ter sucesso, a gestão de ativos requer trabalho em equipe através das fronteiras organizacionais para realizar os objetivos da organização. Uma compreensão de como a liderança afeta o comportamento é o primeiro passo crucial para atingir esse objetivo.

5.8 Mudando os Valores e as Crenças por meio do *Coaching*

A organização não muda até que as equipes de liderança mudem. A transformação da liderança é precursora da transformação organizacional. Esta seção explicará a relação entre valores, intenções, crenças, expectativas e comportamentos automáticos. Essa compreensão é essencial para os líderes transformacionais, pois se trata de um fator importante na promoção da maturidade cultural (Geier & Downey, 1989).

Valores, traços e intenções dão origem ao comportamento. Crenças e expectativas respondem ao motivo pelo qual os indivíduos se comportam de determinada forma. Expectativas e crenças subjazem aos comportamentos e sutilmente alteram as ações dos indivíduos. Uma crença é essencialmente formada pelas experiências. Valores dão sentido às crenças e à experiência. Eles são as intenções positivas de mais alto nível que a crença foi instaurada para apoiar e refletir. As crenças ligam os valores às experiências através das expectativas.

As expectativas fornecem a motivação para manter uma crença específica. Com referência ao papel da liderança no modelo ABC da Figura 5.1, as expectativas se relacionam às consequências específicas que são esperadas em função da ação de uma crença. A consequência específica que uma crença produz determina a utilidade dessa crença.

Estados internos emocionais agem tanto como filtros da experiência quanto no ímpeto para as ações. Os estados internos emocionais são frequentemente o recipiente ou alicerce que apoia uma crença e determinam a energia emocional investida na manutenção dessa crença. Os estados emocionais são acessados e mudados na medida em que diferentes experiências e contextos são encontrados. Para a maioria dos indivíduos, essas mudanças de estado têm permanecido em grande parte fora de sua capacidade de escolher. Os indivíduos respondem a estímulos de contextos externos e internos como se estivessem em piloto automático. É assim que nossos pontos cegos são desenvolvidos.

É possível, no entanto, aprender como escolher um estado emocional. Ser capaz de influenciar e direcionar um estado emocional aumenta a flexibilidade de um indivíduo e cria uma probabilidade maior de manter crenças e expectativas positivas e atingir os resultados desejados. Esse é um dos processos mais desafiadores que a liderança transformacional tem de dominar.

Valores e intenções são dirigidos pelo neocórtex do cérebro, conforme explicado no Capítulo 4. Embora haja alguma influência do inconsciente, os valores e as intenções existem em grande parte em um nível consciente. No neocórtex, a informação é processada de formas características pela mente autorreflexiva. Essa área do cérebro facilita funções abstratas, como o pensamento e a linguagem. Esse é o começo do processo criativo e da transformação do mundo exterior. A transformação ocorre como resposta aos eventos, desperta valores específicos e ativa as intenções no neocórtex.

Os comportamentos dirigidos pelo neocórtex são os mais fáceis de mudar porque eles ocorrem conscientemente. Se as mudanças desejadas, entretanto, forem para durar mais do que promessas de Ano Novo, é preciso envolver o sistema límbico, além do neocórtex. A área límbica dirige as crenças; ela é a reguladora da energia emocional necessária para fomentar as intenções.

A maior parte da energia emocional tem origem na área límbica do cérebro e é regulada pela lógica particular das crenças. Mudanças no comportamento dirigidas pelo sistema límbico podem acontecer e de fato acontecem. Esse comportamento está associado às crenças, e crenças são aprendidas.

A transformação pode ocorrer quando os sentimentos e emoções nos quais as crenças estão embutidas são trazidos a um nível consciente. Esse passo é feito através do *coaching* das emoções pela liderança, conforme explicado no Capítulo 4. Três aspectos importantes do *coaching* são descritos abaixo.

Primeiramente, espera-se que a interpretação de um estado emocional interno seja menos familiar do que a descrição das intenções. Essa interpretação lida com sentimentos, emoções e paixões que ficam escondidos, não apenas dos outros, mas muitas vezes do próprio indivíduo. Às vezes, durante períodos estressantes, essas emoções são atiradas à consciência, assustando os indivíduos e aqueles à sua volta. Em momentos como esse, os indivíduos surpresos podem perguntar "*de onde veio isso?*". A resposta é que veio do sistema límbico.

Em segundo lugar, as emoções e as crenças não são tão fáceis de mudar quanto as intenções. Emoções e crenças existem principalmente no inconsciente e não são tão acessíveis quanto as intenções. Surgidas na área límbica, sem uma vontade consciente, as emoções trafegam rapidamente pelo sistema nervoso e se dissipam, conforme explicado no Capítulo 4. Não obstante, este é um processo que oferece maior acesso e controle sobre o estado interno de um indivíduo.

Em terceiro lugar, a interpretação que descreve o estado interno de um indivíduo dará a ele o primeiro vislumbre de suas crenças. As expectativas que escoram as crenças estão profundamente enredadas na emoção, e a crença é a reguladora da energia emocional.

As emoções são vitais para a integração da personalidade. As emoções energizam e abastecem as ações e o comportamento. As emoções são vantajosas, dinâmicas e significativas. Estas são as razões pelas quais a liderança transformacional deve compreender e investigar através do *coaching* as emoções.

A crença foi definida no Capítulo 3: diz respeito a como as pessoas aprenderam a sobreviver e ter êxito. A crença é a canalização, em grande parte inconsciente, de energia emocional para um padrão que corresponda às necessidade pessoais, conforme abordado no Capítulo 4.

Nem todas as situações permitem uma resposta mediada ou calculada; a crença possibilita que os indivíduos ajam imediatamente quando necessário, conforme discutido na ilustração da cobra no Capítulo 4. As crenças dão previsibilidade aos comportamentos; as ações são fiéis às crenças. Se as ações fossem baseadas somente no pensamento racional, os indivíduos agiriam de forma inconsistente. Nem tudo que foi aprendido sobre sobrevivência e êxito nos anos formativos de um indivíduo é adequado em outros contextos. As crenças mudam conforme crenças antigas se tornam conscientes e são substituídas por novas formulações do que trará satisfação. Em contraste com os animais que são governados pelo instinto, os seres humanos

Capítulo 5 Entendendo a Liderança e a Gestão nas Organizações

são governados pela crença. A crença é aprendida conforme o que foi descrito pela metodologia heurística de formação de modelos mentais, no Capítulo 4. O processo de *coaching* é a abordagem sistemática de examinar sentimentos, emoções e crenças inconscientes em um nível consciente. O processo de *coaching* fornece um conhecimento em primeira mão da crença, que é controladora da energia emocional. Um líder transformacional avalia seu sistema de crenças para se adaptar ao contexto que está sendo transformado e amadurecido.

O sistema reptílico é responsável por manter nosso corpo funcionando automaticamente. O pensamento consciente não é necessário para manter corações batendo e corpos respirando, conforme explicado no Capítulo 4. Essa parte do cérebro também se ocupa de padrões de comportamento instintivo. Mesmo que a crença tenha substituído em grande parte o mecanismo dos instintos nos seres humanos, alguns ímpetos instintuais orgânicos ainda existem. Estes incluem ímpetos e impulsos irresistíveis, como o ímpeto por comida ou sexo. O sistema reptílico é o lugar dos estados internos emocionais associados aos padrões reativos e comportamento compulsivo.

Funções corporais e padrões reativos associados ao sistema reptílico, também chamados de pontos cegos, geralmente são considerados como permanentes e não sujeitos ao controle consciente. Para que a liderança transformacional seja concebida e confiável é preciso haver um alinhamento entre os valores e crenças professados e os comportamentos automáticos e inconscientes dos líderes. Os diversos níveis neurológicos, que abrigam modelos mentais e comportamentos, foram explorados no Capítulo 3. O processo de *coaching* é a abordagem sistemática que alinha atitudes, conhecimento, valores, crenças e identidades ou personalidades, que por sua vez estão relacionados às emoções, aos modelos mentais e à cultura. Em outras palavras, ao corpo, à mente e ao espírito.

Na Figura 5.7 vemos que o modelo de liderança é a afinação e o alinhamento entre todos os processos. A liderança atua como um ímã que alinha a força motriz do desenvolvimento de mudanças na cultura.

122 Vivendo a Gestão de Ativos

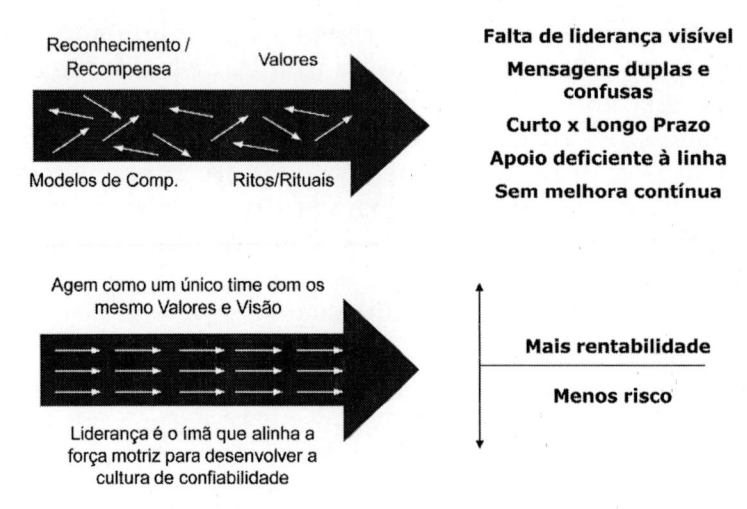

Figura 5.7: *A liderança como um ímã.*

Reflita sobre a afirmação de que o líder é uma pessoa e a liderança é um processo; agora imagine o desafio de alinhar os níveis na equipe de liderança. Quando os valores se generalizam, os hábitos comportamentais criam uma cultura consistente com os valores e crenças professados pelos líderes. Esses valores e crenças são compartilhados pelos líderes e pelos liderados em qualquer camada hierárquica da organização.

O alinhamento entre valores, princípios, crenças, ações e comportamentos deve ficar sob constante avaliação dos líderes. Este é um processo contínuo de incorporação de conhecimento sobre emoções, modelos mentais e cultura. Para ser eficaz, a liderança transformacional deve levar em conta a integração das emoções e dos modelos mentais. A disciplina diária de alinhar os valores com os comportamentos em todas as situações é a verdadeira batalha para a liderança.

5.9 Uma Cultura de Mudança através da Liderança

Se o objetivo da liderança é mudar os valores em uma organização, deve avaliar se os mesmos são coerentes com a identidade da organização e se as habilidades necessárias para agir de acordo com tais valores estão presentes. Muitas organizações colocam os valores em lindos pôsteres que pouco têm a ver com o comportamento de seus líderes ou de sua equipe.

Os modelos padrões de comportamento fornecem exemplos do comportamento desejado. Geralmente, os modelos padrões de comportamento mais influentes da organização são seus líderes. Por essa razão, a compatibilidade entre o que a liderança diz e faz é de suma importância para a introdução de valores e crenças (fazer o que se prega e liderar pelo exemplo). Rituais, ritos e recompensas referem-se ao que é feito e como o comportamento é reforçado.

Em algumas organizações, equipes operacionais e de supervisão ficam em estado de dependência: só fazendo aquilo que é esperado. Gerentes veem benefícios relacionados a metas e seguem as regras à risca. Quando uma situação como essa existe, a mudança é necessária. As equipes operacionais, de supervisão e de gerentes precisam se alinhar, a fim de que seja possível criar, mudar ou melhorar quaisquer regras. O progresso esperado será atingido quando as pessoas finalmente virem o compromisso como um valor e um dever.

Uma cultura de mudança guia as práticas de uma empresa e define intervenções direcionadas ao melhor uso de seus recursos humanos e materiais. Por essa exata razão é preciso conduzir o processo de mudança como um de seus fatores estratégicos para uma cultura de mudança organizacional.

A cultura não pode ser gerenciada, mas a liderança gerencia através da cultura. É importante identificar os direcionadores da mudança enraizados na cultura e usá-los para alavancar a mudança e a transformação. Mudanças culturais não são apenas reformas que só reforçam uma visão nostálgica do passado. Prender-se ao passado pode dificultar o progresso. Aprender com a História ajuda a identificar erros que não devem ser repetidos, mas também aponta o que ainda pode ser explorado. Avançar não requer apenas olhar pelo espelho retrovisor, mas também olhar para frente, além de usar os retrovisores laterais. Essa abordagem ajuda a reduzir os riscos ao longo do caminho. Trabalhar com a cultura de mudança não significa iniciar uma jornada sem um rumo. A meta será sempre a transformação dos valores e da cultura.

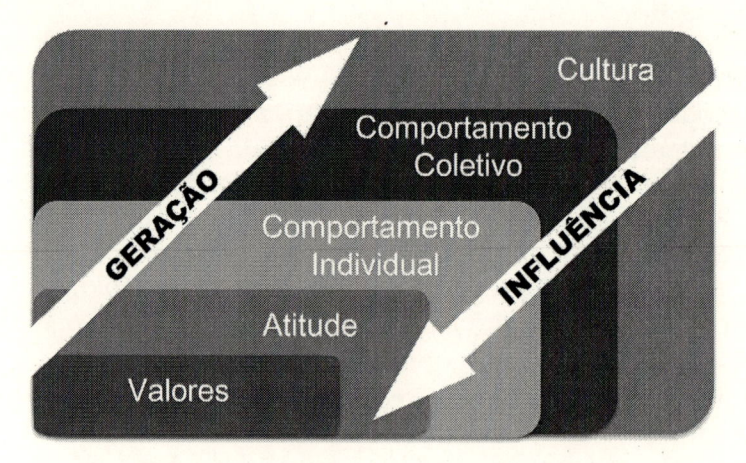

Figura 5.8: *O processo e a influência da cultura (adaptado de Coleman (1981)).*

5.10 O Processo de Mudança Usando o *Coaching*

É um desafio significativo para a liderança divulgar seus valores e suas crenças individuais entre os membros da sua equipe, a ponto de que esses valores e crenças sejam incorporados ao comportamento coletivo da organização. Isto requer a consolidação dos valores e crenças que são inicialmente do líder ou da equipe de liderança na cultura da organização. A partir do momento em que esses valores e crenças são incorporados, eles pertencem a todos os funcionários. Se essa incorporação não for realizada, é muito provável que os valores impressos nos pôsteres de qualquer organização não sejam mais do que exortações e desejos da liderança.

O processo de mudança usando o *coaching* começa com o alinhamento de valores e crenças individuais com a atitude do líder. Se há confiança nos exemplos da liderança, a equipe começará a adotar esses comportamentos e gerar comportamentos similares no grupo, conforme ilustrado na Figura 5.8. Com o tempo, esse comportamento comporá a cultura da organização. Uma vez consolidado como cultura, novas pessoas que entrarem na organização serão influenciadas pelo con-

Capítulo 5 Entendendo a Liderança e a Gestão nas Organizações

texto até que os comportamentos se tornem valores e crenças pessoais.

O processo de mudança usando o *coaching* leva tempo; a duração depende da velocidade com que a liderança pode incorporar valores e crenças ao comportamento coletivo (fazer o que se prega e liderar pelo exemplo). Normalmente, essa velocidade é determinada pelo líder mais lento, que é aquele que ainda não incorporou os novos valores organizacionais. O mau exemplo do líder lento pode criar um grupo de resistência. A incorporação total também depende da qualidade da gestão existente. A liderança é o catalisador para a mudança, mas a gestão a consolida.

A liderança deve utilizar o exemplo comportamental (fazer o que se prega e liderar pelo exemplo) para mostrar coerência entre seus valores e crenças, discurso e prática, já que é por meio dessa ação que os mesmos se tornam visíveis na forma de conduta exemplar. O clima de confiança necessário para a geração de comportamento cultural deve vir através do alinhamento dos vários níveis neurológicos dos líderes, em outras palavras, alinhando os espíritos, as mentes e os corpos.

O mesmo alinhamento neurológico individual deve acontecer nos níveis organizacionais para gerar confiança e consistência entre seus membros. O sociólogo brasileiro Guerreiro Ramos (Ramos, 1984) sugere que os elementos que compõem a estrutura de uma organização sejam: infraestrutura, como prédios e equipamentos; os elementos estruturados, como as regras, procedimentos, tecnologia e conhecimento; e os elementos estruturantes, como a liderança, a gestão, o comportamento e a cultura. Para que valores e crenças sejam permanentemente incorporados à organização, esses elementos devem ser coerentes e estar alinhados com esses valores e crenças.

Em termos práticos, se uma organização adota a gestão de ativos como um valor da mesma forma que a saúde, a segurança e o meio ambiente, então prédios e equipamentos devem ter dispositivos para garantir as atividades do ciclo de vida de forma segura, confiável e eficiente. O mesmo deve acontecer com normas e procedimentos. Elementos estruturados devem sempre privilegiar a segurança, a confiabilidade e a sustentabilidade em vez do custo ou inovação, por exemplo. O comportamento geral das pessoas, isto é, sua cultura, deve refletir a gestão de ativos como um valor. Comportamentos corretos devem ser adotados, desde as ações mais simples, como segurar o corrimão da escada ou usar faixas de pedestre, até as decisões mais complexas, como parar a produção quando a segurança e a confiabilidade dos equipamentos estão comprometidos.

5.11 Estágios da Mudança de Valores

Para que a gestão de ativos seja implementada com sucesso, para a melhoria do desempenho da organização, é importante entender os estágios de mudança e identificar em qual deles a organização se encontra. Uma organização passa por diversos estágios de mudança na cultura organizacional até que incorpore totalmente os valores e crenças praticados pela equipe de liderança. Observa-se, tanto nas organizações quanto nas crianças, a mesma evolução de moral e ética, comportamental, de valores e crenças (Piaget, 1997). Portanto, o *habitus,* em qualquer estágio da vida organizacional, é parte do estágio natural da incorporação de valores e crenças à cultura.

No caso dos adultos, há uma diferença entre aprender e incorporar um hábito ou conhecimento. O aprendizado de um adulto pode levar poucos segundos ou minutos. Por exemplo, as pessoas rapidamente aprendem que a simples regra de segurança de usar o corrimão ao utilizar escadas pode prevenir acidentes. Outra coisa completamente diferente seria incorporar tal conhecimento aos hábitos, até que a prática seja automática. Esse processo de incorporação depende de autodisciplina e vontade individual, bem como do contexto e da cultura.

Ainda mais complexo é o desafio de incorporar uma prática simples, como a que foi descrita no parágrafo anterior, como um hábito coletivo ou cultura. Esse processo depende do clima de disciplina existente no contexto e no ambiente. Também depende na disciplina externa criada pela liderança, pelos padrões de comportamento da gestão e pela autodisciplina das pessoas. Tanto individualmente quanto coletivamente, existe uma diferença temporal entre aprender e incorporar um hábito. Conhecê-los é diferente de usá-los. O problema não é o conhecimento, mas a ação. O tempo de incorporação individual e coletivo é proporcional à autodisciplina e à disciplina do contexto.

A experiência gerencial demonstra que muitos projetos para implementação da liderança transformacional fracassam devido a uma falta de entendimento da evolução natural desses estágios. O desenvolvimento organizacional deve ocorrer segundo a mesma abordagem de estágios utilizada no desenvolvimento de uma criança. O Capítulo 6 trata em detalhes do estilo de liderança, que varia de acordo com o estágio cultural da organização.

5.12 A Incorporação de Valores e Crenças nas Organizações

Não há um único estilo de gestão ou liderança que possa solucionar todos os problemas, devido às especificidades de cada contexto e à cultura de cada organização. Parece razoável, portanto, que não haja qualquer cultura organizacional considerada melhor ou pior do que a outra. É necessário, no entanto, entender o contexto cultural da organização, para que os líderes possam disseminar seus valores e crenças a fim de atingir os resultados desejados. Isto será discutido mais detalhadamente nas próximas seções, bem como no Capítulo 6.

A Figura 5.9 é usada como um guia para o resto desta seção. Essa figura mostra a relação entre o nível de desempenho, no eixo vertical, com o estágio de desenvolvimento no decorrer do tempo, no eixo horizontal. Essa é uma correlação empírica observada na prática e na literatura sobre gestão e liderança organizacionais.

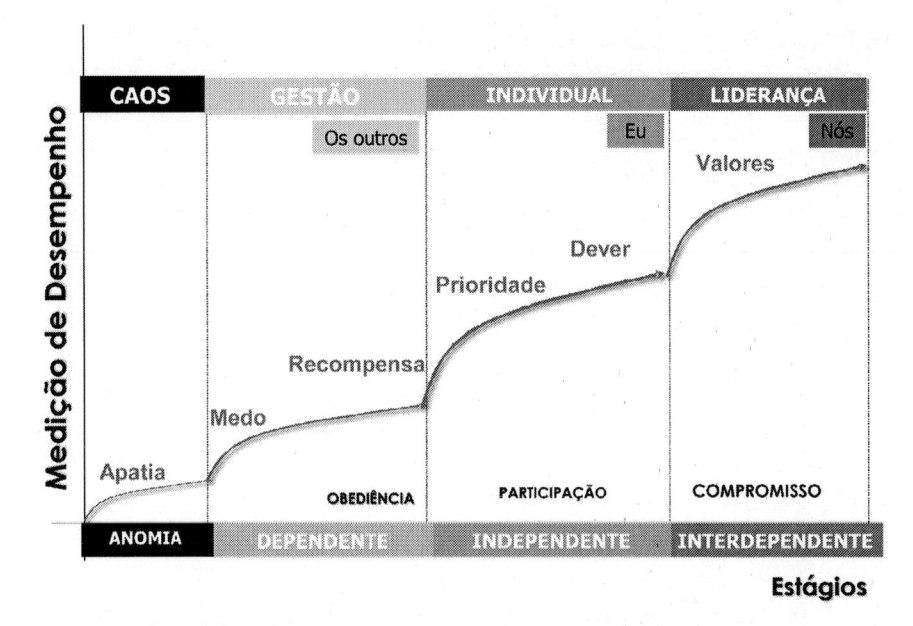

Figura 5.9: *Correlação entre o desempenho e os estágios culturais das organizações.*

A primeira mudança demonstrada é a evolução do estágio cultural de Gestão por Instintos (Anomia) para um estágio cultural Dependente (Heteronomia). No estágio cultural Dependente, valores e crenças dependem da existência de uma gestão forte, em que o comando e o controle prevaleçam. A fonte de valores são as outras pessoas. Os indivíduos dependem do monitoramento do líder para que seu próprio comportamento esteja de acordo com os valores e crenças. As pessoas são motivadas pela obediência ou por recompensas exteriores.

Para melhorar os resultados, a organização deve evoluir para o estágio cultural Independente (Socionomia). Nesse estágio, os valores e crenças já foram incorporados pelos indivíduos. O comportamento não depende tanto do comando e do controle. Agora, as pessoas são motivadas pelas prioridades e pelo dever de ter um desempenho de acordo com os valores. Um novo, mais alto nível de resultados é atingido.

Para melhorar os resultados ainda mais, a organização deve evoluir para o estágio de cultura Interdependente (Autonomia).

Capítulo 5 Entendendo a Liderança e a Gestão nas Organizações 129

Nesse estágio, os valores e crenças da liderança são compartilhados por todos. As pessoas são motivadas pelos valores e crenças incorporados e costuma-se ouvi-las dizendo: "Aqui nós fazemos desta forma porque é nosso valor". O estágio de cultura Interdependente pode produzir resultados com o decorrer do tempo, que não estão apenas ligados aos aspectos quantitativos da organização, mas também à meta intangível de criar indivíduos autônomos, éticos e responsáveis que atuam na sociedade (Covey, 1992).

Os quatro estágios de cultura estão descritos mais detalhadamente abaixo.

5.12.1 Estágio de Gestão por meio de Instintos (Anomia)

No estágio de Gestão por meio de Instintos não existe qualquer valor, norma ou lei coletiva. As pessoas adotam um comportamento e o incorporam como um valor quando algo desencadeia uma emoção exacerbada. A segurança no trânsito é um exemplo de valor adotado pela sociedade dessa forma. Nesse estágio, as regras de segurança no trânsito são adotadas a partir de emoções exacerbadas. Quando uma pessoa perde um ente querido em um acidente de carro, ela aprende a respeitar as leis do trânsito. Quando as pessoas viajam com crianças, pode ser que elas dirijam com mais cuidado. Esse comportamento não é consistente e é dependente do contexto. As estatísticas de acidentes sofrem altas e baixas e nunca permanecem em um nível razoável.

No estágio de Gestão por meio de Instintos, o modelo de gestão e o estilo de liderança são baseados nos instintos naturais dos líderes e gestores. Não há valores bem definidos. Tipicamente, a organização está focada em apagar incêndios, resolver problemas e crises conforme ocorrem. O comportamento do grupo é sempre reativo e há pouca pró-atividade. Não há preocupação alguma com os aspectos culturais e normativos que ajudem a incorporar valores. O comportamento das pessoas é apático e elas geralmente agem como réus; apenas reagem ao contexto.

5.12.2 Estágio Cultural Dependente (Heteronomia)

No estágio cultural Dependente, as pessoas incorporam valores e crenças devido à existência de leis mantidas por uma autoridade. Um exemplo típico foi a adoção dos cintos de segurança no Brasil. Embora o benefício dos cintos de segurança fosse de conhecimento comum, estes só viraram um fato cultural quando o governo brasileiro fez uma campanha nacional para divulgar e aplicar a lei há muito existente. Por meio do "amor" das campanhas de conscientização na mídia paga, os motoristas se conscientizaram. Através da aplicação severa de leis e multas, houve a confirmação da disposição das autoridades em reforçar a lei. Uma redução da fiscalização do uso de cintos de segurança por parte das autoridades certamente produziria o aumento nos índices de lesão, pois o hábito do uso do cinto de segurança não estava incorporado: era dependente da aplicação da lei para ser praticado.

No estágio de cultura Dependente, o modelo de gestão é normativo e há um único líder poderoso. A ênfase da organização está nas tarefas, processos e atividades. O comando e o controle são amplamente usados, as equipes seguem um único líder, seus valores e crenças. As pessoas agem dessa forma por medo da punição ou pela esperança da recompensa. O principal motor é a dependência na pró-atividade do líder e dos gestores para fazer as coisas acontecerem. Os valores e crenças estão claros para o topo da organização, os métodos estão bem estabelecidos, mas as pessoas não conhecem seu próprio valor e ainda veem os métodos como burocráticos. Os valores e crenças do topo da organização ainda não foram incorporados à cultura.

No estágio cultural Dependente é importante que a preocupação dos líderes e gestores seja a de promover a compatibilidade entre discurso, prática e o contexto físico e cultural da organização. Por falta de compreensão, muitas empresas nunca ultrapassam esse estágio. O clima de medo, comando e controle não permite o desenvolvimento da autonomia individual.

5.12.3 Estágio Cultural Independente (Socionomia)

No estágio cultural Independente, uma equipe de líderes começa a tomar forma. A liderança começa a ser vista como um processo. As pessoas na organização já incorporaram valores e crenças e agem pró-ativamente de acordo com eles. As prioridades e deveres começam a se tornar claros, e um modelo de gestão mais consultivo, quiçá participativo, começa a ser adotado. Ainda há uma atitude de isolamento entre áreas, apesar dos indivíduos se comportarem pró-ativamente. A autodisciplina começa a substituir a disciplina externa necessária no estágio anterior.

Os valores e crenças dos líderes começam a ser incorporados pela cultura da organização. Ainda há uma forte dependência do líder original da organização. Devido à dependência desse líder, os resultados otimizados podem ser breves ou transitórios. É possível que, se o líder for embora ou substituído, as melhorias sejam perdidas e a organização retroceda rapidamente. Por esse motivo, é importante que as coisas continuem sendo feitas para fixar os valores, as crenças e as melhorias alcançadas.

Nesse estágio, as organizações produzem bons resultados tanto tangíveis como intangíveis. De acordo com a experiência gerencial, poucas organizações alcançam esse nível.

5.12.4 Estágio Cultural Interdependente (Autonomia)

No estágio cultural Interdependente, os hábitos são praticados de forma inderdependente por cada pessoa, e há uma consciência dos valores éticos e crenças que os sustentam. Nesse estágio, o modelo de gestão tende a tornar-se mais ativo e não há mais um único líder. A liderança se torna um processo. Os padrões de comportamentos são guiados pelos valores e crenças da organização, condizentes com sua cultura e contexto. O trabalho em equipe é visível.

As equipes que trabalham no estágio cultural Interdependente seguem uma disciplina simples, mas continuam a alcançar resultados significativos. Isto requer alternância de comando entre membros, sem que o líder designado perca o manto da liderança. O deslocamento do papel de liderança permite que o grupo exerça mais liderança, o que resulta em um melhor desempenho. Fazer da liderança um processo em vez de uma posição é a essência das equipes interdependentes (Katzenbach et al, 2001).

As normas, valores e crenças são incorporadas pelas pessoas por meio de todos os processos anteriores. Hoje, em grandes cidades, quase todos os motoristas usam cinto de segurança independentemente da fiscalização ou de campanhas midiáticas, porque o valor foi incorporado por cada cidadão. Isto é, o processo de normatizar a si mesmo foi consolidado em todos os estágios anteriores.

Outra característica importante das equipes interdependentes é a disciplina, mas não só pela obrigação, contrato ou capacitação. É importante notar que a disciplina nesse estágio baseia-se em princípios e valores fundamentais. Para se beneficiar da aplicação dessas disciplinas, é preciso agir de acordo com elas.

No estágio Interdependente, as leis dos grupos, da figura de autoridade e os instintos são incorporados por convicção pessoal. As pessoas começam a adotar suas próprias regras e avaliar seu próprio comportamento por meio de um processo chamado ética.

A Figura 5.10 apresenta a relação entre valores e regras. O notável socialista francês Emile Durkheim observou que, quando os hábitos bastam, as leis são desnecessárias, e quando os hábitos não são suficientes, é impossível forçar o respeito às regras. Quando poucos valores existem, muitas regras são necessárias para impor a disciplina. Quando há valores claros, menos regras são necessárias, pois as pessoas estarão eticamente conscientes da necessidade da disciplina. Isso leva a uma cultura interdependente.

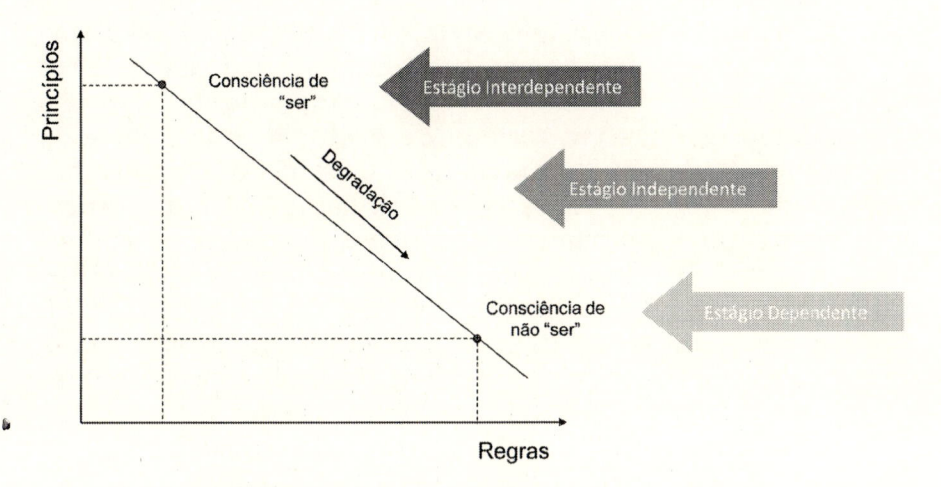

Capítulo 5 Entendendo a Liderança e a Gestão nas Organizações 133

Figura 5.10: *A relação entre valores e regras.*

O desafio da excelência é o de desenvolver novos hábitos que estruturem as ações individuais. A excelência só poderá ser implementada quando os controles regulatórios forem internalizados pelos indivíduos, de maneira que o padrão em si seja desnecessário. A mudança de cultura não é apenas uma mudança na maneira como um indivíduo vê o mundo, mas uma mudança de hábitos e ações. Tal mudança deve ser entendida precisamente como uma jornada.

5.13 Resumo

A mensagem-chave deste capítulo é que a incorporação de valores ou as mudanças a eles associadas fazem parte da função de liderança e devem ser entendidas como um processo em vez de uma posição ocupada por um único líder. Para que o processo de liderança seja eficaz, é importante que os níveis neurológicos do líder estejam alinhados. A identidade da liderança deve ser condizente com os valores e as capacidades da organização, gerando um comportamento adequado em um contexto propício e coerente. É essencial que todos os elementos que compõem o ambiente da gestão de ativos sejam consistentes. Elementos como equipamentos, instalações, padrões e procedimentos devem ser coerentes com o discurso da liderança.

Outra mensagem central neste capítulo diz respeito à incorporação de valores em uma cultura, cujos estágios devem ser compreendidos. Para cada estágio, há um estilo de liderança e gestão mais eficaz em termos de evolução. Algo parecido ocorre com a liderança situacional, que varia de acordo com a maturidade do indivíduo. Quando lidamos com a cultura, deve ser adotado o estilo de liderança que se adeque melhor à equipe, em vez daqueles estilos que favoreçam indivíduos particulares. Isso vale especialmente quando tratamos da comunicação, de modelos-padrão de comportamento, sistema de consequências e outras questões de liderança relacionadas a toda equipe.

Para que as pessoas incorporem valores, é necessário que as organizações invistam em modelos de gestão e liderança que favoreçam autonomia individual. A obtenção de autonomia é um processo evolutivo que não acontece da noite para o dia. Durante essa evolução, estilos de gestão e liderança precisam mudar para acompanhar as necessidades de cada estágio.

Na metáfora do pomar, nesse ponto há o equilíbrio, os frutos estão em seu melhor estado. Os jardineiros não são mais a única razão do sucesso do pomar. Ele se tornou autossustentável, o ecossistema produzido está sustentando os resultados e tudo funciona em harmonia.

A Jornada de Ativos Pouco Confiáveis para Ativos de Classe Mundial, Parte 5

P: Quais foram alguns dos atributos da liderança e qual foi a cultura que produziu?

R: Não posso deixar de enfatizar que a cultura de uma organização reflete as pessoas que estão no topo. Costumava aconselhar minha equipe de gestores da seguinte forma: se você não gosta do que acontece na base da estrutura, então talvez devêssemos, enquanto grupo, olhar no espelho para observar a imagem que todos os nossos funcionários têm da nossa equipe de gestão. Isso poderia nos dar uma dica do motivo pelo qual as pessoas se comportavam de determinada maneira. Assim, passamos muito tempo analisando nosso comportamento enquanto equipe: apre-

Capítulo 5 Entendendo a Liderança e a Gestão nas Organizações 135

sentamo-nos como uma equipe? Somos unidos? Estamos falando uns dos outros pelas costas? Estamos sendo depreciativos sobre os processos que tentamos implantar? As pessoas em uma organização são muito boas em identificar fraquezas, e se a equipe de gestão se apresenta de forma desunida, não alcançará bom desempenho. Daí a importância de coesão, clareza de propósito e uma atuação como um missionário da gestão de ativos.

O principal atributo que buscava em uma equipe de gestão era a capacidade de liderar por meio da colaboração. Mais uma vez, um indivíduo falar: "Eu sei o que nós deveríamos estar fazendo aqui e todo mundo deveria estar fazendo o que eu digo", não funcionaria. Isso não era valorizado. Se nós realmente quiséssemos saber como a planta funcionaria, nós precisávamos juntar todas as pessoas que podiam dar uma contribuição. Aí nós documentávamos os processos em torno disso e depois as pessoas aprimoravam em cima disso, ano após ano. Levou cinco anos para que a organização começasse a se aproximar de bons processos de negócios que atuavam através dos silos funcionais. Nós aprendíamos com as coisas que funcionavam, aprendíamos com as coisas que não funcionavam, mas esse valor girava em torno de equipes multifuncionais tomarem as decisões dentro da planta. E aprender continuamente era algo que eu valorizava muito e a equipe de gestão refletia esse valor.

A partir desse processo, estabelecemos processos de negócios para atingir os resultados que queríamos. Os processos de negócios eram articulados. Tínhamos donos de processo, e para cada grande processo existia um dono que era da equipe de gestão. Então, se havia algo que precisava ser melhorado, o dono do processo tinha que articular como fazer isso, ou colher o conhecimento no seu grupo de colegas da equipe de gestão. Ou, se não sabíamos dentro daquela equipe, então nós saíamos e buscávamos um especialista e trazíamos seu conhecimento para dentro da organização. Cada componente desse processo tinha resultados mensuráveis individuais, todos alinhados com o objetivo final do negócio. Todos tinham de ser capazes de apontar para as medidas que eles tinham planejado para alcançar a meta da organização.

Agora, se havia pessoas que não conseguiam trabalhar dentro desse ambiente, e nem todos conseguiam, eventualmente elas se mudavam para áreas onde elas podiam ser mais produtivas. Eu trouxe pessoas que queriam trabalhar dessa forma mais colaborativa e isso simplesmente transformou a cultura existente. O resto da organização começou a refletir os valores nos quais a equipe de gestão acreditava e fazia acontecer.

Capítulo 6

ENTENDENDO OS ESTÁGIOS DE MATURIDADE DA GESTÃO DE ATIVOS

Este capítulo centra-se nas questões da maturidade cultural da gestão de ativos e sua gradação através dos diversos estágios de maturidade. Usando a metáfora da árvore, este capítulo lida com os "frutos", ou resultados, e como estes têm mais qualidade e dão mais frutos conforme amadurecem, incluindo custo, risco e desempenho.

6.1 Estágios de Maturidade Cultural da Gestão de Ativos

Conforme explorado no Capítulo 5, pode-se considerar que as organizações passam pelos mesmos estágios de desenvolvimento que os seres humanos (Piaget, 1997). Isto é, os seres humanos evoluem de um estágio de Instintos Naturais quando bebês até um estágio Independente quando vão se tornando adultos, veja a Figura 6.1. Isso também vale para a gestão de ativos. Este capítulo explora como esses estágios se relacionam especificamente a organizações e aos sistemas de gestão, sua disciplina, informação, estilos de liderança e comportamento. O modelo da Figura 6.1 ilustra esses estágios.

138 Vivendo a Gestão de Ativos

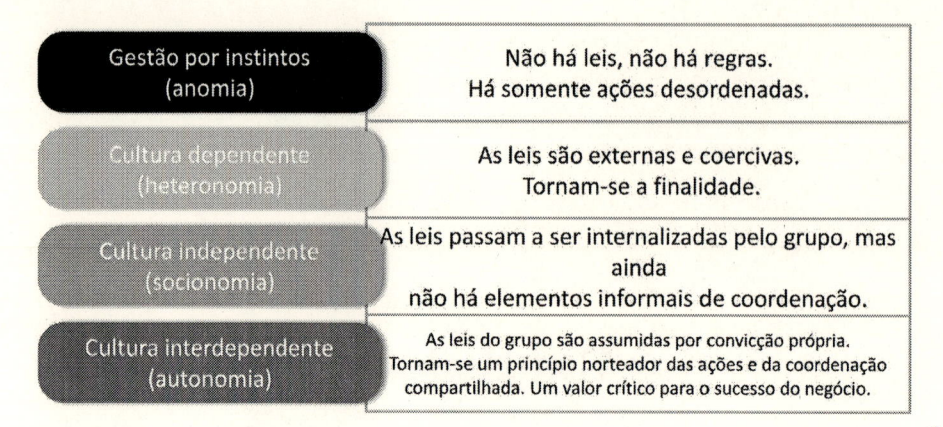

Gestão por instintos (anomia)	Não há leis, não há regras. Há somente ações desordenadas.
Cultura dependente (heteronomia)	As leis são externas e coercivas. Tornam-se a finalidade.
Cultura independente (socionomia)	As leis passam a ser internalizadas pelo grupo, mas ainda não há elementos informais de coordenação.
Cultura interdependente (autonomia)	As leis do grupo são assumidas por convicção própria. Tornam-se um princípio norteador das ações e da coordenação compartilhada. Um valor crítico para o sucesso do negócio.

Figura 6.1: *Estágios de maturidade organizacional e a cultura exibida em cada estágio, incluindo o de excelência.*

Antes de discutir cada estágio individualmente, é importante apontar que nenhuma empresa se encaixa completamente em apenas um estágio. O posicionamento desses estágios pode variar de setor para setor. Dentro das organizações ocorre uma variação natural. O objetivo deste capítulo é mostrar que quando um estágio Interdependente é atingido, uma cultura de excelência depende muito menos da liderança formal do que no estágio Dependente, já que a maioria dos funcionários se sente responsável por manter um alto padrão de desempenho. Isso é conhecido como liderança compartilhada. No estágio Interdependente, as pessoas não apenas sabem seus próprios papéis, mas também o papel dos outros, ajudando-os a cumprir sua responsabilidade. Nesse estágio, todas as pessoas estão conscientes da necessidade do trabalho em equipe (Migueles et al, 2007; Hansen, 1993).

6.2 Gestão de Ativos Instintiva (Anomia) – Estágio 1

A gestão de ativos instintiva é o primeiro estágio de maturidade da gestão de ativos. Tem esse nome devido à falta de leis e regras externas presentes. A única regra ou lei é o que já é conhecido, ou o que já foi feito ou usado anteriormente. Isso é valorizado porque é conhecido a partir da experiência ou conhe-

Capítulo 6 Entendendo os Estágios de Maturidade... 139

cimento técnico de que funciona: sempre foi feito dessa forma e portanto essa deve ser a melhor forma de fazê-lo.

Como exemplo do estágio instintivo, considere por que as organizações fazem manutenção em seus ativos. Elas o fazem porque isso sempre foi feito, e porque é sempre necessário fazê--lo. Senão, o equipamento se desgasta e não é consertado e a organização perde produtividade. Nesse estágio, a manutenção é essencialmente reativa, isto é, os equipamentos e as falhas levam à manutenção.

É no Estágio 1 que existe um impacto negativo em funções como segurança e confiabilidade. Nesse estágio, as organizações além de não reconhecerem a responsabilidade pela segurança, confiabilidade ou gestão de ativos, elas especificamente as rejeitam. A segurança, a confiabilidade e a gestão de ativos são vistas como um fardo ou concebidas como uma série de tarefas sem valor produtivo algum. Os acidentes são aceitos como uma consequência natural da prática produtiva ou mera coincidência e por isso são considerados justificáveis. Nesse estágio, a gestão tem caráter autocrático e geralmente tem um foco intenso em tarefas, nas quais a segurança e a confiabilidade são subordinadas às demandas da produção. O planejamento é mínimo, reativo e de curto prazo; a comunicação ocorre de cima para baixo e é baseada em coerção e medo. Há pouco envolvimento de funcionários na tomada de decisões e a relação funcionário-gestor é do tipo conflito 'eles contra nós'. Devido à falta de confiança, a mentalidade funcional de ambas as partes é a de que elas estão lidando com adversários em vez de trabalhando como uma equipe.

O paternalismo é o traço cultural dominante presente nesse estágio, onde a responsabilidade pela obtenção de resultados é centrada no chefe e os resultados só beneficiam aqueles que têm poder ou propriedade. Aqueles que participam da implementação de atividades não questionam a fim de evitar conflito. As contribuições dos funcionários tendem a ser tendenciosas, tentando antecipar os desejos da liderança, e as relações pessoais com o líder são amplamente valorizadas.

Essas características da gestão e características culturais do paternalismo geram impactos organizacionais típicos. Estes incluem: altos custos de seguro; taxas de acidentes acima da média; perdas excessivas; más relações entre as pessoas; alta gravidade e frequência de acidentes; desconsideração pela lei; políticas antiquadas de recursos humanos; conflitos com sindicatos; reclamações trabalhistas; ações civis e multas etc.

O estilo de liderança em vigor nesse estágio é autocrático. A liderança autocrática é aquela na qual os líderes têm poder total sobre as pessoas. O pessoal e membros da equipe têm pouca oportunidade de dar sugestões, mesmo que estas pudessem ser de maior interesse para a equipe ou organização. O benefício da liderança autocrática é que ela é incrivelmente eficiente. Decisões são tomadas rapidamente e o trabalho é realizado. A desvantagem da liderança autocrática é que a maioria das pessoas se ressente da forma como é tratada. A liderança autocrática, portanto, pode muitas vezes levar a altos níveis de absenteísmo e alta rotatividade de pessoal. O estilo pode ser eficaz para alguns trabalhos de rotina ou que não exigem alta qualificação; nessas situações, as vantagens do controle podem superar as desvantagens.

Para entender esse conceito, a fase "operar e manter" do ciclo de vida das atividades da gestão de ativos mostrada na Figura 6.2 será usada como exemplo. Isso ajuda a compreender as expectativas em cada estágio de maturidade.

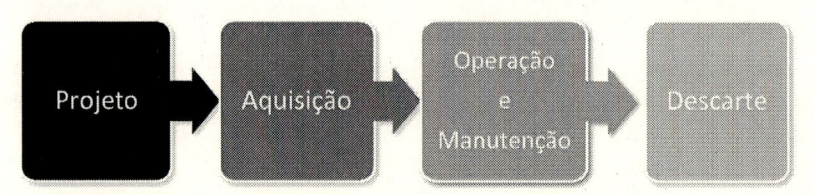

Figura 6.2: *O ciclo de vida dos ativos*

Quando existem falhas de ativos nas organizações, as seguintes perguntas são usualmente feitas:
- Por que aconteceu?
- O que poderia ter sido feito melhor?
- Por que estamos sempre no modo de apagar incêndio?
- Por que nunca estamos preparados para a próxima falha?

Capítulo 6 Entendendo os Estágios de Maturidade... 141

Olhar para como e quais dados e informações são usados por organizações é uma boa maneira de testar onde elas estão nos quatro estágios de maturidade da gestão de ativos. No primeiro estágio de maturidade, os dados sobre os ativos não são entendidos, não são transformados em informação nem usados para decisões. Na maioria das vezes, os indivíduos estão no modo de apagar incêndio. Esse comportamento é reforçado quando ocorrem falhas e aqueles que respondem e consertam a falha são rapidamente recompensados. Há pouca tentativa de rever as informações sobre a falha para analisar o que pode ser feito para evitar que esse evento aconteça no futuro. É comum que a manutenção preventiva não seja considerada importante, e custos são cortados sem nenhum entendimento dos impactos sobre os resultados organizacionais. Se uma organização está nesse estágio, é muito difícil atingir um desempenho consistente. A existência de falhas e a reação a elas torna muito difícil atingir os orçamentos. Olhar para o desempenho passado não mostra qualquer padrão ou razões bem entendidas de por que ocorreram as falhas nos ativos. Essencialmente, para organizações nesse estágio, a maioria dessas ocorrências parece ser aleatória, sem nenhuma informação colhida para entender o que está se passando.

Para avançar para além desse estágio, há algumas coisas que podem ser feitas. Dados, que geralmente não são analisados criticamente ou usados nesse estágio, podem ser disponibilizados, e seria possível começar a montar "casos de negócios" para solucionar alguns dos problemas em curso. Isto exigiria que gestores e suas equipes trabalhassem em conjunto para criar oportunidades para melhorias. Usando essa abordagem, seria possível melhorar a segurança, a confiabilidade e a relação custo-eficácia.

As organizações têm dados de falhas nesse estágio. Dados típicos consistem no histórico dos ativos e de sua manutenção, recursos aplicados e orçamentos, contexto operacional e padrões atuais de manutenção. Esses dados não são bem estruturados para decisões, visto que eles geralmente só registram o que foi feito e quanto tempo levou. Além disso, essa informação não costuma ficar disponível por toda a organização para aqueles que precisam dela para tomar decisões.

142 Vivendo a Gestão de Ativos

Tomemos o histórico dos ativos como exemplo. Os gestores de ativos sabem, nesse estágio, que ativos eles têm? Quais são as características relevantes necessárias para olhar para frente em vez de olhar para trás? É nesse ponto que apenas coletar dados para servir como evidência do que foi feito é lugar-comum. Não há a aspiração de coletar os dados para uma análise que possibilite prever possíveis custos e desempenho futuros.

Nesse estágio, gestores de ativos não sabem como usar esses dados a seu favor, reuni-los e usá-los para melhorar a manutenção. A Figura 6.3 mostra como essa informação está espalhada na organização. Ela é espalhada e não tem ligações.

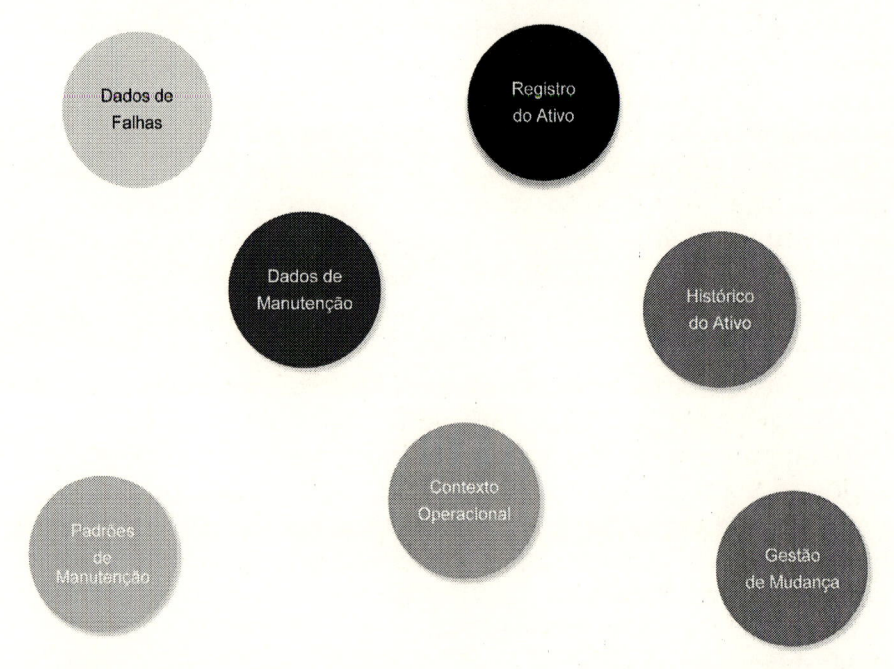

Figura 6.3: *Informação disponível e sua posição na organização.*

Algumas organizações nesse estágio têm uma cultura de manutenção extremamente reativa, que atua dentro de uma política de consertar quando quebrar. A Figura 6.4 explica essa política em termos do modelo ABC apresentado no Capítulo 3. Uma cultura quebra/conserta é formada pelos valores, ritos e rituais, modelos padrões de comportamento e recompensas. O

Capítulo 6 Entendendo os Estágios de Maturidade... 143

equipamento falha, as equipes de manutenção fazem o reparo durante as horas extras. Quando as falhas acontecem, é preciso fazer os reparos rapidamente, sem planejamento. Esse reparo resulta em uma forma de recompensa, como a adrenalina e os adicionais de hora extra. Esse comportamento continua a ser recompensado na medida em que consertos rápidos e improvisados resultam em novas falhas.

O modelo da Figura 6.4 se transforma em um ciclo vicioso, às vezes chamado como a espiral da morte dos ativos. É aqui que, progressivamente, mais e mais do orçamento da manutenção é gasto em consertar falhas em vez de ser gasto em preveni-las. Para ultrapassar esse estágio, a responsabilidade de cada gestor é demonstrar que essa maneira de proceder não é o comportamento desejado para a organização. Deve-se deixar claro que o modelo reativo não permitirá que a empresa obtenha sucesso. Para sair desse modo de operação, é necessária uma abordagem planejada e estruturada para mudar o comportamento.

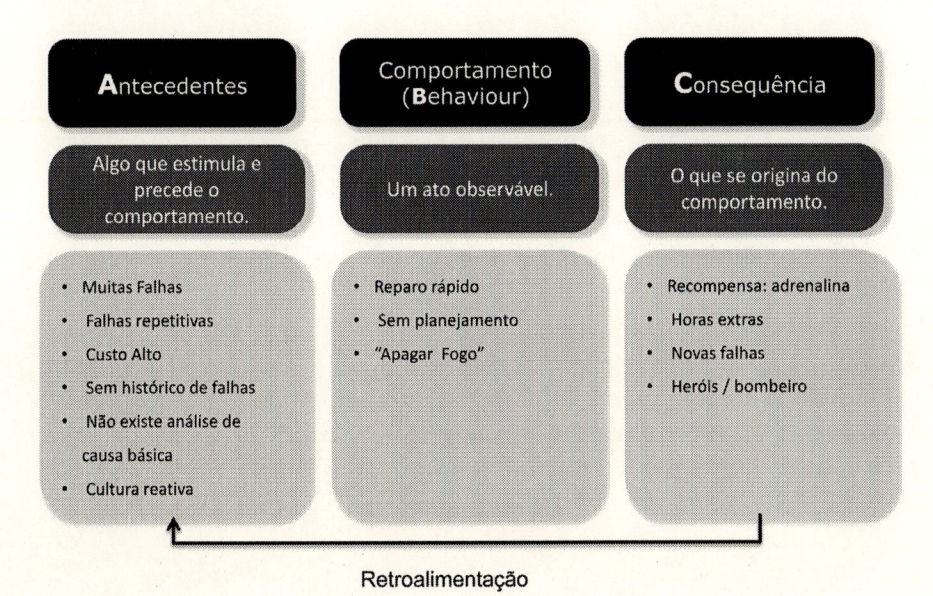

Antecedentes	**C**omportamento (**B**ehaviour)	**C**onsequência
Algo que estimula e precede o comportamento.	Um ato observável.	O que se origina do comportamento.
• Muitas Falhas • Falhas repetitivas • Custo Alto • Sem histórico de falhas • Não existe análise de causa básica • Cultura reativa	• Reparo rápido • Sem planejamento • "Apagar Fogo"	• Recompensa: adrenalina • Horas extras • Novas falhas • Heróis / bombeiro

Retroalimentação

Figura 6.4: *O modelo ABC e a cultura organizacional reativa.*

Uma gestão de ativos eficaz em uma organização conecta os requisitos técnicos aos financeiros. Organizações nesse estágio em geral não consideram a importância de informações técnicas e financeiras que vêm da gestão da operação e de manutenção para a gestão de ativos. Não há foco algum em quais são os resultados produzidos pelos ativos, e sim em lidar com o desempenho do ativo isoladamente. Dados como histórico de ativos, de manutenção e orçamentos normalmente ficam no sistema informatizado de gestão de manutenção. Conforme discutido acima, esses dados não são utilizados por outras partes da organização, a não ser pelo pessoal da própria manutenção. Isso está ilustrado no modelo da Figura 6.5.

Dados — Dados de falha/custo/idade/desempenho histórico

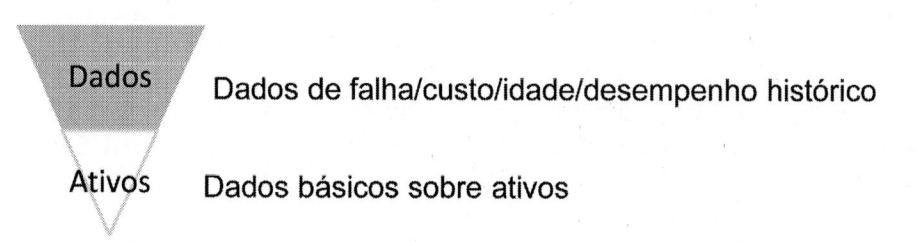

Ativos — Dados básicos sobre ativos

Figura 6.5: *Dados e seu uso na gestão de ativos.*

Em termos de relações de poder para organizações no Estágio 1, dois componentes básicos são identificados: a disciplina e a flexibilidade. Esse estágio é caracterizado pela flexibilidade e disciplina organizacional marcadamente baixas, como mostrado na Figura 6.6.

No estágio de gestão instintiva, no qual há baixa flexibilidade e baixa disciplina, o resultado é a complacência, no que diz respeito à relação entre o gestor e a equipe. A complacência é o estado no qual se presume que tudo é satisfatório e que tudo continuará como deveria ser. Problemas não são antecipados e não há planejamento. O *status quo* é aceito.

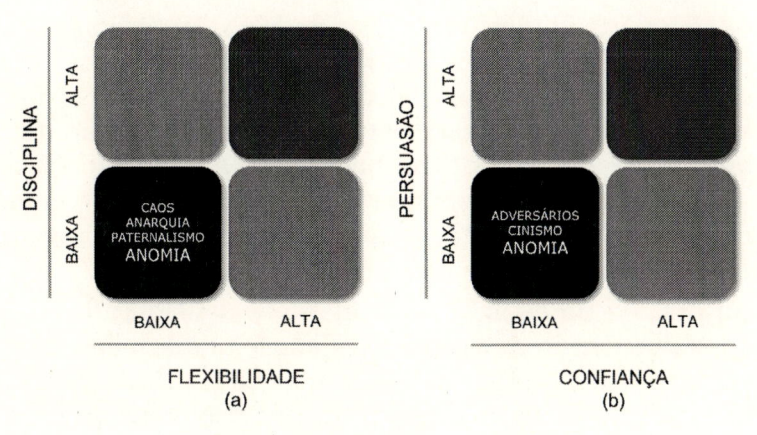

Capítulo 6 Entendendo os Estágios de Maturidade... 145

Figura 6.6: *Estágio instintivo*

Organizações podem permanecer no estágio de gestão instintiva até que haja um direcionador significativo para a mudança, como o alto custo financeiro relacionado a falhas, baixa segurança e pouca confiabilidade, geralmente vivida como um aumento nos custos operacionais ou perdas que corroem os lucros da organização. Quando a gestão reconhece o problema, ela declara: "Nós precisamos adotar a gestão de ativos". Então começa a evolução para o segundo estágio.

6.3 Gestão de Ativos Dependente (Heteronomia) – Estágio 2

No estágio Dependente, as empresas dependem de leis e normas externamente impostas. Elas dependem de muita direção da alta administração, de regras e procedimentos para que uma nova cultura seja posta em prática e incorporada. Quando um novo sistema é implantado, sem um bom empurrão da liderança, não há nenhuma mudança. Esse estágio requer muita convicção da liderança para que coisas novas criem raízes e mudanças possam acontecer.

Nesse estágio já há uma melhora na gestão de ativos devido a padrões impostos. No entanto, a gestão é reativa, ocorrendo naturalmente. Nesse estágio, as organizações implementam atividades de gestão de ativos mesmo sem a devida compreensão de seus problemas ou das ações específicas necessárias para resolvê-los. As atividades implementadas são programas padronizados que já estão implementados e funcionando em outras organizações, ou pelo menos vendidos como se estivessem funcionando. É comum ver nesse estágio a implementação de uma força-tarefa de gestão de ativos bem como a adoção de programas e medidas que são responsáveis por resolver problemas do sistema. Embora a organização ainda não esteja certa de quais são os problemas, ela se encaminha para geri-los.

A boa prática no estágio Dependente é considerada, pela liderança, como sendo da responsabilidade dos funcionários. Se o responsável pela gestão de ativos não está presente, então o problema não pode ser resolvido. Se um problema precisa ser resolvido, o responsável pela gestão de ativos é chamado. Se surge algum imprevisto e mais pessoas são necessárias, mais pessoas são chamadas. Como consequência disso, um maior número de pessoas trabalhando causa um aumento nos recursos da organização para resolver questões de gestão de ativos, então há um custo mais alto. Nesse estágio, a segurança, por exemplo, ainda é vista como um custo e a manutenção é reativa. Essas questões vão contra a necessidade de amadurecimento, e aqueles que não querem mudar podem usar essas questões para minar o avanço.

A linha gerencial geralmente acredita que está isenta da responsabilidade por acidentes e falhas dos ativos e põem a culpa em funcionários subordinados. Os supervisores frequentemente entram em conflito com o responsável pela gestão de ativos, que eles veem como a pessoa que fica bisbilhotando sua rotina de trabalho para achar falhas e prestar assessoria. A linha gerencial não reconhece seu papel-chave na gestão de ativos e geralmente adota soluções rápidas e parciais.

O programa de gestão de ativos nesse estágio contém elementos padrão. Em geral, esses elementos têm alta visibilidade. Siglas, *slogans*, campanhas, competições e programas de incentivo abundam; todos com resultados questionáveis em termos do empenho envolvido. Há programas demais e não há qualquer compromisso comportamental exigido para permitir que esses programas entrem em vigor. Como resultado disso, programas são implementados, mas depois de um tempo deixam de existir. As atividades são baseadas em inspeções de riscos. As análise

Capítulo 6 Entendendo os Estágios de Maturidade... **147**

de falhas e acidentes raramente identificam a causa dos problemas e só se importam com seus sintomas e soluções. O estilo de liderança nesse estágio é burocrático. Líderes burocráticos seguem normas à risca. Seguem as regras rigorosamente e se asseguram de que seu pessoal siga os procedimentos de forma precisa. Isso também é conhecido como liderança transacional, conforme discutido no Capítulo 5. Este é um estilo de liderança apropriado para trabalhos que envolvem sérios riscos à segurança, como o trabalho com grandes máquinas, com substâncias tóxicas, em altura ou quando grandes quantias de dinheiro estão envolvidas. A liderança burocrática também pode ser útil em organizações onde os funcionários executam tarefas de rotina, como na manufatura. A desvantagem desse estilo de liderança é que ele é ineficaz em equipes e organizações que dependem de flexibilidade, criatividade e inovação, ou onde a mudança é necessária.

Os impactos organizacionais desse estágio são marcados por ciclos de constante conflito entre a equipe da gestão de ativos e as equipes de manutenção e produção, o que será discutido no Capítulo 8. Os problemas são empurrados de um lado para o outro sem que sejam resolvidos, incluindo:

- existem muitos sintomas sendo tratados, mas nenhuma solução para a causa-raiz;
- as análises da causa-raiz são postas em prática, mas não muito bem entendidas;
- muitos problemas crônicos continuam por resolver;
- a interação entre pessoas é baseada no conflito em vez de na cooperação;
- os supervisores são ignorados e os funcionários são rejeitados.

Com tantos problemas, pode ser que o gestor de ativos entenda que a manutenção não está sendo feita e que tarefas irrelevantes estão sendo efetuadas, e por isso implemente um sistema de informação da gestão de ativos em vez de apenas um sistema computadorizado de gestão da manutenção. A informação disponível começa a ser colhida pelo sistema integrado de informação da gestão de ativos. A Figura 6.7 mostra como essa informação é organizada.

Figura 6.7: *Informação disponível e sua posição em torno do sistema de gestão de ativos.*

A informação sobre os ativos que é colhida começa a ser estruturada para um uso de mais alto nível em atividades controladas pelo sistema de informação da gestão de ativos, mas ainda não está integrada ou não faz totalmente parte do sistema da gestão de ativos. Isso inclui atividades como análise dos modos de falha e criticidade dos efeitos (FMEA), manutenção centrada na confiabilidade, diligenciamento de aquisição, custos do ciclo de vida, análise de confiabilidade, disponibilidade e análise de criticidade. A relação do uso de informação em um sistema de informação da gestão de ativos é mostrada na Figura 6.8.

Capítulo 6 Entendendo os Estágios de Maturidade... **149**

Nesse estágio, o gestor de ativos começa a usar ferramentas e técnicas que permitem que o sistema de informação da gestão de ativos se torne mais eficaz, tais como:

- todos os ativos estão cadastrados e o seu histórico com as características corretas e precisas;
- os gastos em ativos são priorizados com base na criticidade;
- problemas são identificados;
- novas iniciativas com melhor custo/benefício são consideradas;
- equipes de análise são formadas para coletar informações e botá-las no sistema de informações;
- pessoal experiente e capacitado, não apenas gestores, é usado para coletar informações; e
- são consideradas mudanças nos padrões existentes.

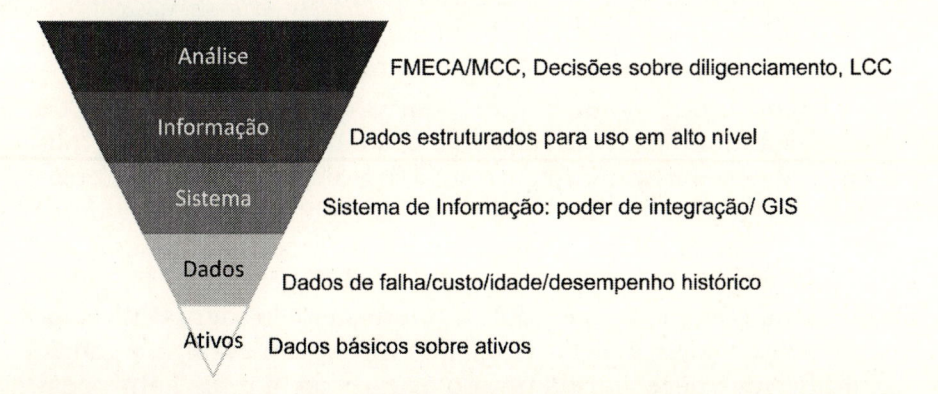

Análise — FMECA/MCC, Decisões sobre diligenciamento, LCC
Informação — Dados estruturados para uso em alto nível
Sistema — Sistema de Informação: poder de integração/ GIS
Dados — Dados de falha/custo/idade/desempenho histórico
Ativos — Dados básicos sobre ativos

Figura 6.8: *Informações e seus usos em um sistema de informação de gestão de ativos.*

Na mesma matriz usada para classificar o estágio antecedente, pode-se ver as características do estágio Dependente. As características desse estágio são marcadas por uma disciplina muito forte e baixa flexibilidade, como ilustrado na Figura 6.9. A combinação de alta persuasão e baixa confiança resulta em resistência à mudança que está ocorrendo.

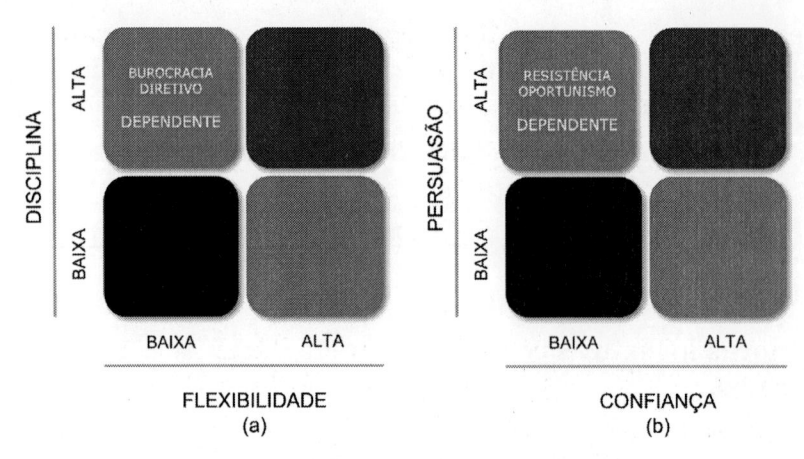

Figura 6.9: *Estágio Dependente*

Em termos de relações de poder para as organizações no Estágio 2, uma disciplina muito forte com baixa flexibilidade cria uma rigidez muito grande, o que torna a empresa lenta e ineficaz. A maioria das organizações se encontra no estágio dependente. A dependência aqui se refere à regra, à norma.

O desafio é que apenas botar em prática as mudanças de sistema isoladamente não resolve o problema. A menos que a liderança, o comportamento e os silos organizacionais sejam tratados, resultados significativos não serão obtidos. Para avançar para o próximo estágio, as organizações precisam passar por uma mudança organizacional radical, descartando crenças e abordagens tradicionais e adotando um modelo mental direcionado a soluções para as causas sistêmicas. Em geral, a maioria das mudanças necessárias para o avanço recai mais sobre pessoas, processos, comportamentos e cultura do que sobre tecnologia, sistemas e ativos.

6.4 Gestão de Ativos Independente (Socionomia) – Estágio 3

O estágio Independente é o próximo estágio na maturidade da gestão de ativos. No estágio Dependente, as pessoas da organização já sabem o que é a gestão de ativos e já a incorporaram enquanto um valor. Elas ainda não agem, no entanto, como

Capítulo 6 Entendendo os Estágios de Maturidade... 151

uma unidade coletiva. As pessoas já conhecem a direção da organização e não é necessária muita intervenção da gestão no funcionamento do sistema de informação da gestão de ativos.

No caso da segurança, nesse estágio, parte do pessoal já está usando o equipamento de proteção individual por convicção própria, sem a necessidade de extensos controles externos. É comum observar funcionários usando o equipamento de proteção individual enquanto o colega ao seu lado está completamente desprotegido. A pessoa usando o equipamento de proteção individual, no entanto, não se sente responsável por convencer o colega desprotegido de que isso não é um padrão aceitável; o comportamento inapropriado dos outros é simplesmente ignorado.

Para organizações no estágio Independente, a gestão de ativos é planejada e sistemática, mas não sistêmica. Os esforços são direcionados à construção de sistemas colaborativos e parcerias cooperativas que integrem a gestão de ativos aos processos de negócios centrais.

Organizações em nível de excelência são eficazes na aplicação dos conceitos de Gestão de Qualidade Total, princípios modernos de gestão e práticas de liderança. Acidentes e falhas são raros. Quando acidentes e falhas acontecem, suas causas são rápida e eficazmente identificadas. As relações de trabalho são saudáveis e muitas dessas organizações executam sistematicamente o que é planejado e são reconhecidas como as melhores empresas para se trabalhar, em artigos em revistas e estudos de caso em faculdades de administração.

O estágio Independente da gestão de ativos traz vários benefícios. Nesse estágio, as organizações alcançam melhorias através da redução de custos, maior cumprimento dos prazos, redução de hora extra e aumento significativo da produtividade e da confiabilidade do processo produtivo com melhorias na disponibilidade de equipamentos. A cada intervenção de manutenção, a organização busca melhorar os resultados produzidos, e não apenas consertar ou substituir equipamentos obsoletos. Essa é uma abordagem totalmente diferente daquelas dos dois primeiros estágios, já que a abordagem reativa anteriormente embutida nos comportamentos transformou-se em uma abordagem proativa. O estágio Independente é mostrado no contexto do modelo ABC apresentado no Capítulo 3 e representado na Figura 6.10.

152 Vivendo a Gestão de Ativos

O estilo de liderança nesse estágio é Democrático. Líderes democráticos tomam as decisões finais, mas incluem os membros da equipe no processo. Eles encorajam a criatividade e os membros da equipe muitas vezes estão altamente comprometidos com os projetos e as decisões. Isso também é conhecido como liderança transformacional, conforme discutido no Capítulo 5. Existem muitos benefícios com a liderança democrática. Os membros da equipe tendem a ter grande satisfação com seu trabalho e são produtivos porque estão mais envolvidos nas decisões. Esse estilo também ajuda a desenvolver as habilidades das pessoas. Membros da equipe se sentem no controle de seus destinos, então ficam motivados a trabalhar duro por mais do que somente recompensa financeira. Há um foco claro em entregar o que é importante para a organização.

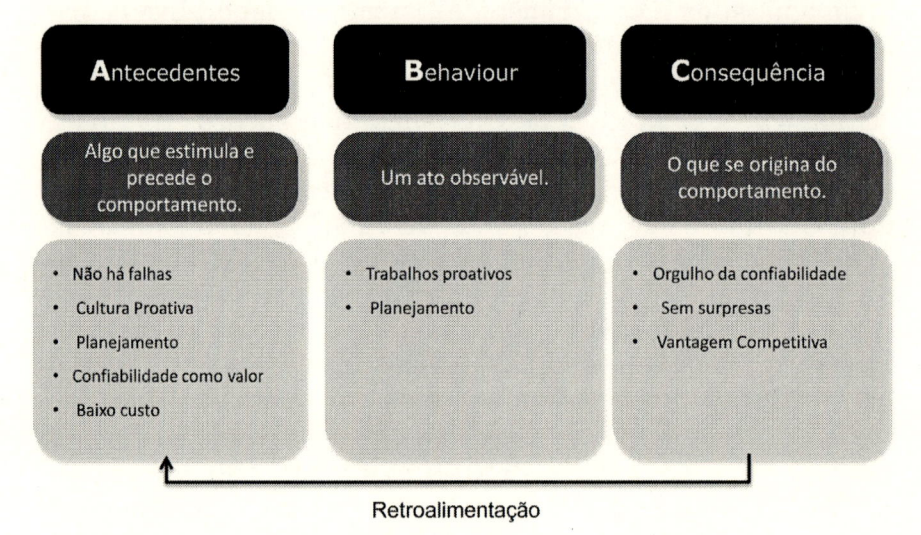

Antecedentes	**B**ehaviour	**C**onsequência
Algo que estimula e precede o comportamento.	Um ato observável.	O que se origina do comportamento.
• Não há falhas • Cultura Proativa • Planejamento • Confiabilidade como valor • Baixo custo	• Trabalhos proativos • Planejamento	• Orgulho da confiabilidade • Sem surpresas • Vantagem Competitiva

Retroalimentação

Figura 6.10: *O Modelo ABC e a maturidade organizacional independente.*

A participação leva tempo, então essa abordagem, se não for bem administrada, pode atrasar as tomadas de decisão. Os resultados das tomadas de decisão, no entanto, costumam ser melhores. Essa abordagem é essencial quando se trabalha como equipe e quando a qualidade é mais importante do que a eficiência ou a produtividade. Para a gestão de ativos, esse estilo

Capítulo 6 Entendendo os Estágios de Maturidade... 153

de liderança é importante, pois tende a haver um alto grau de integração de múltiplas funções de uma organização, conforme discutido no Capítulo 2, necessárias para executar os produtos finais ao menor custo total.

Introduzir novos trabalhos e sistemas para o processo de aprendizagem organizacional significa que as pessoas realizam uma mudança de foco através do treinamento e da capacitação, o que por sua vez possibilita a mudança na cultura. Rituais que estão em vigor são modificados para provocar na mente do funcionário o mesmo valor que uma troca de turno, uma emissão adequada de permissão de trabalho ou um planejamento de intervenções. Procedimentos do local de trabalho devem ser vistos como um valor e não como burocracia para a segurança, confiabilidade e gestão de ativos. Nesse estágio, o aprendizado ocorre através dos exemplos dados pelos líderes, permitindo que as pessoas mudem e evoluam.

Nesse estágio, o sistema de informação da gestão de ativos está em pleno funcionamento, com a integração entre funções e processos dentro da organização. A gestão de ativos está embutida e ligada a informações técnicas e financeiras, e isso é usado no desenvolvimento do plano estratégico da gestão de ativos. As informações técnicas e financeiras que vêm das operações e da gestão da manutenção fornecem opções bem fundamentadas para que a organização possa solucionar problemas.

Nesse estágio, os dados existentes são transformados em informação e são respeitados e agora considerados de extremo valor para prever o futuro. Essa informação é usada para a tomada de decisões técnicas e econômicas e pode influenciar todos os níveis da organização. A riqueza dessa informação, ilustrada nos modelos da Figura 6.11 e da Figura 6.12, significa que as decisões financeiras e econômicas dependem dela, e pode ser usada para balancear os gastos operacionais com os investimentos de capital no sentido de alcançar o nível de risco desejado. Os investimentos são priorizados para dar conta dos riscos com os quais não se podia lidar anteriormente. A gestão de ativos, nesse estágio, vai além da integração do sistema de informação de ativos. É a integração de pessoas e unidades de negócio que cria vantagem competitiva organizacional. Isso cria uma cultura de gestão de ativos direcionada ao sucesso.

Figura 6.11: *Informação disponível e seu posicionamento dentro do sistema de gestão de ativos.*

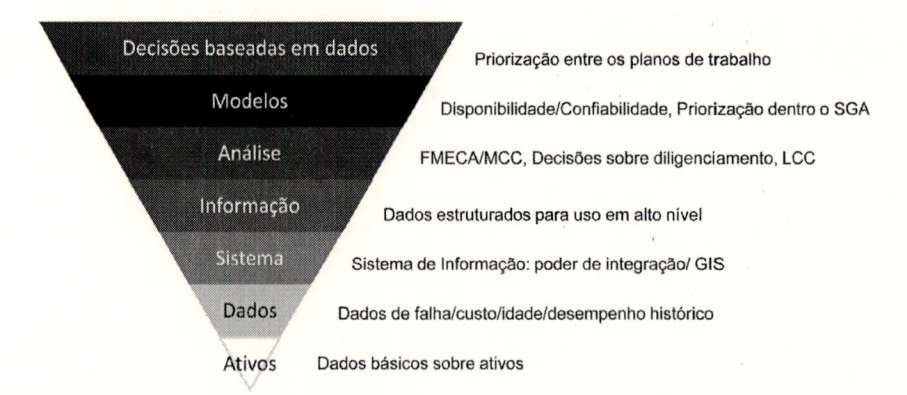

Decisões baseadas em dados	Priorização entre os planos de trabalho
Modelos	Disponibilidade/Confiabilidade, Priorização dentro o SGA
Análise	FMECA/MCC, Decisões sobre diligenciamento, LCC
Informação	Dados estruturados para uso em alto nível
Sistema	Sistema de Informação: poder de integração/ GIS
Dados	Dados de falha/custo/idade/desempenho histórico
Ativos	Dados básicos sobre ativos

Figura 6.12: *Informações e seus usos para além do sistema de informação de gestão de ativos.*

Capítulo 6 Entendendo os Estágios de Maturidade... **155**

Em termos de relações de poder para organizações no Estágio 3, as características do estágio Independente são marcadas pela alta flexibilidade e alta confiança, conforme ilustrado na Figura 6.13. Uma organização que é guiada por valores e princípios fundamentais é flexível e melhor equipada para dar conta dos desafios. Uma cultura flexível permite que funcionários questionem procedimentos, comportamentos e seus gestores, permitindo que práticas potencialmente inseguras e não confiáveis sejam interrompidas antes que haja um contratempo. Nesse caso, as pessoas são fundamentais para o desempenho e a inevitabilidade do erro humano é reconhecida. A persuasão ocorre quando pessoas tentam influenciar outras para que elas se comportem de certa forma sem usar a força ou a manipulação. Isso requer habilidades sociais, já que é necessário envolver-se tanto emocional quanto racionalmente. Presume-se que aqueles que estão sendo liderados têm uma vontade própria e buscam utilizar essa vontade positiva e voluntariamente. O processo é baseado em confiança mútua.

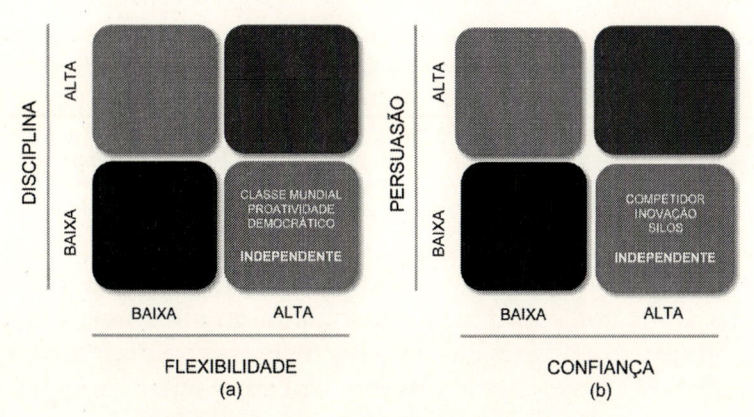

Figura 6.13: *Estágio independente*

As organizações nesse estágio encaram uma mudança de perspectiva adicional em sua jornada para tornar-se verdadeiramente independentes. O último passo de independente para interdependente requer uma crucial mudança de mentalidade, na qual a gestão de ativos não é nem mesmo vista como um problema técnico ou administrativo, mas como um valor essencial, fundamental para o sucesso nos negócios.

6.5 Gestão de Ativos Interdependente (Autonomia) – Estágio 4

O estágio Interdependente (Autonomia) é também chamado de excelência operacional. A chave para alcançar um estágio de gestão de ativos Interdependente é envolver cada pessoa até o ponto em que cada uma sinta responsabilidade coletiva pela equipe e pelos resultados.

Nesse estágio, a responsabilidade pelo controle é compartilhada por todos. É importante notar que isso não significa que não haja uma responsabilização e responsabilidade claras para os indivíduos, só quer dizer que existe um ímpeto coletivo para atingir os objetivos comuns da organização. A transição de independente para interdependente leva tempo e depende de aspectos sutis, como o sentimento de orgulho da equipe. Entretanto, esses aspectos sutis não podem ser impostos de fora para dentro, mas devem partir de dentro de cada indivíduo.

Nesse estágio, a cultura de excelência na gestão de ativos é interdependente e compartilhada por todos. A linha gerencial reconhece e visa a excelência na gestão de ativos, assim como as suas equipes. Todas as pessoas veem a gestão de ativos como um bom investimento com retornos positivos em longo prazo. Acreditam que acidentes e falhas são intoleráveis e não aceitam desculpas.

Em organizações que chegaram a esse estágio, gestão de ativos é sinônimo de termos como: classe mundial, excelência operacional, alto desempenho e eficácia organizacional. A gestão de ativos se transforma em um princípio em si mesmo e em um valor da cultura organizacional. As responsabilidades e expectativas estão claramente definidas, mesmo entre pessoas que trabalham na linha de frente, com tarefas operacionais do dia a dia. Há disciplina, que é uma internalização positiva de regras.

Nesse estágio, as decisões administrativas e operacionais são bem ponderadas e levam em conta os objetivos tanto de curto prazo quanto de longo prazo, geralmente dentro de um período de cinco anos ou mais. Isto faz parte de uma abordagem integrada de planejamento estratégico para toda a organização. A responsabilização e responsabilidades estão claras, tanto para os gestores quanto para a equipe. A missão é compartilhada e

Capítulo 6 Entendendo os Estágios de Maturidade... 157

há esforços cooperativos para cumpri-la. Os esforções são monitorados e mensurados de perto; os sistemas de gestão são integralmente implantados, mas gradualmente, sem nenhuma solução mágica; as ações são globais e a sinergia é da maior importância. Todas as pessoas interagem, a gestão é realizada através da liderança, há padrões altos e planos de ação e os conflitos estratégicos são poucos ou não existentes. Existe um equilíbrio de indicadores-chave de desempenho proativos e reativos. Estes estão focados tanto em objetivos estratégicos em longo prazo quanto em objetivos operacionais em curto prazo, impulsionando o desempenho sustentável total da organização. Todos sabem quais são os indicativos-chave de desempenho e como contribuir para alcançá-los.

As relações entre as pessoas na organização são mais humanas. Os funcionários são capacitados e recompensados pelas suas ações. As recompensas são muito mais focadas no desempenho total da organização em vez de apenas no desempenho individual. Apesar de o desempenho individual ser crucial, é o resultado integrado da organização que deve ser celebrado. Nesse estágio, todas as pessoas em posições de liderança têm indicadores-chave de desempenho pessoais que são focados em resultados tanto operacionais quanto estratégicos, conforme sua relação com estes. As comunicações são abertas e informais. Encoraja-se o *feedback*.

As organizações no estágio Interdependente são discretas. Não há campanhas, propaganda, alvoroço ou movimentos para a gestão de ativos. Simplesmente há resultados superiores ao das outras organizações. Os impactos organizacionais, por princípio, são silenciosos, invisíveis, integrados e equitativos. As perdas e os riscos são rastreáveis e identificáveis; não há programas; existe apenas boa liderança e gestão; segurança e confiabilidade vêm em primeiro lugar junto com o foco no que é importante para o sucesso organizacional.

O estilo de liderança nesse estágio é uma combinação de Transformacional, ou Democrático, e Transacional. Líderes transformacionais são inspiradores, pois esperam o melhor de todos em sua equipe bem como de si mesmos. Isso leva à alta produtividade e ao compromisso de todos em sua equipe. A desvantagem da liderança transformacional é que, enquanto o entusiasmo do líder é transmitido à equipe, ele pode precisar ter o apoio de especialistas. É por isso que, em muitas organizações, um equilíbrio do estilo de liderança transacional com liderança transformacional é proveitoso. Líderes transacionais certificam que sistemas e processos sejam postos em prática para garantir que o trabalho de rotina seja feito de forma confiável, enquanto líderes transformacionais cuidam de iniciativas que agregam novo valor.

Nesse estágio, a informação está disponível e totalmente integrada, conforme mostrado na Figura 6.14. A Integração atravessa as funções e processos. Não há nenhuma barreira ou silos organizacionais. Tudo que é feito acontece porque se entende como tudo está alinhado e afeta o desempenho da organização como um todo.

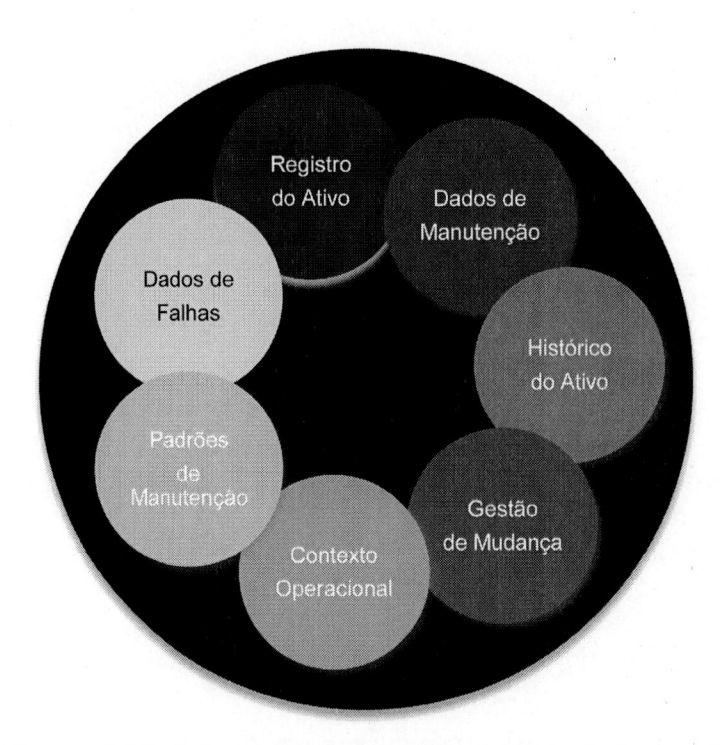

Figura 6.14: *Informação disponível e totalmente integrada atravessando as funções e os processos da organização.*

A informação de ativos é visível para o topo da organização, onde as tomadas de decisão de alto nível são feitas, conforme

Capítulo 6 Entendendo os Estágios de Maturidade... 159

mostrado na Figura 6.15. A informação é usada pela alta administração para obter valor completo dos resultados dos ativos para os negócios. É nesse estágio que a informação é agora usada para a seleção de opções e é focada em cenários, no qual futuros investimentos e outras opções de decisão podem ser apresentadas com custos e benefícios marginais. Estes são usados nos mais altos níveis da organização para tomar decisões bem fundamentadas, correspondentes às necessidades financeiras. É aqui que as opções consideradas afetam os investimentos de capitais e os gastos operacionais, bem como possivelmente os índices de alavancagem financeira da organização. Ser capaz de traduzir as necessidades financeiras da organização e levar em consideração o financiamento ao mesmo tempo, torna mais claros para a alta administração os riscos e benefícios de potenciais investimentos futuros. Os objetivos e planos da gestão de ativos estendem-se por todas as camadas e níveis da organização. Os ativos e suas funções são confiáveis, seguros e cumprem com as necessidades da organização. O ambiente de trabalho é saudável e limpo e os resultados dos processos são eficientes e eficazes. A tomada de decisões engloba todos os departamentos e funções para a obtenção integral de valor. A gestão de ativos está integrada na liderança e no comportamento da equipe como cultura e valor.

Nível (pirâmide invertida)	Descrição
Justificar Investimentos	Conselho de Adm., Garantia para Acionistas
Escolha entre opções	Trade-off entre CAPEX/OPEX
Decisões baseadas em dados	Priorização entre os planos de trabalho
Modelos	Disponibilidade/Confiabilidade, Priorização dentro o SGA
Análise	FMECA/MCC, Decisões sobre diligenciamento, LCC
Informação	Dados estruturados para uso em alto nível
Sistema	Sistema de Informação: poder de integração/ GIS
Dados	Dados – dados de falha/custo/idade/desempenho histórico
Ativos	Ativos: dados básicos sobre ativos

Figura 6.15: *Informações e seus usos para além do sistema de gestão de ativos e para a realização integral de valor.*

Em termos de relações de poder para organizações no estágio 4, as características da cultura Interdependente são marcadas pela alta disciplina e alta flexibilidade, conforme mostrado na Figura 6.16. O foco não está mais relacionado às máquinas e equipamento ou ao *hardware* da organização. Ele depende sempre do ser humano. São a cultura e as relações de poder estabelecidas pela equipe de liderança que produzem resultados superiores.

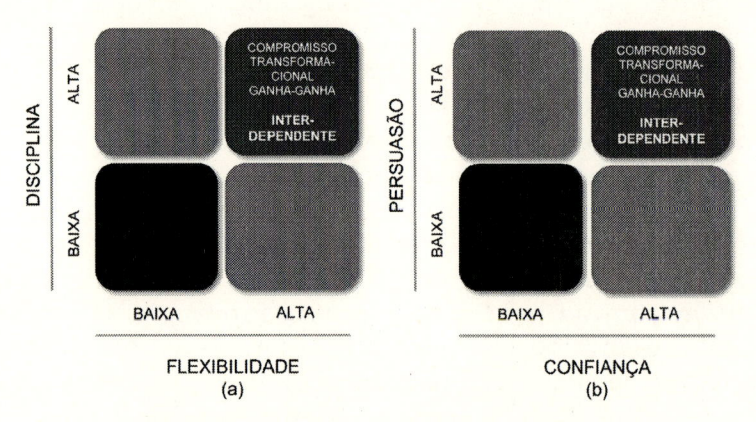

Figura 6.16: *Estágio interdependente.*

A eficácia das organizações no estágio Interdependente só se tornará uma realidade quando todo o pessoal, incluindo executivos, funcionários da linha de frente, gestores e supervisores, encarar a responsabilidade pela gestão de ativos como um valor profundamente arraigado na cultura organizacional.

6.6 Mudança Cultural

A Figura 6.17 mostra que a evolução da maturidade é uma jornada de melhoria cultural. A jornada começa com a gestão, depois continua com o compromisso da liderança e finalmente chega ao compromisso individual. A excelência é uma jornada que requer a implementação de uma cultura de mudança. Vale ressaltar que a compreensão de onde a organização se encontra nessa jornada é crucial, pois, assim como no modelo de Piaget sobre desenvolvimento humano, não é possível passar da Anomia à Autonomia sem passar por cada um dos estágios

Capítulo 6 Entendendo os Estágios de Maturidade... 161

intermediários. A jornada nunca termina, mas no auge da jornada haverá ativos físicos eficazes que produzirão funções ou resultados desejados, o que trará a excelência operacional. As organizações são como organismos vivos. Estão em constante evolução. Uma organização que atinge a excelência operacional entende isso muito bem. As mudanças que ocorrem dentro da organização ou no ambiente externo constantemente influenciarão o desempenho das organizações. Portanto, é crucial que durante essa jornada a organização tenha desenvolvido maneiras de monitorar o desempenho. Esse monitoramento e auditoria são cruciais para a melhoria contínua. Não é o monitoramento em si que cria a melhoria contínua, mas a análise e a tomada de decisão de quais ações devem ser implantadas é que são cruciais para adaptar-se a essas mudanças sem permitir que o desempenho caia.

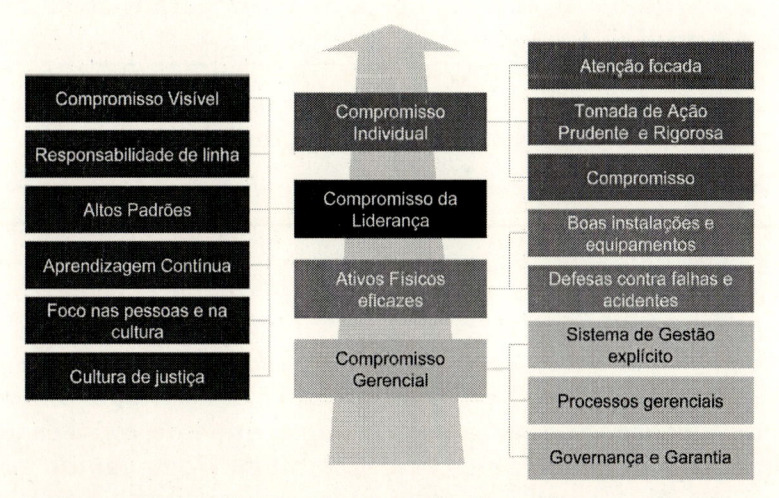

Figura 6.17: *Etapas na jornada da mudança cultural.*

6.7 Resumo

O primeiro estágio da gestão de ativos é o estágio instintivo, no qual a manutenção conserta os ativos. No segundo estágio não se deixa que os ativos simplesmente quebrem, a manutenção é planejada. O terceiro modelo é o estágio independente: manutenção de classe mundial na gestão de ativos. O quarto estágio é gestão de ativos de classe mundial. É uma estratégia de negócios. Há uma fusão ligando ritos, rituais e valores aos resultados excelentes e ao sistema de recompensa que reforça e alinha todos esses processos. A excelência na gestão de ativos se reflete na aprendizagem, através da propagação de práticas sólidas e, portanto, na sustentabilidade de todo o processo.

Em termos da analogia do pomar, este capítulo explorou a maneira como todos os atributos invisíveis, como o solo, sistemas de raiz e células das árvores, trabalham em conjunto para proporcionar os melhores frutos possíveis. A saúde e prosperidade do pomar estão maduras e ele está proporcionando tudo o que é possível de uma maneira sustentável. Se você olhar para esse pomar, você percebe instantaneamente que algo especial está acontecendo para produzir tais frutos tão superiores.

Uma Jornada de Ativos Pouco Confiáveis para Ativos de Classe Mundial, Parte 6

P: Através desse processo, como foi que a mudança na cultura afetou as pessoas na organização?

R: A organização passou de ser um grupo de indivíduos essencialmente trabalhando em silos, depois de cinco anos, a ser um grupo de pessoas altamente unido. As pessoas adoravam vir trabalhar. Elas sabiam o que era esperado delas, sabiam que havia uma probabilidade razoável de sucesso e sabiam que esse sucesso seria reconhecido. Então, as pessoas queriam vir trabalhar. As pessoas queriam ser vistas como tendo alto desempenho. Tornou-se uma organização com uma sede muito grande de conhecimento, o que é algo do qual eu me orgulhava muito. Todo mundo queria aprender com os outros para que pudessem continuar a aumentar o desempenho dos ativos; elas queriam continuar a aumentar sua contribuição para manter a equipe vitoriosa. As equipes começaram a valorizar ter pessoas com mais conhecimento, mais experiência se juntando para ajudar a obter melhor desempenho.

Vários anos depois, essa cultura ainda existe e há na organização uma sede para saber o que é preciso fazer para continuar melhorando, ano após ano. É realmente bem contagiante. Equipes de alto desempenho sempre querem desempenhar melhor.

Capítulo 7

MATURIDADE NA GESTÃO DE ATIVOS

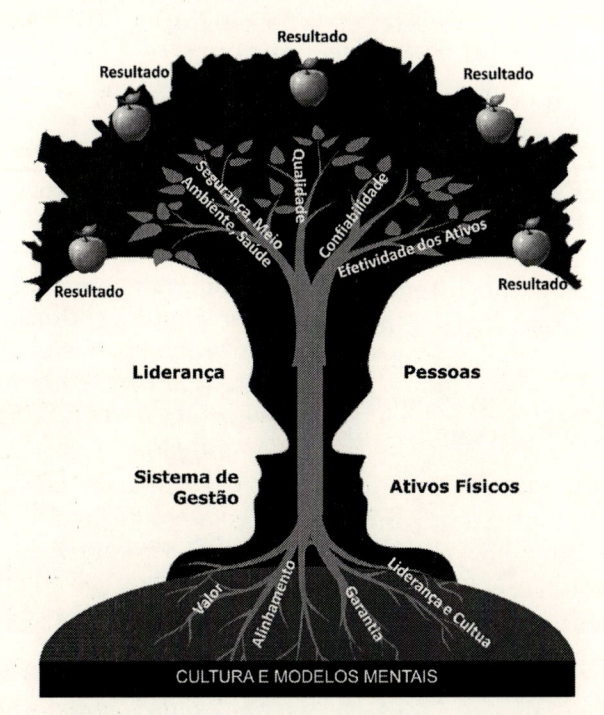

Figura 7.1: *A maturidade na gestão de ativos representada como uma árvore plenamente desenvolvida produzindo os frutos desejados.*

7.1 Introdução

O propósito deste capítulo é explorar o papel da cultura, da liderança e do comportamento dentro da Maturidade na Gestão de Ativos.

Assim como cada parte de um pomar precisa funcionar coletivamente para produzir os frutos desejados na quantidade desejada, uma organização precisa trabalhar coletivamente ou no sentido de um objetivo comum para atingir seus resultados desejados.

Para muitas organizações, a gestão de ativos desempenha um significativo papel que contribui para a maturidade da organização como um todo, através da produção de resultados desejados.

A Maturidade na Gestão de Ativos pode ser descrita como a habilidade que uma organização tem de antever e responder ao seu ambiente através da gestão de seus ativos, enquanto continua a atender às necessidades de suas partes interessadas e do ambiente externo em constante mudança.

A Maturidade na Gestão de Ativos descreve:

- até que ponto a liderança, a cultura, o desempenho humano e os sistemas de gestão de ativos estão integrados à organização inteira;
- enquanto contribuem para seu sucesso.

Maturidade na Gestão de Ativos significa que a organização está obtendo resultados desejados, com os recursos a ela destinados, dentro do prazo requisitado e cumprindo com todas as expectativas das partes interessa-

> **Martin Kerr, estrategista de Gestão de Ativos e líder de mudanças e melhorias de negócios com 20 anos de experiência em indústrias de transporte e manufatura, sobre a Maturidade na Gestão de Ativos.**
>
> *A Maturidade na Gestão de Ativos em uma organização, eu resumiria como uma "intenção coletiva". Se você pode entrar em uma organização e há evidências de que as pessoas estão em uma jornada e elas entendem que os objetivos para o qual elas estão trabalhando contribuem para os objetivos de seus clientes.*

Capítulo 7 Maturidade na Gestão de Ativos

das. Como consequência, uma organização madura na gestão de ativos é dinâmica e capaz de responder tanto ao ambiente de negócios sob constante mudança quanto às mudanças nas necessidades das partes interessadas de uma maneira condizente com as funções e os valores da organização. Maturidade é a medida de como a gestão de ativos está alinhada e integrada à organização e contribui para seu sucesso. Outra maneira de descrevê-la seria chamá-la como a "intenção coletiva" da organização.

Pode-se dizer que uma árvore tem uma intenção coletiva de gerar frutos, mantendo a árvore produtiva em longo prazo (veja a Figura 7.1).

As qualidades da Maturidade na Gestão de Ativos incluem:

- A intenção coletiva dos processos e pessoas da organização;
- A maneira como a informação é tratada na tomada de decisões;
- A integração de todas as funções do negócio; e
- Um forte compromisso de toda a equipe para com o sucesso da organização.

A Excelência Operacional (EO) é um descritor de forte Maturidade na Gestão de Ativos, no qual todos os esforços de uma organização são direcionados a alcançar a necessidade dos negócios, e somente a neces-

> *Richard Edwards, líder sênior de Gestão de Ativos com 30 anos de experiência nas indústrias de utilidades e ferrovias, sobre os benefícios da Maturidade na Gestão de Ativos. Nos locais onde a gestão de ativos se desenvolveu até um bom nível de maturidade, você pode ver que os investimentos que foram aplicados aos negócios produzirão resultados sustentáveis, e assim você não estará sobrecarregando a próxima geração com uma conta mais alta de eletricidade, água ou transporte. Eu acho que, em geral, processos mais maduros de gestão de ativos na verdade eliminam muitos desperdícios e, portanto, você consegue eficiências que beneficiam as partes interessadas chave, como clientes e investidores. Eu penso que os benefícios da maturidade são numerosos e todos na cadeia de valor são impactados de uma maneira positiva.*

sidade dos negócios. Nesse estágio de maturidade, cada uma das atividades e tarefas conduzidas pela organização é tanto individualmente necessária como coletivamente suficiente para cumprir as necessidades organizacionais. Isto pode ser descrito como "a organização funcionando como uma máquina bem lubrificada". Nesse estágio, está ocorrendo o alinhamento e a integração sem lacunas das pessoas, processos e tecnologia. Quando integrados a outras funções de negócios, a Excelência Operacional pode ser atingida se a organização possuir:

- ativos confiáveis e seguros;
- processos e procedimentos saudáveis;
- liderança eficaz;
- uma cultura que apoie ambiente de trabalho;
- uma alta consideração sobre a importância da informação;
- um esquema de garantia eficaz;
- um esquema de desempenho humano eficaz.

Na verdade, com a Excelência Operacional, a organização fornecerá, sobretudo, uma abordagem de gestão de ativos que se centra somente nas exigências dos negócios e, como resultado, a organização terá a melhor oportunidade possível de cumprir essas exigências.

7.2 Uma Visão Geral da Maturidade na Gestão de Ativos

A Maturidade na Gestão de Ativos é descrita por:

- Um conjunto de Elementos Organizacionais – Estruturantes, Governança, Estruturados e os Ativos;
- Um conjunto de Lentes de Maturidade para focar e analisar aspectos importantes da gestão de ativos (é importante não confundir as lentes que discutiremos neste capítulo com as que foram anteriormente descritas no Capítulo 2); e
- Um conjunto de Qualidades que fornecem uma descrição da natureza essencial da Maturidade na Gestão de Ativos, que permeia toda a organização.

7.2.1 Elementos Organizacionais da Maturidade na Gestão de Ativos

Os Elementos Organizacionais são baseados nos fundamentos da gestão de ativos, conforme resumido na Norma NBR ISO 55000 (2014) Visão Geral da Gestão de Ativos e descritos no Capítulo 1. Esses fundamentos também ancoram a implementação da gestão de ativos e do sistema de gestão de ativos. Eles estão tecidos juntamente com os Elementos Organizacionais descritos na ISO 15704 "Requisitos para empreendimento – referência para arquiteturas e metodologias". Existem quatro Elementos Organizacionais. São eles (veja a Figura 7.2):

- **Elemento Estruturante** – este elemento afeta tudo que é obtido pela gestão de ativos (e que é o foco deste livro), mas geralmente é o elemento menos compreendido. O elemento estruturante é centrado em entregar o fundamento Liderança e Cultura e é responsável por dar forma aos Elementos Estruturado e Elemento Governança, e é maneira como os ativos dos negócios são tratados. O Elemento Estruturante inclui comportamento, emoções, interações humanas e interfaces que produzem normas culturais e relações de poder. Para que os processos de tomada de decisão sejam incorporados à organização, todas essas partes do Elemento Estruturante devem ser coerentes e estar alinhados, pois elas sustentam os valores da organização e todos os outros Elementos Organizacionais.

- **Elemento Governança** – este elemento entrega o fundamento Garantia e é responsável por fornecer um nível de garantia às partes interessadas de que o Sistema de Gestão de Ativos e a gestão de ativos continuam adequados e seguros ao uso. A implementação do Sistema de Gestão de Ativos é uma boa base para um programa de auditoria, com o objetivo de prover a garantia do Elemento Estruturado.

- **Elemento Estruturado** – este elemento entrega o fundamento Alinhamento. Ele engloba o desenvolvimento e a implementação de processos, planos, atividades e tarefas como parte do sistema de gestão de ativos. O Elemento Estruturado permite que uma organização desenvolva uma abordagem integrada para o cumprimento de objetivos organizacionais através do uso do Elemento de Ativos do Negócio.
- **Elemento Estrutura ou Ativos** – este elemento realiza o fundamento Valor e engloba o cumprimento dos objetivos da organização em relação ao uso de ativos, incluindo ativos físicos.

Figura 7.2: *Elementos organizacionais e fundamentos da Maturidade na Gestão de Ativos.*

A Governança e os Elementos Estruturados são descritos pelo sistema de gestão de ativos contido na Norma NBR ISO 55001 (2014), ao passo que o Elemento Estruturante é descrito neste livro.

A gestão de ativos pode ser vista através de diversas Lentes de Maturidade – cada uma fornece informações sobre aspectos que se espalham por todos os quatro Elementos Organizacionais e a forma como os quatro Elementos Organizacionais são alinhados e integrados, Figura 7.3. Essas Lentes de Maturidade incluem:

Capítulo 7 Maturidade na Gestão de Ativos 169

- Aplicação do princípio da MELHORIA CONTÍNUA;
- Uso e acesso à informação para apoiar tomadas de decisão relacionadas à gestão de ativos;
- O grau em que a gestão de ativos se centra nos objetivos da organização;
- O grau em que a gestão de ativos se centra em obter equilíbrio demonstrável de custo, risco e resultados de desempenho;
- Uso de pessoas competentes, capazes, autorizadas e motivadas dentro das funções de gestão de ativos.

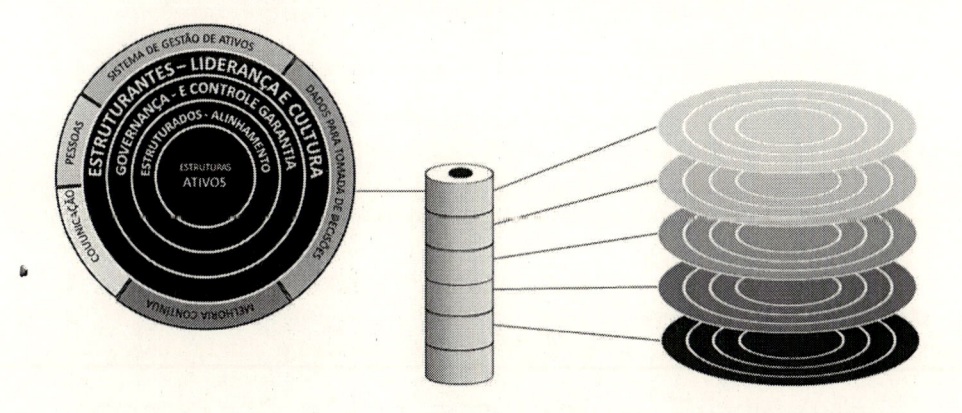

Figura 7.3: *Exemplo de lentes de Maturidade na Gestão de Ativos; cada lente fornece informações através de todos os quatro elementos organizacionais.*

Por exemplo, com a lente de maturidade "Pessoas", uma organização pode estar procurando como é que as pessoas trabalham em conjunto, de quais incentivos elas precisam, como a organização está se desenvolvendo enquanto uma organização que aprende ou mais especificamente:

- **Elemento Estrutura ou Ativos** – Como as pessoas interagem com os ativos e que habilidades e capacidades são necessárias;

- **Elemento Estruturado** – Como as pessoas trabalham em conjunto de maneira integrada para cumprir as suas funções nos processos;
- **Elemento Governança** – Como a organização se assegurou de que as pessoas estão realmente alcançando os resultados desejados, de acordo com o plano estratégico de gestão de ativos, com o equilíbrio desejado entre custo, risco e desempenho;
- **Elemento Estruturante** – Como o planejamento estratégico, o treinamento e a comunicação são desenvolvidos e implementados. Como as decisões são tomadas em todos os níveis. Que tipo de cultura e de liderança está em vigor dentro da organização.

7.2.3 Qualidades da Maturidade na Gestão de Ativos

Enquanto as lentes de Maturidade descrevem as características a partir da perspectiva da gestão de ativos, a Maturidade na Gestão de Ativos também tem qualidades que são universais, espalhados pela organização.

Tais qualidades incluem:

- Uso de uma "linguagem comum";
- Evidência de um "propósito compartilhado" e alinhamento;
- Uma "abordagem integrada" à gestão de ativos adotada por todas as funções de negócios; e
- Evidência de um forte comprometimento com a GA pelas pessoas da organização.

Capítulo 7 Maturidade na Gestão de Ativos 171

7.3 Construindo a Maturidade na Gestão de Ativos

O Modelo de Maturidade na Gestão de Ativos mostrado na Figura 7.4 retrata os elementos organizacionais da gestão de ativos, as lentes através das quais se pode ver esses elementos e um conjunto de qualidades que precisam estar presentes, para medir e desenvolver a Maturidade na Gestão de Ativos.

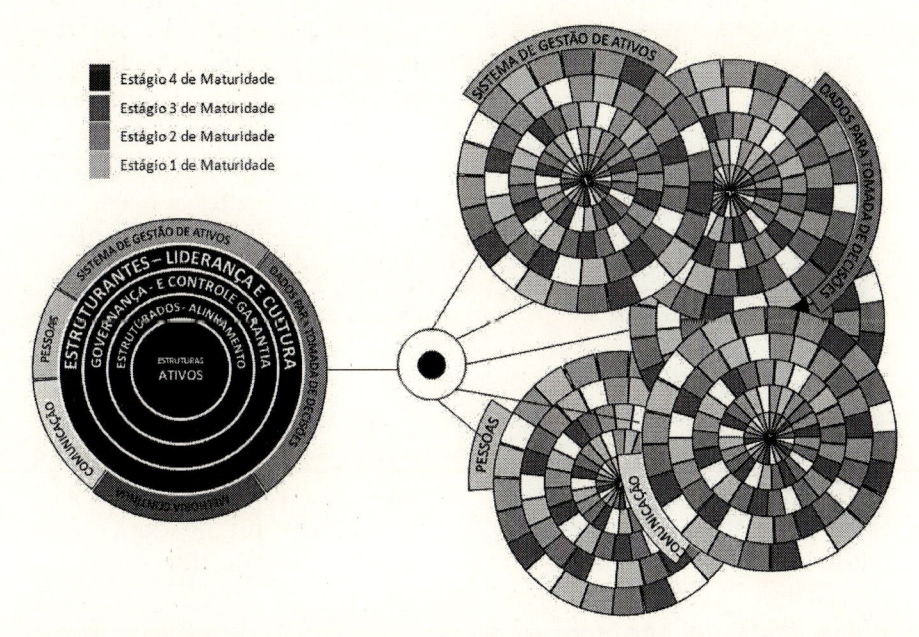

Figura 7.4: *Maturidade na gestão de ativos retratando a inter-relação de elementos organizacionais e lentes de maturidade avaliados pelas qualidades de maturidade.*

O conceito de Maturidade na Gestão de Ativos é complexo. É por isso que foram desenvolvidas diversas lentes para focar na organização a partir de diferentes perspectivas. Ademais, há diversas qualidades universais para identificar a Maturidade na Gestão de Ativos.

7.4 Como a Maturidade é avaliada?

A determinação da maturidade exige algumas técnicas de avaliação muito parecidas com o diagnóstico feito por um clínico-geral. Para fazer uma avaliação, um médico precisa levar em consideração as sensações, os sentimentos e a qualidade de vida do paciente, muitos dos quais podem ser subjetivos, bem como os resultados de testes quantitativos.

Uma vez que o clínico-geral fez um diagnóstico, o paciente pode ser mandado para um especialista que tem os conhecimentos e as habilidades específicos para ajudar o paciente a se recuperar. Da mesma forma, uma vez que uma organização entende as razões pelas quais ela não está atingindo seus resultados desejados, pode ser que uma ação corretiva seja tomada para resolver o problema. Os especialistas, muitas vezes, são essenciais para essa ação corretiva, pois é fundamental que se determine e trate a causa-raiz, não o sintoma.

Usando a metáfora do pomar, isso seria semelhante a fertilizar o solo porque o pomar não está produzindo frutos de boa qualidade, quando na verdade o problema é uma peste que está atacando o tronco e enfraquecendo a árvore.

O ponto aqui é que a Maturidade na Gestão de Ativos não é uma questão de *benchmarking*, mas uma ferramenta para avaliar fatores intangíveis como cultura, liderança, integração, clima organizacional, princípios e valores, comportamentos e modelos mentais. É a partir dessa avaliação que se pode entender as causas-raiz e aplicar estratégias para melhorar o desempenho.

Como exposto anteriormente, a Maturidade na Gestão de Ativos é ao menos parcialmente subjetiva. Da mesma maneira, a liderança é tanto uma ciência como uma arte e, devido a isso, é impossível ser totalmente objetivo ao realizar uma avaliação sobre a liderança. Uma organização pode 'sentir' que está indo bem de uma maneira que não é quantificável. A confiança e a integridade são extremamente difíceis de medir com uma régua. Como o clínico-geral, são necessários diversos instrumentos de avaliação e técnicas para poder dar o melhor prognóstico possível da liderança como um todo. Uma vez que se entende isso, e somente quando isso for entendido, é que tentativas de remediar a situação devem ser feitas.

Capítulo 7 Maturidade na Gestão de Ativos 173

A Maturidade na Gestão de Ativos é dinâmica. Não permanece em estado contínuo. Até mesmo organizações maduras podem precisar começar do início depois de ter atingido um estágio alto de maturidade na gestão de ativos. Imagine o desafio que uma companhia de carvão enfrenta ao ter de deixar as minas de carvão para produzir energia de fontes alternativas. Sua experiência na indústria estaria começando do zero, com novas pessoas, processos, sistemas e tecnologias. De certa forma, a maturidade pode ser comparada à sabedoria nos seres humanos, pois mesmo enquanto adulto crescido, a pessoa continua a aprender, crescer e evoluir.

7.5 Os Estágios da Maturidade na Gestão de Ativos

Este livro descreve quatro estágios da Maturidade na Gestão de Ativos; são eles:

- Estágio 1 – *Ad Hoc*
- Estágio 2 – Consciente
- Estágio 3 – Desempenhando
- Estágio 4 – Excelência Operacional

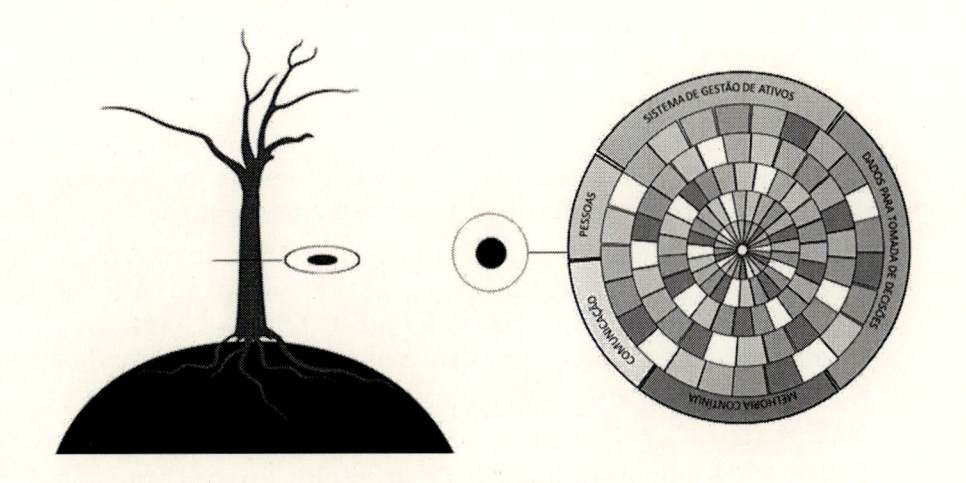

7.5.1 Estágio 1 – *Ad Hoc*

No Estágio 1, metaforicamente, cada árvore está se desempenhando por conta própria sem que nenhuma liderança seja demonstrada pelo jardineiro. Algumas árvores estão crescendo, algumas estão velhas e outras estão morrendo.

Cada ativo e sistema fica isolado, tentando produzir seu próprio fruto, dependendo somente das condições climáticas e do meio ambiente. Não há qualquer sinergia e não há coerência alguma entre o estilo de liderança e a cultura. Não existe integração com outros sistemas, processos e funções, com uma grande quantidade de sobreposições e duplicações. Os custos são altos, os riscos não são considerados e a produção é baixa.

As principais características desse estágio incluem:

- **Estruturantes**
    - Resultados – Pouca evidência de qualquer resultado documentado nos negócios.
    - Cultura – Gestão de ativos instintiva (Anomia) – O estágio 1 está em vigor (Capítulo 6).
    - Liderança – Estilo de liderança paternalista/autocrático (Capítulo 5) está em vigor.
- **Governança**
    - Nenhuma abordagem formalizada para o gerenciamento de riscos foi implementada.
    - Funções de auditoria ruins ou inexistentes.
    - A Confiabilidade, Disponibilidade, Mantenabilidade e Suportabilidade dos ativos não são medidas ou, se são, não são usadas como oportunidades de melhoria.
    - A tomada de decisão não se baseia em informações saudáveis, pois as informações corretas não são entendidas ou não são coletadas. Elas são *ad-hoc* e não são visíveis ao nível correto da organização para que sejam tomadas as decisões apropriadas.
- **Estruturado**
    - Nenhum dos fundamentos da gestão de ativos consegue ser demonstravelmente implementado.

Capítulo 7 Maturidade na Gestão de Ativos 175

- Os processos de gestão de ativos usados na organização são *ad hoc* e não são documentados, mas podem ou não estar alinhados com as necessidades dos negócios.
- O horizonte da gestão de ativos é só de curto prazo – sem nenhum entendimento das questões de longo prazo e de como se lidar com elas.
- Não há qualquer integração entre informações financeiras e técnicas.
- Nenhuma certificação por qualquer padrão de sistema de gestão está em vigor – tal certificação é vista como desnecessária.

- **Ativos**
  - Baixa confiabilidade, pouca disponibilidade, baixa mantenabilidade e pouca capacidade de suporte.
  - Baixos padrões de segurança e altos índices de acidentes.
  - Extrema variabilidade nos resultados.
  - Abordagem reativa em relação à manutenção e falhas.
  - Nenhum compartilhamento de informação sobre ativos. Os ativos são mantidos de um modo *ad hoc*, com pouco entendimento de como relacionar a manutenção às necessidades dos negócios.

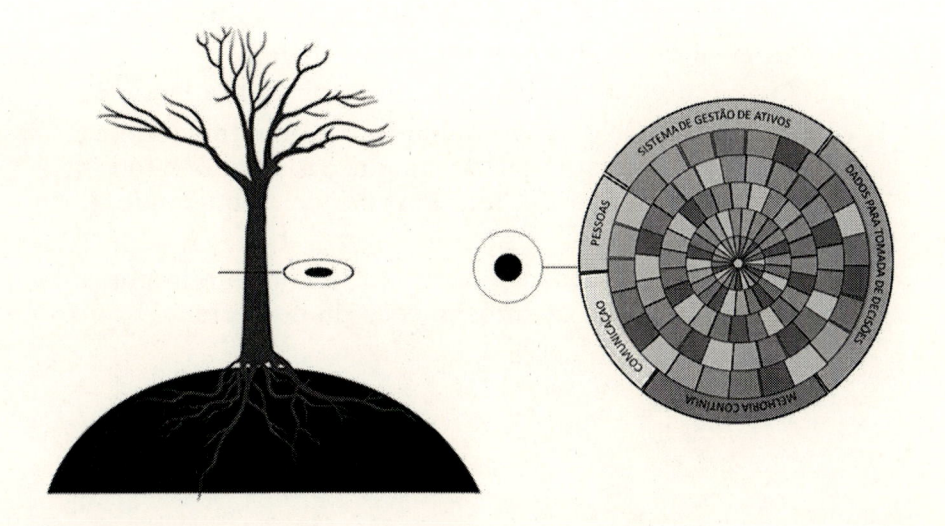

7.5.2 Estágio 2 – Consciente

No Estágio 2, metaforicamente, as árvores estão crescidas e produzindo frutos, mas são dependentes dos jardineiros. Cada jardineiro planta suas próprias sementes, mas pouco faz para nutrir as sementes para que elas cresçam. A qualidade e o tamanho do fruto ficam abaixo do ideal.

Nesse estágio começa a integração dos sistemas (ex.: gestão de ativos). Há uma sinergia inicial dos processos e funções que fazem parte dos sistemas e o valor começa a aparecer. O estilo de liderança e a cultura estão definidos, mas ainda não são compartilhados por todos. A produção começa a aumentar e a avaliação de risco está iniciando, embora os custos ainda estejam altos.

As principais características desse estágio incluem:

- **Estruturante**
    - Resultados: Surgem evidências de resultados documentados.
    - Cultura – Gestão de ativos dependente (Heteronomia) – O Estágio 2 está em vigor (Capítulo 6).
    - Liderança: O estilo de liderança necessário é entendido (Capítulo 5) e está em vigor.
- **Governança**
    - Uma abordagem de gestão de risco definida, mas não consistentemente utilizada ou implementada.
    - Funções de auditoria estão estabelecidas, mas não são consistentemente utilizadas ou implementadas.
    - Confiabilidade, Disponibilidade, Mantenabilidade e Suportabilidade estão sendo usadas, mas não estão integradas à tomada de decisão financeira ou modelagem de alto nível.
    - A tomada de decisão se tornou um conceito importante e está utilizando as informações disponíveis.

- **Estruturado**
    - Os fundamentos da gestão de ativos são compreendidos e a implementação começou, mas com graus de penetração variáveis através da empresa.
    - Os processos de gestão de ativos utilizados dentro da organização podem estar documentados e medidos, porém nenhum processo de melhoria contínua está em vigor. Os processos não estão alinhados com as necessidades de negócios.
    - Há sinais de que está em vigor o planejamento, tanto de curto prazo quanto de longo prazo. Há um entendimento das questões de longo prazo, mas nem todas as áreas o estão usando em função de lacunas na informação.
    - A integração de informações financeiras e técnicas é considerada e utilizada esporadicamente. Mais uma vez, nem toda a informação necessária é captada.
    - As certificações na ISO 9001 e na ISO 18001 podem estar em vigor por causa de exigências contratuais, mas outras certificações são vistas como uma despesa desnecessária.
- **Ativos**
    - A confiabilidade é vista como importante e a informação é coletada para esse propósito.
    - A segurança está melhorando, com medidas postas em prática e o desempenho sendo considerado algo importante. Há pouca promoção de saúde e informações sobre riscos à saúde no local de trabalho.
    - Há alguma variabilidade nos resultados, mas há um entendimento das causas-raiz dessa variabilidade.
    - Uma abordagem proativa foi começada, mas não está completamente implementada.
    - O compartilhamento de informações está em vigor, mas não é sistemático.

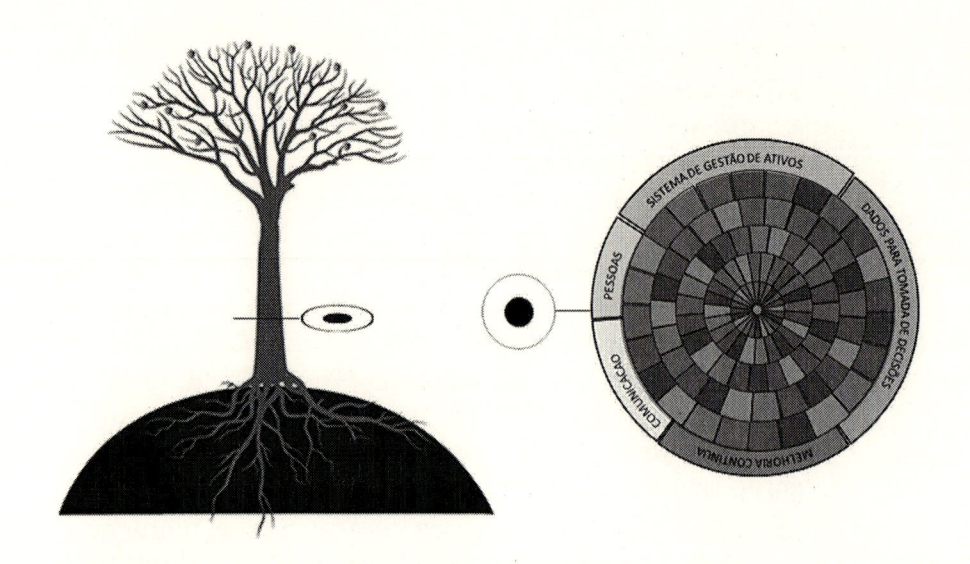

7.5.3 Estágio 3 – Desempenhando

No estágio 3, metaforicamente, o pomar está em plena produção, as árvores estão totalmente crescidas e integradas. O jardineiro assume um papel de acompanhamento do ambiente e dos sinais emitidos pelas árvores, desempenhando suas funções como um técnico de time de futebol, pois o sistema e o processo são suficientes para administrar o negócio. O próprio pomar produz novas sementes quando necessário.

O sistema está inteiramente integrado. O processo e as funções estão totalmente integrados e otimizados dentro do escopo da gestão de ativos. O estilo de liderança e a cultura estão definidos e são empregados na organização por toda parte. A produção está alta, o custo está baixo e o risco é bem gerenciado.

As principais características desse estágio incluem:

- **Estruturantes**
    - Resultados – Os resultados estão bons e são mensuráveis, com alguma evidência de melhoria sendo identificada e gerida.
    - Cultura – Gestão de ativos Independente (Socionomia) – o Estágio 3 está em vigor (Capítulo 6).

Capítulo 7 Maturidade na Gestão de Ativos 179

- Liderança – O estilo de liderança está alinhado com esse nível de maturidade (Capítulo 5).
- **Governança**
  - A gestão de riscos é evidente, mas pode não estar totalmente alinhada com as necessidades dos negócios (isto é, com um quadro de gerenciamento de riscos corporativos).
  - As funções de auditoria estão estabelecidas e consistentemente implementadas, mas ainda são vistas como um fardo e não uma vantagem.
  - A Confiabilidade, Disponibilidade, Mantenabilidade e Suportabilidade dos ativos estão sendo utilizadas e agora estão integradas à tomada de decisão financeira, mas não estão sendo inteiramente utilizadas para a modelagem de alto nível.
  - A tomada de decisão com base em critérios definidos se tornou um conceito importante e agora está sendo utilizado.
- **Estruturado**
  - Todos os fundamentos da gestão de ativos estão implementados com evidências objetivas.
  - Os processos de gestão de ativos utilizados dentro da organização são documentados e medidos, com processos de melhoria contínua acontecendo, apesar de os processos não estarem totalmente alinhados com as necessidades dos negócios.
  - Há sinais de planejamento da gestão de ativos tanto de curto quanto de longo prazo sendo efetuados, mas com pouca compreensão de como lidar com questões de longo prazo.
  - A integração de informações financeiras e técnicas agora é considerada e utilizada.
  - Certificação nas ISO 9001, ISO 18001, ISO 14001 e 55001 podem estar em vigor por causa de exigências contratuais, mas ainda não há alinhamento completo quanto à importância desta certificação para gerir resultados.

Ativos

- A confiabilidade é vista como sendo importante e as informações são coletadas com esse propósito.
- A segurança está melhorando, com medidas em prática e o desempenho sendo considerado importante. Há uma diminuição significativa de riscos à saúde no local de trabalho.
- Os ativos passam por manutenção para atingir resultados específicos e mensuráveis, mas podem não estar totalmente focados nas necessidades dos negócios.
- O compartilhamento de informações está agora em vigor e é sistemático.

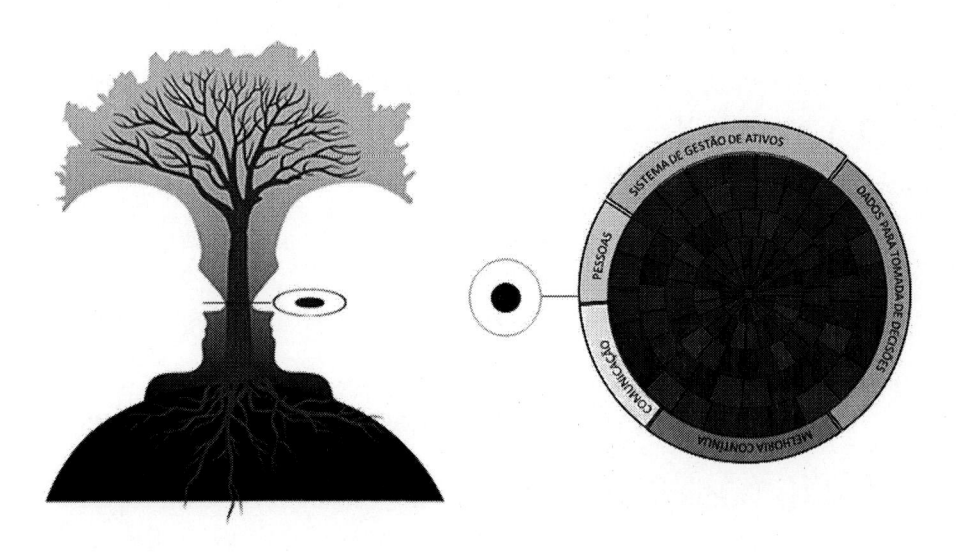

7.5.4 Estágio 4 – Excelência Operacional

No Estágio 4, metaforicamente, todas as partes do pomar estão integradas. O solo e o estilo de jardinagem são consistentes por todo o pomar. Poderia ser dito que o jardineiro e o pomar são um só. Há diferenças dentro do pomar, mas os resultados estão inteiramente integrados e no estágio mais alto em todas as dimensões.

Nesse estágio, todos os sistemas estão integrados, com um estilo de liderança e uma cultura consistentes por toda a organização. Há sinergia entre os Sistemas de gestão de ativos (ISO 55000), Gestão de Riscos (ISO 31000), Qualidade (ISO 9000), Meio Ambiente (ISO 14000) e Segurança (ISO 18000). Os fundamentos de todas as disciplinas estão integrados sob o título excelência operacional. O valor máximo está sendo atingido.

As principais características desse estágio incluem:

- **Estruturantes**
    - Resultados – Os produtos dos negócios e dos ativos estão desenvolvidos, são mensuráveis e melhorados.
    - Cultura – Gestão de ativos Interdependente (Autonomia) – o Estágio 4 está em vigor (Capítulo 6).
    - Liderança – Um estilo de liderança que está totalmente alinhado com as necessidades da organização (Capítulo 5) está em vigor.
- **Governança**
    - Uma compreensão bem desenvolvida do conceito de "garantia" é vivenciada com processos de governança aprovados pelo Conselho/CEO.
    - O gerenciamento de riscos é evidente e está totalmente alinhado com as necessidades dos negócios (isto é, com um esquema corporativo de gestão de riscos).
    - Funções de auditoria estão estabelecidas e são consistentemente implementadas.
    - A Confiabilidade, Disponibilidade, Mantenabilidade e Suportabilidade estão sendo utilizadas e estão totalmente integradas com as tomadas de decisão financeiras e usadas para a modelagem de alto nível.
    - O processo estruturado de tomada de decisões é visto como crucial para o sucesso.
- **Estruturado**
    - Todos os fundamentos da gestão de ativos (veja o Capítulo 1) estão demonstravelmente implementados.
    - Os processos de gestão de ativos usados dentro da organização são documentados, medidos e estão totalmente

alinhados com as necessidades dos negócios, estando em vigor a melhoria contínua de processos.
- O horizonte da gestão de ativos é centrado tanto no curto prazo como no longo prazo (isto é, capaz de entender os aspectos de curto prazo e longo prazo da gestão de ativos).
- A integração de informações financeiras e técnicas é plenamente utilizada.
- As ISO 9001, ISO 18001, ISO14001 e ISO 55001 estão em vigor e com planos em implementação para melhorar continuamente os sistemas de gestão da empresa.
- Operar os ativos com alta integridade e confiabilidade para suprir as necessidades dos negócios é visto como imprescindível. Os recursos naturais e ativos são usados eficientemente para alcançar a sustentabilidade.
- A promoção da saúde das pessoas e mitigação dos riscos à saúde são implementadas no local de trabalho, bem como a identificação e mitigação dos riscos ao ambiente.
- Os ativos são mantidos para atingir rendimentos específicos e mensuráveis e estão totalmente centrados nas necessidades dos negócios.
- O compartilhamento de informações agora está em vigor e é sistêmico.

A visão de organizações que alcançam a Excelência Operacional é de que a excelência é uma parte inexorável dos negócios. Ela é visível de todos os ângulos e permeia todos os processos (produtos, especificações e até o marketing). A Excelência Operacional existe no ambiente organizacional, como a filosofia, visão e missão, porque agrega valor à organização.

Essa visão da Excelência Operacional é de que a confiabilidade, a segurança e a gestão de ativos têm de fazer parte integral das atividades do projeto, da construção, da operação, da manutenção e da reposição de todos os ativos. No atual ambiente altamente competitivo, muitas organizações de sucesso já alcançaram esse estágio.

7.6 Estudo de Caso: Desenvolvendo a Maturidade na Gestão de Ativos

Os Prêmios Do Conselho de Gestão de Ativos (*Asset Management Council*) da Austrália, realizados anualmente, reconhecem a jornada de uma organização para melhorar a maturidade de sua abordagem quanto à gestão de ativos. Também expõem as vantagens significativas que uma abordagem madura à gestão de ativos pode oferecer a uma organização. Os Prêmios destacam a importância de não só fornecer um fundamento firme sobre o qual basear as decisões, mas também o fato de que uma liderança centrada, eficaz e uma cultura organizacional que apoie a aprendizagem são determinantes-chave para uma gestão de ativos eficaz.

Os Prêmios exigem que diversos critérios humanos e técnicos sejam abordados, incluindo Liderança e Cultura, tais como:

- Organizações com boa gestão de ativos têm sistemas eficazes, visíveis e processos de liderança que estão em vigor em todos os níveis. As estruturas de gestão promovem a liderança e a definição de responsabilização e responsabilidades.
- Organizações com boa gestão de ativos desenvolvem cultura, apoiam comportamentos e práticas que condizem com seus valores para alcançar seus objetivos de negócios. Essas práticas as ajudam a permanecer focadas no futuro e dão sentido às pessoas que trabalham nas organizações bem como às partes interessadas.
- O resultado de desempenhar-se bem em relação a essas medidas deve ser que a organização está atingindo suas metas ou objetivos e a equipe entende como contribuiu para os mesmos.

Este estudo de caso é de uma usina de geração de energia a carvão que ganhou o Prêmio de Gestão de Ativos.[1] À época da avaliação, a usina produzia mais de 5% da demanda total de

---

[1] Os Prêmios de Gestão de Ativos são realizados anualmente pelo Conselho de Gestão de Ativos (*Asset Management Council*) da Austrália.

energia da Austrália e empregava até 500 funcionários de tempo integral.

O interessante na avaliação foram as altas notas atribuídas pelos juízes do Prêmio ao critério de Liderança e Cultura, que constitui parte dos critérios dos Prêmios. Adicionalmente, a pontuação obtida em cada um dos critérios definiu um *benchmarking* que poucas organizações conseguiram alcançar desde então.

A usina foi comprada do governo pelos seus donos como parte da privatização da indústria de geração de energia elétrica na Austrália. Sob a posse do governo, a usina tinha uma reputação de baixa confiabilidade, pouca disponibilidade, altos custos operacionais e baixa moral do pessoal. Depois, sob posse privada, os novos donos tiveram de fazer mudanças.

A gestão, como parte do processo de mudança, enfatizava dois indicadores-chave – o custo de produção por unidade de energia e o valor pago à vista pela energia. Para alcançar isso, a equipe de liderança pôs uma tela em cada sala da usina, incluindo os banheiros. Nessa tela, estavam somente duas informações: o valor pago pela energia e o custo de produção.

A equipe de liderança pediu que toda atividade desempenhada na usina se centrasse no valor e no custo da energia, de maneira que:

- Todas as paradas, planejadas ou não, fossem valorados pelo custo do lucro cessante, de forma que uma diminuição no custo do lucro cessante seria recompensada. Isto estabeleceu incentivos para melhorar a disponibilidade da usina;
- O produto de cada tarefa de manutenção preventiva tinha de ser expresso em termos de retorno ao investimento ou a contribuição que essa tarefa desse ao custo e/ou ao valor da energia. A redução da manutenção corretiva teria de ser alcançada através da diminuição do custo do lucro cessante, conforme já mencionado;

Consultas extensivas com a equipe da usina e com os contratados apoiaram as mudanças acima, incluindo o fornecimento de treinamento e processos de gestão de mudanças.

Capítulo 7 Maturidade na Gestão de Ativos

A verdadeira mudança ocorreu com a mudança na cultura organizacional. A equipe de liderança entendeu que para fazer a mudança para um foco na produção da empresa significava que a cultura da usina precisava mudar, radical e rapidamente. Como resultado, um programa ambicioso foi desenvolvido e implementado, o qual centrava-se tanto em capacitar indivíduos para poder fazer mudanças e ser recompensados por fazê-lo e ao mesmo tempo fornecer uma abordagem à mudança que fosse inclusiva e centrada na equipe.

Em síntese, como a planta estava fisicamente centrada nas unidades independentes de turbina/caldeira:

- Equipes de produtores de energia foram implementadas, consistindo em operadores e mantenedores, que focavam na produção, no valor e no custo da energia;
- À cada equipe foram alocados US$20.000 para que melhorassem a si e à usina e pudessem usar esse dinheiro em grande parte conforme elas achassem que deviam, com apenas duas regras. Regra 1 – nenhum consultor podia ser usado. Regra 2 – para cada ideia gerada por uma equipe, era exigido um acordo com o resto da equipe da usina. Como resultado, toda ideia tinha de ser expressa em termos dos benefícios que provavelmente viriam para as outras equipes a partir dessa ideia.

Como resultado direto dessas mudanças:

- Diversos membros da equipe receberam apoio financeiro para ir à faculdade e à universidade especificamente para resolver questões técnicas e administrativas específicas;
- Foram feitas viagens ao exterior para usinas de energia com plantas semelhantes ou com a mesma planta;
- Foi realizado *Benchmarking* com usinas semelhantes, no exterior, por operadores e mantenedores; e
- "Metas desafiadoras" de valor e custo foram comparados com as usinas no exterior.

A maior mudança foi a do moral dos membros da equipe. Como resultado de todas as mudanças acima, cada membro da equipe podia agora oferecer uma clara contribuição ao desempenho da equipe. Estava claro para os juízes do Prêmio que cada membro da equipe via sua contribuição como valiosa e seu papel pessoal nas conquistas da empresa como um sucesso pessoal. Cada um dos membros da equipe se sentia valorizado.

Em termos dos resultados dos negócios, após 18 meses do começo das mudanças, a usina:

- Quebrou todos os recordes de geração ininterrupta de energia;
- Quebrou todos os recordes de produção de energia; e
- Quebrou todos os recordes de eficiência/eficácia.

É importante resolver questões técnicas, particularmente em negócios tão exigentes como a geração de energia. Todas essas questões são resolvidas por pessoas. Essa usina resolveu rapidamente suas questões técnicas mobilizando as competências do seu pessoal. O estilo de liderança da alta administração e da equipe técnica sênior envolveu seu pessoal no desafio coletivo de fazer a usina funcionar como deveria. Ao fazer isso, a mesma equipe deliberadamente mudou a cultura organizacional para uma cultura de apoio, voltada para a melhoria contínua e para a aprendizagem, conforme descrito anteriormente no estágio Independente no Capítulo 6. A alta administração e a equipe técnica sênior forneceram um ambiente de trabalho no qual mudanças estudadas e eficazes eram possíveis.

Como parte do processo do Prêmio, uma fala final é feita pelo líder da empresa para a equipe de juízes do Prêmio. O CEO (Chief Executive Officer) da usina perguntou se podia discursar também para a equipe da usina. O líder da equipe de juízes concordou. Ao final, o líder da equipe agradeceu ao CEO por sua paciência e dedicação no processo do Prêmio. Como resposta, o CEO agradeceu à equipe da usina por seus esforços consideráveis.

Sem hesitar, um operador levantou-se e pediu para falar. O CEO concordou. Na presença de todos os funcionários da usina, com lágrimas nos olhos, o operador emocionadamente agradeceu ao CEO pela confiança e fé que ele havia pessoalmente demonstrado à equipe da usina. Estava claro para os juízes do Prêmio que cada uma das 250 pessoas ali reunidas apoiava aquela fala do operador.

Capítulo 7 Maturidade na Gestão de Ativos 187

Uma Jornada de Ativos Pouco Confiáveis para Ativos de Classe Mundial, Parte 7

P: Está bem, então pela sua perspectiva, o quão importantes você acha que são a liderança e a cultura na gestão de ativos?

R: Em qualquer organização, a liderança é crucial. Uma organização não desempenhará e não atingirá resultados se as pessoas forem largadas em um ambiente desestruturado ou sem uma visão relativa do que é preciso que elas alcancem. Então, quando penso sobre a organização que eu gerenciei por diversos anos, nós não nos propusemos a botar em prática a gestão de ativos. Nós nos propusemos a melhorar a confiabilidade da manufatura e torná-la globalmente competitiva.

Fazer com que as pessoas entendessem quais eram as estratégias-chave, entender os indicadores-chave de desempenho, a métrica, a contribuição que era exigida de cada indivíduo e de cada equipe, pôr em vigor sistemas e processos, junto com os fóruns de tomada de decisão, resultou em um nível de maturidade que não poderia ter-se desenvolvido sem uma forte liderança e uma cultura que apoiava todos esses processos.

Sem a estratégia, sem a clareza acerca do que nós realmente estávamos tentando alcançar, nós nunca teríamos posto em prática um sistema de gestão de ativos altamente eficaz. Desde o início, não nos propusemos a aplicar a gestão de ativos, mas nos empenhamos em ter a base de ativos com confiabilidade, previsibilidade e baixo custo.

Capítulo 8

UMA ANÁLISE DA EXCELÊNCIA NA GESTÃO DE ATIVOS

Este capítulo analisa o conceito de excelência operacional, ou alto desempenho, como o nível mais desenvolvido da maturidade na gestão de ativos. Usando a analogia do pomar, cada parte de uma árvore precisa funcionar em uníssono para poder gerar frutos superiores, e toda árvore em um pomar tem de trabalhar em conjunto para produzir uma safra superior, assim como uma organização precisa trabalhar em prol de uma meta comum para alcançar seus resultados desejados. Para atingir a excelência operacional, o ambiente certo tem de ser criado, de forma a permitir que se atinja o melhor resultado possível. Um ambiente que apoie somente e inteiramente as atividades focadas na necessidade dos negócios.

Conforme discutido no Capítulo 7, uma organização que está no nível de excelência operacional na gestão de ativos é uma organização que também é capaz de atingir a excelência na produção, nos custos, na qualidade, na segurança, no meio ambiente, na saúde, na satisfação dos clientes e na satisfação pessoal. Esses produtos visíveis são esperados quando se observa uma organização que está nesse nível de maturidade. Como a excelência na gestão de ativos também contribui para a obtenção da excelência nessas áreas, é importante entender como fatores humanos criam as condições certas passando por todas as disciplinas funcionais.

Para chegar à excelência na gestão de ativos, uma organização tem de alcançar um desempenho excepcional nos quatro Elementos Organizacionais, conforme discutido no Capítulo 7 e mostrado graficamente na Figura 8.1.

- Os Elementos Estruturantes da Liderança, Cultura e Desempenho Humano;
- Os Elementos Governança e Garantia;
- Os Elementos Estruturados ou Alinhamento; e
- As Estruturas ou os Ativos e Valores.

Cada um desses Elementos será explorado aqui para mostrar como habilidades intangíveis ou *soft*, Liderança e Cultura, combinadas com habilidades tangíveis ou *hard*, necessárias para o Sistema de Gestão de Ativos, são combinadas para trabalhar em uníssono em uma organização de alto desempenho.

Conforme descrito em capítulos anteriores, para trazer mudanças no sentido da maturidade, a equipe de liderança deve usar três abordagens (MacDonald et al, 2006):

- Mudar seu próprio comportamento ou liderar através do exemplo pessoal;
- Liderar a mudança cultural através do uso da comunicação de símbolos e *habitus*; e
- Alinhar o sistema de gestão de ativos, os processos e a governança da organização com um propósito construtivo e produtivo que seja visto como valor e crença.

Capítulo 8 Uma Análise da Excelência na Gestão de Ativos 191

Figura 8.1: *Elementos organizacionais (e seus fundamentos correspondentes) para a gestão de ativos.*

8.1 Benefícios da Excelência Operacional

A obtenção de um desempenho excepcional na gestão de ativos proporciona mais do que apenas vantagens econômicas. A excelência na gestão de ativos oferece as seguintes vantagens para as organizações:

- Melhora os resultados dos negócios para além de apenas a rentabilidade;
- Cria as condições certas para melhorar as práticas de gestão;
- Fornece um ambiente de trabalho positivo e cooperativo;
- Melhora a produtividade e reduz os custos operacionais;
- Ajuda a proteger a marca e a imagem;
- Fomenta os pontos fortes existentes na organização;
- Fornece a habilidade de adaptar rapidamente a mudanças nas condições externas;
- Provê o ambiente para que a inovação floresça;
- Fornece um maior nível de convicção na obtenção de resultados; e
- Cria as condições certas para uma cultura sustentável visando ao sucesso.

8.2 O Foco da Liderança no Estágio de Excelência Operacional

Há diversas variáveis que devem ser tratadas para garantir o alcance da maturidade na gestão de ativos. A experiência mostra que há aspectos que têm de ser considerados como "raízes" para a garantia de uma implementação efetiva e, acima de tudo, para a sustentabilidade de qualquer atividade de gestão de ativos. A meta de uma organização deve ser atingir seus resultados desejados, usando o estágio de maturidade de excelência operacional na gestão de ativos. Nesse estágio, cada funcionário se sente responsável, capacitado e atua continuamente nas questões-chave.

Nesse estágio de maturidade, as pessoas vão além das suas obrigações para identificar comportamentos e condições inapropriadas e trabalham para corrigi-las.

> *Glenn Ingram, líder sênior de Gestão de Ativos, com mais de 30 anos de experiência em Engenharia de Mineração e Manutenção, sobre os resultados da gestão de ativos.*
>
> *Nas últimas duas organizações nas quais eu trabalhei, os exemplos de melhorias na confiabilidade da planta significavam diminuir a correria e uma atmosfera onde tudo era uma prioridade e os negócios estavam indo mal e pôr os negócios na direção certa. Fazer com que a empresa chegasse ao ponto em que se tivesse um ambiente mais planejado, onde as pessoas de fato planejassem o trabalho, onde elas realmente se assegurassem de que estavam prontas para completar as tarefas. Se eu estou trabalhando numa parada planejada para manutenção e tudo que eu tenho ali é definitivamente algo para o qual estou bem preparado, então a segurança está absoluta e fortemente garantida porque as pessoas fazem as coisas de uma maneira mais organizada. Não há pressa em mudar as pessoas de um trabalho para outro, só para pôr as coisas de volta no rumo certo. É um ambiente bem melhor para se garantir que a segurança dos indivíduos seja mantida como prioridade, assegurando-se de que tudo está planejado e preparado para essas atividades; segurança e planejamento estão absoluta e totalmente ligados.*

As atividades e práticas da gestão de ativos são aprimoradas pelo reconhecimento de colegas e líderes. Nesse estágio, as equipes têm uma preocupação contínua e ativa com a melhoria da gestão de ativos para alcançar os objetivos da organização. No estágio de maturidade de excelência operacional, a gestão de ativos não é uma prioridade que pode ser modificada dependendo das demandas da situação. Ao invés, é um valor compartilhado e uma crença relacionada a todas as prioridades da organização. A seguir, alguns fatores necessários para que líderes alcancem a excelência operacional:

- Liderar através do exemplo e do compromisso visível
- Focar na gestão através da cultura ao invés de gestão da cultura
- Focar no sistema e no processo
- Estabelecer a responsabilidade de linha
- Focar em pessoas capazes e comprometidas
- Estabelecer uma organização livre de acidentes e falhas
- Focar na aprendizagem e na melhoria contínua
- Estabelecer uma cultura de justiça e meritocrática
- Focar em estabelecer padrões altos
- Estabelecer garantia e governança da gestão de ativos
- Focar no sistema de gestão de ativos
- Participar do desenvolvimento e operação do sistema
- Alinhar iniciativas operacionais e estratégicas correspondentes (KPIs)
- Manter a consistência de propósito e a implementação de processo

8.2.1 Liderar através do Exemplo e do Compromisso Visível

Os objetos podem ser controlados, as pessoas só podem ser influenciadas. O trabalho da liderança é criar, manter e aperfeiçoar um grupo de pessoas para que elas alcancem os objetivos dos negócios de uma maneira sustentável e continuem a fazê-lo com o passar do tempo. Conforme discutido no Capítulo 5, a liderança transformacional trata do comportamento e da mudança no comportamento. O próprio comportamento do líder é altamente significativo. Frases como "aja de acordo com o que você fala" ou "pratique o que você prega" são típicas. Um ditado usado no desenvolvimento da criança também reforça sua importância: não se preocupe se seus filhos não te derem ouvidos. Eles estão te olhando o tempo inteiro.

As pessoas aprendem mais com o que elas veem a liderança fazer do que com o que elas a ouvem dizer.

As características do compromisso visível são os exemplos comportamentais que demonstram o comprometimento com a gestão de ativos, claramente identificáveis. As ações falam mais alto que as palavras. A coerência do próprio comportamento do líder será examinada pelos membros da equipe. Não ajuda em nada se, ao exigir melhor controle do tempo, um líder for um mau controlador do tempo. Servir de modelo de conduta é essencial para mudar o comportamento. As pessoas realmente percebem e levam a sério, ou são desencorajadas, por aquilo que a liderança de fato faz. Em outras palavras, muito mais do que os discursos, os panfletos, os boletins informativos e pôsteres, o comportamento que demonstra compromisso com a gestão de ativos fala por si só.

A Figura 8.2 mostra como as pessoas aprendem. Os indivíduos só aprendem 10% do que leem, 20% do que ouvem, 30% do que veem e 50% do que veem e ouvem da liderança. Ademais, as pessoas aprendem 70% do que veem e ouvem quando participam de discussões com a liderança durante auditorias comportamentais, por exemplo. Os indivíduos apreendem 90% do que a liderança diz e faz quando ela participa ativamente na gestão de ativos. Isto é, existe um sistema eficaz de aprendizagem acontecendo quando a liderança demonstra na prática, à força de trabalho, o que ela valoriza e acredita, quando há coerência entre o que é escrito e o que é dito, quando há participação ativa e aceitação de ideias e todos estão envolvidos na execução das atividades.

O compromisso visível, não só por parte de um único líder, mas de toda a equipe de liderança, acelerará o processo de aproximação da excelência operacional. Apenas quando a lide-

Capítulo 8 Uma Análise da Excelência na Gestão de Ativos 195

rança está visivelmente comprometida com os altos padrões de desempenho da gestão de ativos e demonstra esse comprometimento através do discurso, do comportamento e das ações, é que a organização será capaz de assimilar os valores culturais e as crenças que sustentam altos níveis de desempenho.

TENDEMOS A RECORDAR — NOSSO NÍVEL DE ENVOLVIMENTO

- 10% DO QUE LEMOS — PALESTRAS — RECEPÇÃO VERBAL — PASSIVO
- 20% DO QUE OUVIMOS — LEITURA
- 30% DO QUE VEMOS — PALAVRAS OUVIDAS — RECEPÇÃO VISUAL
- 50% DO QUE VEMOS E OUVIMOS — OLHANDO IMAGENS
- 70% DO QUE DIZEMOS — RECURSOS AUDIOVISUAIS — RECEPÇÃO E PARTICIPAÇÃO — ATIVO
- 90% DO QUE DIZEMOS E FAZEMOS — APRENDER FAZENDO — FAZER
- ENSINAR OS OUTROS

Figura 8.2: *A pirâmide da aprendizagem acelerada (Dale, 1957).*

A gestão de ativos deve estar ligada a todos os aspectos do trabalho, sejam eles a produtividade, a qualidade, a rentabilidade ou a eficiência. A gestão de ativos deve ser mais do que aplicar análise de risco, implantar a manutenção centrada na confiabilidade ou conduzir a análise de Weibull. A gestão de ativos deve ser um valor e uma crença que as pessoas somam às suas tarefas e funções, apesar das demandas e prioridades diárias. Ela deve ser uma regra não escrita ou um padrão social e cultural que prevalece independentemente da circunstância.

A liderança é responsável por criar os antecedentes e consequências que estimulam comportamentos sintonizados com os valores, crenças e princípios da gestão de ativos. A liderança transformacional envolve influenciar o comportamento dos outros sem o uso da força, da manipulação ou da coerção. O poder de persuasão e a habilidade de gerir a cultura dentro dos limites da influência autorizada da liderança transformacional dependem da mutualidade. As pessoas que estão sendo lideradas devem sentir que estão sendo tratadas como indivíduos únicos com vontade própria e identidade, que voluntariamente e livremente aderem a acordos conhecidos. Se o relacionamento inicial não é livre, e existe um relacionamento do tipo senhor--escravo, a liderança já está estabelecida em um contexto coercivo. A liderança transformacional deve trabalhar para que as organizações possam funcionar sem precisar apelar para a força, manipulação ou coerção.

Em uma organização madura, onde o modelo de consequências "CARER" discutido no Capítulo 4 é aplicado, a liderança transformacional influencia as pessoas principalmente na base da persuasão, através de um processo social e excelentes habilidades emocionais. Esses líderes usam seu próprio comportamento como exemplo e demonstram que podem ver mundos e opiniões diferentes através dos olhos dos outros. Isso não quer dizer que eles concordarão com tais pontos de vista.

Fazer da gestão de ativos um valor e uma crença que se espalhe por toda a cultura corporativa é uma tarefa difícil que não pode ser alcançada da noite para o dia. O compromisso visível da liderança pode acelerar esse processo.

Abaixo estão alguns exemplos do que a liderança pode fazer para exemplificar isso:

- Praticar uma comunicação continuada e variada, incluindo *feedback* da força de trabalho para melhorar a responsabilidade de linha.
- Desenvolver exemplos visíveis para demonstrar que a gestão de ativos não é uma atividade à parte, mas faz parte de toda atividade. Isso demonstra que a gestão de ativos é muito mais que uma prioridade: é um valor, uma crença e princípio estratégico dos negócios. Isso é alcançado através de atitudes, decisões e palavras, de maneira que todos percebam o compromisso o todo tempo, em todos os lugares, atestando a veracidade das ações e do discurso do líder. A demonstração pode ser feita através de auditorias ou análises críticas da gestão de ativos.
- Promover a uniformidade de conceitos, ações e atitudes para uma gestão de ativos eficaz.

Capítulo 8 Uma Análise da Excelência na Gestão de Ativos 197

- Demandar um alto padrão de desempenho para a gestão de ativos. As ações da liderança refletirão os padrões que ela espera atingir. A exigência mínima da liderança é o máximo que os liderados realizarão.
- Acreditar nos princípios da gestão de ativos e aplicá-los na prática.
- Continuamente treinar, equipar e motivar a força de trabalho.
- Usar toda oportunidade, como visitas a áreas, departamentos ou setores dentro da organização, para discutir a gestão de ativos. Os resultados da gestão de ativos podem ser discutidos como parte da visita ao local, com o histórico obtido a partir de profissionais responsáveis pela organização. Entre os tópicos que podem ser discutidos, é importante que a liderança seja capaz de fazer perguntas sobre incidentes ou falhas recentes e qual é o status dos planos de melhoria da gestão de ativos.
- Escrever artigos sobre gestão de ativos a serem publicados na mídia da organização para estimular a reflexão e servir como uma ferramenta eficaz para a motivação e esclarecimento acerca do assunto.
- Tomar a iniciativa de reportar ou comentar sobre a obtenção de resultados excelentes da gestão de ativos em contato com a imprensa ou órgãos externos. Ao fazê-lo, a liderança demonstra seu conhecimento e interesse no assunto.
- Tornar de conhecimento público o caso da promoção de um indivíduo que levou em consideração o desempenho na gestão de ativos. Essa informação indica que a organização valoriza a gestão de ativos e reconhece sua importância para o avanço profissional.
- Celebrar as conquistas da gestão de ativos da organização. Reconhecer e apreciar trabalhos de excelente qualidade e resultados comprovados da gestão de ativos na presença de líderes internos e externos. Para fazê-lo, os líderes devem estar informados e aconselhados sobre os resultados da gestão de ativos.

- Procurar estar presente quando algum outro órgão ou instituição parceira celebra resultados excelentes na gestão de ativos.

8.2.2 Focar na Gestão através da Cultura ao invés da Gestão da Cultura

O Capítulo 5 identificou que a tarefa essencial da liderança é construir uma nova cultura e mudar o comportamento. Se os líderes pretendem ser eficazes, eles devem ser hábeis na gestão de processos sociais e emocionais. A habilidade de ler a cultura e intervir para criar resultados eficazes está no âmago da liderança, no estágio de maturidade de excelência operacional. As equipes de liderança devem genuinamente se importar com as pessoas e se comprometer a usar a cultura como a principal ferramenta para a mudança.

O Capítulo 3 discutiu que a chave para entender a cultura é enxergar através de lentes culturais. Não se trata de uma questão de certo ou errado. Assim como os valores e as crenças, sempre parece mais fácil enxergar o comportamento de outras pessoas como errado, ou de uma forma negativa, em vez de refletir sobre os próprios comportamentos. A cultura dos outros pode estar baseada em hábitos e experiências de anos atrás. Algumas organizações são melhores do que outras em desenvolver hábitos e construir e sustentar uma cultura saudável.

No estágio de maturidade de excelência operacional, a liderança transformacional deve perguntar por que e tentar explorar a cultura subjacente. Isso muitas vezes é melhor realizado através da escuta. Escutar é uma técnica muito simples, porém frequentemente subutilizada pelos líderes. A liderança, especialmente a do estilo carismático discutida no Capítulo 5, costuma ser caracterizada pelo líder inspirador; a pessoa que lidera a partir da frente, com energia e determinação ilimitadas. Porém, a liderança transformacional mais frequentemente costuma ser o resultado de uma boa e cuidadosa observação e escuta seguidas de ação bem pensada.

Eu preciso entender primeiro, para que eu possa ser entendido.

Capítulo 8 Uma Análise da Excelência na Gestão de Ativos 199

Até que as equipes de liderança dediquem tempo significativo e recursos para obter um entendimento detalhado da cultura, elas continuarão confusas quanto ao porquê de alguns processos técnicos e comerciais aparentemente excelentes e ativos físicos fracassam. A gestão de ativos é uma questão de liderança, bem como a segurança, a confiabilidade, a qualidade, a redução custos e a eficiência. Essas questões não podem simplesmente ser relegadas ao senso comum.

Conforme descrito no Capítulo 3, símbolos podem ser usados por líderes, mas tornam-se mais significativos conforme a distância organizacional entre o líder e os funcionários ou membros da equipe diminui. O comportamento por si só é altamente simbólico, mas também o são outros exemplos de símbolos: uniformes, instalações, bandeiras, logos, estacionamento ou limpeza. A maneira como as pessoas percebem os símbolos oferece exemplos muito claros da cultura local.

8.2.3 Focar no Sistema e no Processo

O comportamento por si só não mudará a cultura da organização. Ele pode mudar a relação entre líderes e membros da equipe, mas para que haja a mudança geral, as outras ferramentas de liderança, sistema, processo e cultura devem estar alinhadas e relacionadas. Se os sistemas e o comportamento estão alinhados, os símbolos podem ser muito poderosos e úteis. Se não, eles podem ser contraproducentes e simbólicos de uma cultura negativa como, por exemplo, falta de confiança.

A liderança transacional proposta neste livro pode proporcionar condições para que sistemas claros de autoridade e responsabilidade sejam criados. Estes estão embutidos nos Elementos Estruturados e nos Elementos de Governança descritos no Capítulo 7. Tais sistemas de autoridade e responsabilidade demonstram respeito à dignidade humana, afastam redes coercivas e, portanto, liberam uma energia emocional tremenda para um propósito produtivo.

Conforme discutido no Capítulo 3, o comportamento não verbal é mais importante para transmitir significados do que a fala e as palavras. Ao falar com alguém que está bocejando e com os olhos semicerrados, um indivíduo pode não se convencer de que está sendo dada atenção ao que está sendo dito. Em organizações, os sistemas e processos são o equivalente do comportamento não verbal na interação humana. Todos os sistemas e processos devem ser pensados deliberadamente de acordo com seus respectivos propósitos, levando em conta a cultura das pessoas que devem trabalhar com eles. Para promover a maturidade, a liderança transformacional deve entender sua própria cultura bem como a cultura da força de trabalho.

Ao implementar um sistema ou um processo, os líderes devem saber se este será visto como justo ou injusto, honesto ou desonesto (modelo de consequências "CARES" no Capítulo 4). Entender como as pessoas percebem sistemas e símbolos através de suas lentes culturais é tão importante quanto entender como as pessoas percebem o comportamento. Os sistemas e processos são importantes, pois eles operam o tempo inteiro, todo dia, todos os dias. Diferentemente do comportamento da liderança, os sistemas e processos estão sempre presentes. O alinhamento dos sistemas, processos e comportamento é muito influente. É difícil para um líder contrapor maus sistemas e mau comportamento somente através de bons comportamentos. A liderança que depende apenas do modelo padrão de comportamento não perdurará. O comportamento retrocederá, a menos que seja reforçado por sistemas e processos robustos.

8.2.4 Estabelecer a Responsabilidade de Linha

Um gestor também é um líder de pessoas. Isso foi tratado como liderança transacional no Capítulo 5. Para que gestores aceitem a responsabilidade pelo desempenho do trabalho dos outros, eles devem ter certas autoridades mínimas. Essas autoridades devem sempre ser exercidas dentro da política da empresa e das leis locais que são delineadas pelos sistemas e processos. Isso se chama responsabilidade de linha. Por definição, a autoridade nunca é sem limites. Existem restrições quanto à autoridade que uma organização pode conceder a seus gestores, e existem restrições baseadas na aceitação da autoridade de um gestor pelos membros da equipe dentro do sistema de gestão.

As autoridades delineadas no sistema de gestão são os mínimos exigidos para que os gestores aceitem a responsabilida-

Capítulo 8 Uma Análise da Excelência na Gestão de Ativos 201

de pelo desempenho de trabalho dos membros da equipe. Essa abordagem de delegar responsabilidade e aceitar a responsabilização é chamada de responsabilidade de linha. A responsabilidade de linha permite que a liderança seja desempenhada em todos os níveis da organização, e não simplesmente como um atributo ou estilo de qualquer posição específica. Portanto, todos os níveis de liderança são responsáveis pela implementação e uso do sistema de gestão em seus respectivos campos. A responsabilidade, portanto, é delegada.

A liderança desde cima é essencial para o sucesso dos sistemas de gestão de ativos. No entanto, uma liderança genuína e consistente também se faz necessária em todas as camadas hierárquica da organização. Os gestores de linha, e a responsabilidade exercida por eles em diferentes situações de supervisão, fazem a ligação entre a alta administração e os outros níveis organizacionais. A responsabilidade pela implementação da política de gestão de ativos e pela obtenção dos objetivos organizacionais é de toda a linha gerencial, então a liderança deve fazer com que cada indivíduo na linha se sinta:

- Responsável por seu desempenho nas metas de segurança, produção, custos, qualidade e prazos de entrega; e
- Capacitado para exercer essa responsabilidade.

A gestão de ativos deve, portanto, constituir uma parte integral de cada função da organização, e não uma função à parte. Para que isso seja alcançado, deve-se garantir um processo ordenado e eficaz que garanta o envolvimento de todas as pessoas, para propiciar uma prática consistente de gestão de ativos em todos os níveis e funções organizacionais. Em organizações que implantam a responsabilidade de linha, a liderança é a dona dos negócios e da gestão de ativos, e é responsável pelo resultado em cada equipe. Alguns exemplos de como a responsabilidade de linha funciona para obter a excelência operacional são:

- A liderança deve exigir, monitorar, analisar e promover uma gestão de ativos de alto desempenho por toda a organização.

- A liderança demonstra que todos os acidentes e falhas podem ser evitados e que sempre há uma maneira segura, confiável, sustentável e saudável de realizar qualquer tarefa.
- O gestor de linha é responsável pela segurança de todas as pessoas e pela confiabilidade dos ativos de sua linha. A excelência operacional implica gerir os ativos da mesma maneira como são gerenciadas a saúde, a segurança e o meio ambiente.
- O supervisor é responsável por sua própria saúde e a de sua equipe. O mesmo conceito se aplica à confiabilidade dos ativos sob seu comando.
- Cada pessoa é individualmente responsável por sua própria saúde e coletivamente responsável pela saúde do resto da equipe.
- A gestão de ativos não pode ser de exclusiva responsabilidade do gerente de gestão de ativos, que desempenha o papel continuado de consultor, conselheiro e educador da força de trabalho.
- O gestor de linha é responsável por implementar padrões e normas na organização e continuamente atentar para o alinhamento com os conceitos e princípios que guiam o sistema de gestão de ativos.
- O gestor de linha deve agir com um foco nas ações.
- A liderança deve continuamente buscar altos padrões de gestão de ativos e torná-los melhor entendidos pela força de trabalho.

8.2.5 Focar em Pessoas Capazes e Comprometidas

O sucesso de uma organização depende do conhecimento, das habilidades, da criatividade, da motivação e do compromisso de sua força de trabalho. Por sua vez, o sucesso da força de trabalho depende das oportunidades de aprendizagem e de um ambiente que conduza ao desenvolvimento total de seu potencial. Nesse contexto, a promoção da participação das pessoas em todos os aspectos do trabalho figura como um elemento fundamental para alcançar a sinergia entre as equipes. Pessoas com diferentes habilidades e competências formam equipes de alto desempenho quando entendem a si próprias e aos outros com a intenção de atingir objetivos claramente definidos.

Valorizar as pessoas pressupõe que elas têm necessidades e desejos específicos. Estes devem ser claramente compreendidos e levados em conta no desenvolvimento de estratégias, planos, práticas e alinhamento necessários para o sucesso da organização. A gestão de ativos requer o alinhamento de propósito desde a alta administração até a equipe na linha de produção. Os itens a seguir mostram algumas atitudes e comportamentos de pessoas que trabalham em organizações que alcançaram o estágio de maturidade de excelência operacional na gestão de ativos:

- A gestão de ativos faz parte de todas as atividades, não é uma atividade à parte.
- A gestão de ativos é um valor e uma crença – é muito mais que uma prioridade.
- O cnvolvimcnto em atividades para melhorar os resultados e processos, tais como a participação em um comitê ou grupo de trabalho de gestão de ativos; a participação na investigação de incidentes ou falhas ou na criação ou revisão de procedimentos de gestão de ativos na sua área.
- Cada funcionário tem a autonomia e a responsabilidade de tomar as medidas para prevenir acidentes e falhas, para garantir a segurança de si e dos outros e a confiabilidade dos ativos.

8.2.6 Estabelecer uma Organização Livre de Acidentes e Falhas

De acordo com estudos, a maior parte dos acidentes, falhas e incidentes em organizações é resultado do comportamento humano. A liderança no estágio de excelência operacional de maturidade da gestão de ativos deve focar na ação e no comportamento humano, mas reconhecer que o erro humano está sempre presente e não pode ser inteiramente eliminado. Algumas considerações importantes de se levar em conta são:

- A segurança é considerada um valor. Comportar-se de maneira segura é valorizado acima de tudo.

- Existe a crença de que todos os acidentes e falhas de ativos podem ser evitados.
- Existe a crença de que há sempre uma maneira segura e confiável de desempenhar uma atividade.
- Agir com foco no que é positivo.
- Sempre tentar obter compromisso e estimular a disseminação e comunicação das melhorias que foram aprendidas a partir de acidentes e falhas anteriores.
- Entender que as ações não são uniformes por causa da falta de treinamento, padrões mal definidos e aplicação rotineira de procedimentos poucos entendidos.

Quando os hábitos são suficientes, as regras são desnecessárias. Quando os hábitos são inadequados, é impossível fazer com que todos sigam as regras.

Os seguintes fatores devem ser levados em consideração para que haja a prevenção de grandes acidentes nas organizações:

- Fatores relacionados às instalações (equipamentos, ativos e estruturas),
- Fatores organizacionais (procedimentos, processos, sistemas e gestão de tecnologia – elementos estruturados), e
- Fatores pessoais (cultura, valores e liderança – elementos estruturantes).

Mudanças nesses fatores têm impacto de um sobre os outros. Por exemplo, comportamentos que reduzem a probabilidade de acidentes costumam resultar em mudanças nos equipamentos e procedimentos. Em outras palavras, quando as pessoas decidem agir de forma segura, elas adotam o modelo mental automático e seu comportamento costuma gerar melhorias nos equipamentos e procedimentos.

Fatores pessoais podem ser observados e analisados através de auditorias comportamentais. Abordagens à gestão de ativos que são centradas no comportamento podem reduzir a frequência de comportamentos indesejados e aumentar a frequência de comportamentos desejáveis em ambientes organizacionais. O impacto de auditorias comportamentais pode ser contínuo e objetivamente avaliado através da observação, do registro e do rastreamento da frequência de desvios.

Auditorias comportamentais em grande quantidade ao longo do tempo exigem compromisso para serem eficazes. Os líderes têm de entender os princípios do Modelo ABC apresentado no Capítulo 3 e sentir-se confortáveis para aplicá-los a fim de evitar acidentes e falhas. Isso quer dizer levar em conta fatores pessoais como: conhecimento, intenções, modelos mentais, expectativas e cultura. Por exemplo, certos ânimos podem influenciar um indivíduo a ajudar ou não ajudar outra pessoa. O estágio de excelência operacional na maturidade da gestão de ativos requer a integração dessas abordagens para poder entender e influenciar o elemento humano dentro de uma cultura organizacional específica.

Os funcionários frequentemente se referem às regras e procedimentos como se fossem simplesmente ordens a serem seguidas. Em outras palavras, o que essas pessoas fazem para a gestão de ativos seria cumprir com os padrões, mas não suas próprias crenças e valores. Nesses casos, é o sentido de controle que age como motivação para evitar falhas, não a busca do estágio de maturidade de excelência operacional e a construção de um local de trabalho livre de acidentes e falhas.

Os resultados de alto desempenho são atingidos fazendo-se a ponte entre bons equipamentos e bons procedimentos. Uma vez que a equipe tem a gestão de ativos enquanto um valor e uma crença, ela é capaz de vencer as deficiências dos equipamentos e procedimentos. O oposto ocorre se as pessoas são desestimuladas e seus modelos mentais não refletem a gestão de ativos como um valor e uma crença: nesse caso, não importa o quão bons são os equipamentos e procedimentos, os resultados são sempre ruins.

Um exemplo corriqueiro disso é o conceito de direção defensiva, que leva em conta a existência de quatro elementos: rua, carro, leis de trânsito e motorista. A rua pode ser ruim, esburacada e mal marcada, representando os elementos estruturados; o carro pode ter uma suspensão, pneus ou motor com defeito, representando os ativos; as regras de trânsito podem ser inadequadas, representando a governança. Nesse cenário, o único capaz de adaptar-se à pista e dirigir de forma segura é o motorista, com sua inteligência e comportamento humanos, representando os elementos estruturantes.

A participação, o envolvimento e o comportamento proativo são muito mais visíveis em pessoas que trabalham para atingir as metas e os resultados compartilhados, do que entre aquelas que tentam atingir metas estabelecidas por outros. Nesse sentido, a gestão de ativos deve ser considerada o valor coletivo número um da organização, alcançado e mantido pelas mesmas pessoas que se beneficiam dele.

8.2.7 Focar na Aprendizagem e na Melhoria Contínua

A aprendizagem e a melhoria contínua são elementos importantes para alcançar a maturidade na gestão de ativos. A melhoria contínua trata de se progredir através de todos os estágios de mudança e integrar métodos de aprendizagem indutivos e dedutivos. A aprendizagem deve envolver uma comunicação ampla e continuada, que permeie todos os níveis da organização, de maneira que as mudanças aconteçam exponencialmente. A excelência não pode ser atingida sem mudança constante, especialmente no mundo competitivo de hoje.

As ações dos líderes refletirão os padrões que eles almejam.

As organizações devem criar um ambiente de confiança que leve à mudança e à aprendizagem, através da estruturação de um sistema de antecedentes e consequências, com ênfase em ser proativo. Caso contrário, o ambiente hostil inconsciente impedirá que o sistema racional aprenda, o que leva à apatia, afastamento ou confronto, conforme discutido no Capítulo 4. Enquanto o sistema límbico não estiver aberto à aprendizagem, novos hábitos não poderão ser incorporados ao comportamento. É como tentar aprender a dirigir um veículo ao mesmo tempo em que se tem uma aversão a dirigir: por causa do medo sentido na situação, o sistema límbico bloqueia o aprendizado efetivo. Um ambiente de segurança e confiança é crucial para a aprendizagem e para a melhoria contínua.

Capítulo 8 Uma Análise da Excelência na Gestão de Ativos

A palavra aprendizagem deriva etimologicamente das leis indo-europeias, que quer dizer caminho ou rumo. Isso significa que a aprendizagem expande a capacidade através do conhecimento adquirido de um caminho ou curso. Aprender é expandir a habilidade de captar, integrar e expressar informações, isto é, envolve a propensão à mudança e a adaptação a novas situações.

No mundo da aprendizagem acelerada, a ideia de ter feito algo errado é substituída pelo conceito de ter feito algo que não gerou o resultado desejado.

A Figura 8.3 ilustra diversos níveis dentro do processo de aprendizagem e melhoria contínuas necessárias para alcançar a maturidade na gestão de ativos. O nível básico de aprendizagem é o treinamento e o fornecimento de informações. Esse é o nível *saber como fazer*. Muitas organizações param nesse nível. Para uma organização avançada e consciente, o próximo nível é promover a conscientização da força de trabalho. Durante essa fase, um sistema de consequências está prestes a entrar em ação. Para que esse sistema de consequências seja efetivado, é necessário que as ações e os comportamentos sejam continuamente monitorados, de forma a se poder determinar as causas e as ações corretivas.

No próximo nível, é estabelecido um clima de disciplina operacional, fase que representa o poder do saber. Nesse ponto, existe na organização um ambiente onde a força de trabalho se sente capacitada para lutar contra a complacência. Finalmente, no topo de tudo, está o reconhecimento. Esta é a chave para estabelecer um clima de confiança, onde todos são valorizados e capacitados para buscar a excelência operacional através da melhoria contínua.

Em tempos de crise, é importante manter padrões adequados de gestão de ativos, sem perder o foco na crise. Uma crise de qualquer tipo gera tensão e ansiedade. Sob essas condições, as pessoas se tornam mais vulneráveis, com menos habilidade de se concentrar e estão propensas a cometer erros e desconsiderar os processos e as atividades estabelecidos no sistema de gestão de ativos. Nessas circunstâncias, o fortalecimento dos compromissos da gestão de ativos não só contribui para uma melhor gestão da crise, mas é também uma forte declaração de consistência por parte da liderança.

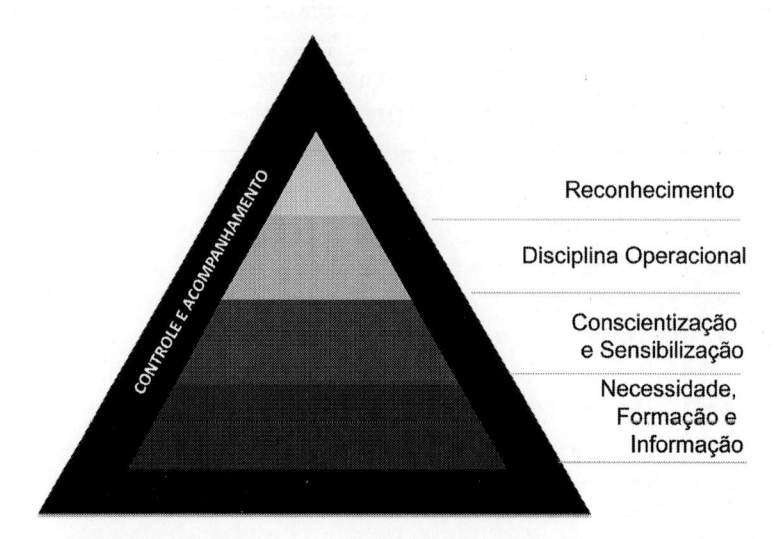

Figura 8.3: *Treinamento, Qualificação e Desempenho.*

Uma crise simultânea e a falta de compromisso com a gestão de riscos através do uso do sistema de gestão de ativos tem um impacto altamente prejudicial ao clima organizacional. Esse fato deve, portanto, ser cuidadosamente evitado por organizações vigilantes e atentas a todos os aspectos da gestão de ativos. Ferramentas e conceitos de melhoria contínua devem fazer parte do sistema de gestão de ativos não importando a situação. Entre eles devem estar:

- Buscar aprender com todo acidente/falha, incidente e desvio;
- Quando algo dá errado, perguntar "por que" e não "quem";
- Praticar análise da abrangência, disseminação e implementação de ações de bloqueio para reduzir riscos, incidentes, acidentes e falhas;
- Continuamente procurar pelas referências, padrões e práticas mais adequados;
- Estipular altos padrões e práticas que são bem entendidas. Identificar oportunidades para a melhoria contínua de processos, procedimentos e padrões;

- Ouvir a força de trabalho para buscar sugestões para a melhoria. As melhorias vêm daqueles que executam;
- Buscar metas e alvos da gestão de ativos que sejam desafiadores mas realísticos;
- Fornecer treinamento eficaz e consistente para a gestão de ativos;
- Administrar através da investigação de acidentes, falhas e incidentes e ações subsequentes;
- Praticar a comunicação efetiva e a motivação;
- Buscar a melhoria em todos os processos. Não se contentar em ter o segundo melhor resultado; e
- Lembrar que os resultados atingidos não acontecem do nada. Eles são causados.

8.2.8 Estabelecer uma Cultura de Justiça e Metrocrática

O conceito de erro leva à culpa e acarreta todas as consequências descritas abaixo. A substituição do conceito de erro humano pelo conceito de desvios e violações é, portanto, encorajada. Um elemento importante na investigação de desvios, incidentes, acidentes e falhas é a consciência da existência de uma cultura de culpa em uma organização. A culpa leva à ideia de erro, medo e defensividade, o que por sua vez reduz a consciência. O medo da culpa inibe não só a tomada de responsabilidade, mas também bloqueia o reconhecimento honesto, a identificação e a confirmação de falhas em um sistema de gestão de ativos. Mudar o foco para a aspiração e a esperança pode possibilitar esses comportamentos.

A cultura de culpa ainda impera na maioria das organizações. Isso quer dizer que as investigações formais não alcançam as causas-raiz. Quaisquer correções que possam ser implementadas subsequentemente serão baseadas em uma falsa realidade. Para superar culturas organizacionais inapropriadas é necessário consertar as falhas do sistema de gestão de ativos através da máxima de Santo Agostinho: suave com o pecador, duro com o pecado. O sistema defeituoso da gestão de ativos deve ser tratado independentemente de qualquer comportamento individual como, por exemplo, desvios e violações, desde que não sejam violações intencionais. Para o tratamento de falhas pessoais, violações e desvios, é essencial que as organizações tenham um sistema de consequências bem estabelecido, disseminado e conhecido pela equipe, que reconhece os comportamentos adequados e desencoraja os indesejados.

As organizações também devem levar em conta a aprendizagem em potencial que pode ser extraída das falhas, atentando para a existência de dois tipos de resultado: desvios e violações. Os desvios são o resultado de querer alcançar um objetivo digno dentro dos padrões e valores estabelecidos. Esses resultados nos ensinam, pelo menos, o que não fazer. As violações envolvem a repetição de nossos próprios erros, não seguir um padrão, procedimento ou regra de forma consciente e deliberada, repetir comportamento complacente, prática inapropriada ou ilegal. Os desvios podem resultar de uma falta de habilidade técnica ou conhecimento. Para fomentar a aprendizagem a partir desse tipo de resultado, a organização deve melhorar o treinamento estruturado, a comunicação continuada, promover a diversidade e a inovação, entre outras ações. Para evitar violações, a organização deve estruturar um sistema sólido e coerente de consequências positivas e negativas, fazendo com que seja mais vantajoso não cometer essas violações.

O caminho para a melhoria contínua nem sempre é linear, já que o progresso pode ser momentaneamente interrompido por um incidente inesperado de proporções significativas. Se este é considerado um evento isolado e não sistêmico, a liderança deve estar com o firme propósito de aprender com o incidente, ao mesmo tempo em que estimula e motiva a organização a avançar na jornada de buscar o estágio de excelência operacional na maturidade da gestão de ativos. Se há indícios de que o incidente poderia ter sido evitado, a liderança deve demonstrar que é essencial melhorar o desempenho e aperfeiçoar a atenção da equipe.

As organizações são desenhadas para ter um sistema claro de consequências que fomente a aprendizagem e melhore os padrões e sistemas. Muitas vezes durante uma investigação, os líderes são confrontados com violações que não podem ser toleradas pela organização. Em tais casos, medidas disciplinares devem ser aplicadas. Isso inclui um novo treinamento, revisão

Capítulo 8 Uma Análise da Excelência na Gestão de Ativos

de procedimentos, advertência verbal e medidas ainda mais severas, como a demissão. Tal sistema de consequências só funciona direito quando todas as regras da organização são conhecidas de antemão e seguidas, sem exceção. Essas regras devem ser continuamente atualizadas, escritas claramente e, ainda, contribuir para que o trabalho seja feito corretamente e de maneira segura. Elas então podem ser classificadas como justas e ajudam a criar uma cultura de justiça.

A cultura de justiça encontra um equilíbrio adequado entre uma cultura de culpa e uma cultura livre da culpa, onde as pessoas são propriamente responsabilizadas por suas ações ou omissões e as lições certas são aprendidas para o futuro. Depois de um incidente, as organizações têm a tendência automática de atribuir culpa ao indivíduo responsável pela última operação antecedente ao problema. Isso faz com que as causas organizacionais sejam ignoradas, além de desencorajar o relato de condições inseguras ou não confiáveis, dificultar a cooperação com a investigação de incidentes e limitar a habilidade de aprendizagem organizacional. Igualmente, uma organização que nunca encontra qualquer falha em seu pessoal cultiva a complacência.

Um prerrequisito para criar uma cultura de justiça é um conjunto de regras claras de comportamentos aceitáveis e inaceitáveis. Deve haver um elemento de confiança, que é o fator mais importante na garantia de um relato adequado. Isso é atingido através do acordo e pela construção da confiança dentro da organização. Uma cultura de justiça encoraja o relato aberto e honesto, possibilitando investigações estruturadas de desvios e falhas que resultem em ações consideradas justas. Estabelecer uma cultura de justiça é um dos maiores desafios para líderes, porque tal cultura é baseada na confiança. Promove um sentimento de que as pessoas serão tratadas de forma justa e íntegra, quando as organizações investigam por que os erros foram cometidos para fazer melhorias. Não se trata de um ambiente livre de culpa, onde ninguém é responsabilizado. Todos na organização devem ter bem claro em seus valores qual é o limite que se estabelece entre o comportamento aceitável e o comportamento inaceitável.

Em resumo, alcançar o estágio de excelência operacional na maturidade da gestão de ativos depende da habilidade da liderança de criar um sistema que reconheça antecedentes e consequências e puna aqueles que não atingem ou deixam de cumprir com os padrões de maneira clara, justa e democrática.

8.2.9 Focar em Estabelecer Altos Padrões

Uma crença básica do comportamento organizacional é que o padrão mínimo que a liderança estabelece é o máximo que a equipe atingirá. Isto é, se o padrão mínimo da liderança for baixo demais, o padrão de percepção de perigo ou comportamento dos subordinados também será muito baixo. Estabelecer padrões altos significa elevar os padrões mínimos de liderança. Se houver um alto nível de intolerância para desvios, que são os comportamentos de baixo risco, então um padrão alto de trabalho em geral surgirá. Se o padrão da liderança for baixo, a percepção de perigo nos níveis organizacionais subordinados será extremamente baixa.

Para a obtenção de resultados positivos, é essencial aprender com os erros cometidos. A liderança deve exigir que recursos sejam aplicados para que a organização aprenda com os acidentes, incidentes e falhas. Por exemplo, toda vez que um acidente, falha ou um incidente de segurança ou confiabilidade acontecer, a liderança deverá exigir que as causas sejam investigadas e que mudanças e melhorias sejam implementadas.

Considere o exemplo de uma pessoa que trabalha com uma ferramenta em uma estrutura de andaime. Deixar a ferramenta solta na beirada do andaime pode caracterizar um desvio. Deixar uma ferramenta de andaime cair sem que ela atinja ninguém é caracterizado como um incidente. Se a ferramenta cai em uma máquina e a quebra, este é um incidente com dano à propriedade. Se a ferramenta cai em uma pessoa, isso causa um acidente potencialmente de alta gravidade.

Gerenciando desvios e incidentes, a organização não só direciona seu foco para acidentes relevantes, mas também reduz o número de incidentes e acidentes sem perda, de maneira que mudanças no comportamento ocorram antes que os acidentes graves aconteçam. A perda sempre é precedida por um ou mais desvios. Por essa razão, é essencial identificar, registrar, tratar e eliminar os desvios no local de trabalho.

Capítulo 8 Uma Análise da Excelência na Gestão de Ativos

A Figura 8.4 mostra a pirâmide de acidentes adaptada. Na base, estão o comportamento e os desvios, que podem ser definidos como qualquer ação ou condição com potencial para resultar, direta ou indiretamente, em dano a pessoas, propriedades, equipamentos e ativos ou impacto ambiental. Os desvios podem ser, por exemplo, falta de cumprimento de padrões de trabalho, procedimentos, exigências legais ou regulatórias, e exigências ou práticas do sistema de gestão. Os desvios podem ser caracterizados como atalhos latentes que levam à violação de uma série de barreiras de proteção. Ações isoladas não são consideradas eficazes no tratamento de desvios. São as ações sistêmicas relacionadas não só a fatores visíveis, mas também a fatores comportamentais humanos da cultura organizacional, que requerem gestão. A maneira mais eficaz de gerir desvios é evoluir para uma cultura interdependente descrita no Capítulo 6, como evolução facilitada pela adoção de um sistema de gestão integrado efetivo.

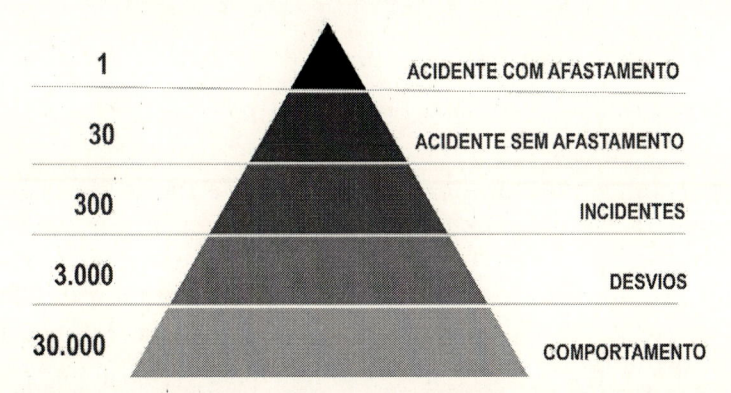

Figura 8.4: *A pirâmide do acidente adaptada de Conocophilips (2003).*

Quaisquer perdas, acidentes e falhas são precedidos por um ou mais desvios. Portanto, prevenções de desvios sistemáticas reduzem as perdas e os acidentes.

A abordagem tradicional enfatiza a colocação de barreiras de segurança ou confiabilidade isoladas para prevenir perdas, conforme mostrado na Figura 8.5. Essas barreiras podem ser de vários tipos e são divididas entre barreiras *hard* ou tangíveis e barreiras *soft* ou intangíveis. Barreiras *hard* são controles físicos, incluindo dispositivos de trava interna, diques de contenção e válvulas de alívio de pressão. Barreiras intermediárias entre barreiras *hard* e barreiras *soft* são representadas por regras e procedimentos, incluindo procedimentos para a gestão de ativos, como permissões de trabalho, bloqueio e etiquetagem, cordões de isolamento, identificação e treinamento. Barreiras *soft* incluem a atitude, o comportamento e o compromisso dos líderes de cuidar do equipamento e dos dispositivos de segurança, bem como seguir sistematicamente todos os procedimentos para garantir a segurança e a confiabilidade em todas as atividades.

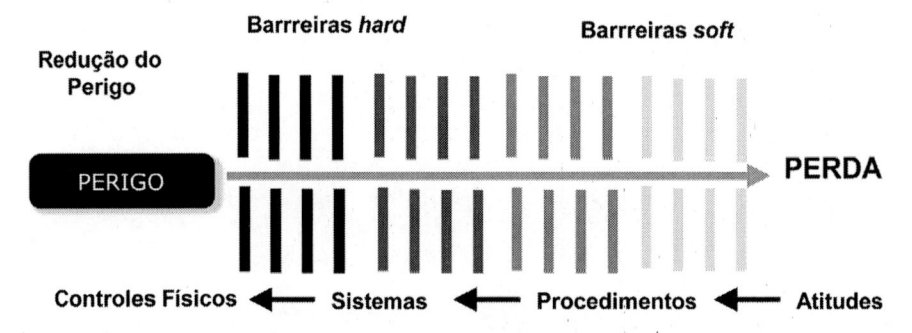

Figura 8.5: *A direção visível dos acidentes adaptada de Reason (2000).*

Mesmo com a implementação rigorosa de todas essas barreiras, acidentes e falhas ainda podem acontecer. A análise desses acidentes raramente nos ensina que uma causa está presente. Geralmente, há uma série de pequenos incidentes que causam um efeito dominó, culminando em um acidente/falhas e perdas, conforme pode ser visto na Figura 8.6.

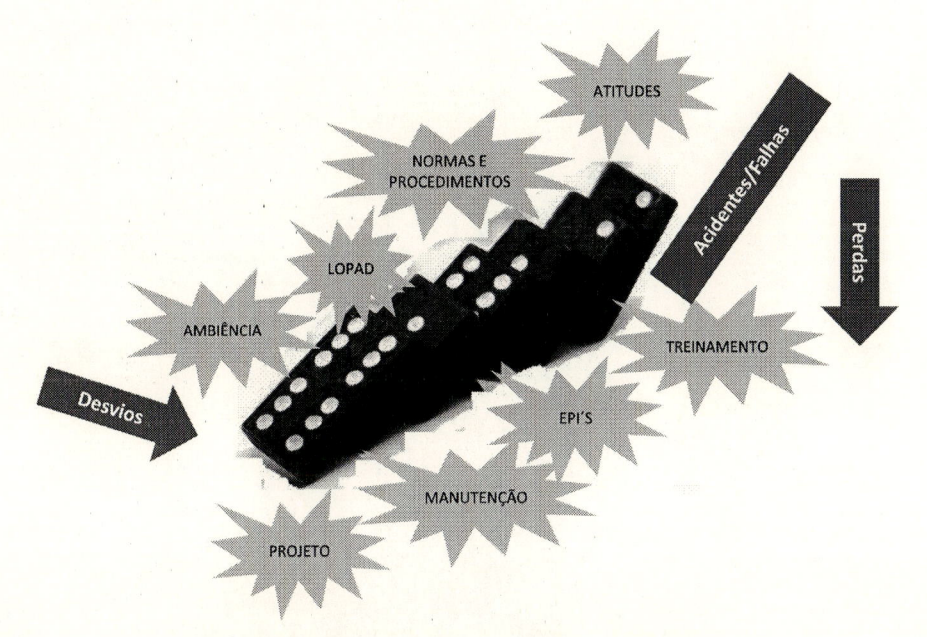

Capítulo 8 Uma Análise da Excelência na Gestão de Ativos   215

Figura 8.6: *Acidentes e falhas raramente são causados por uma única causa.*

A melhor solução para a prevenção de acidentes/falhas em uma organização é aplicar um sistema robusto e integrado para a gestão de ativos, qualidade, saúde, segurança e o meio ambiente, aplicado a todas as atividades e níveis da organização. A abordagem sistêmica argumenta que acidentes e falhas ocorrem quando falhas latentes não são detectadas e tratadas, o que, quando combinadas, levam ao efeito dominó da Figura 8.6 acima. Todas as barreiras são superadas por desvios, fatores locais inadequados no local de trabalho e fatores organizacionais, conforme mostrado na Figura 8.7. Esses três fatores geralmente são invisíveis e não têm qualquer consequência enquanto todas as barreiras protetoras estão ativas.

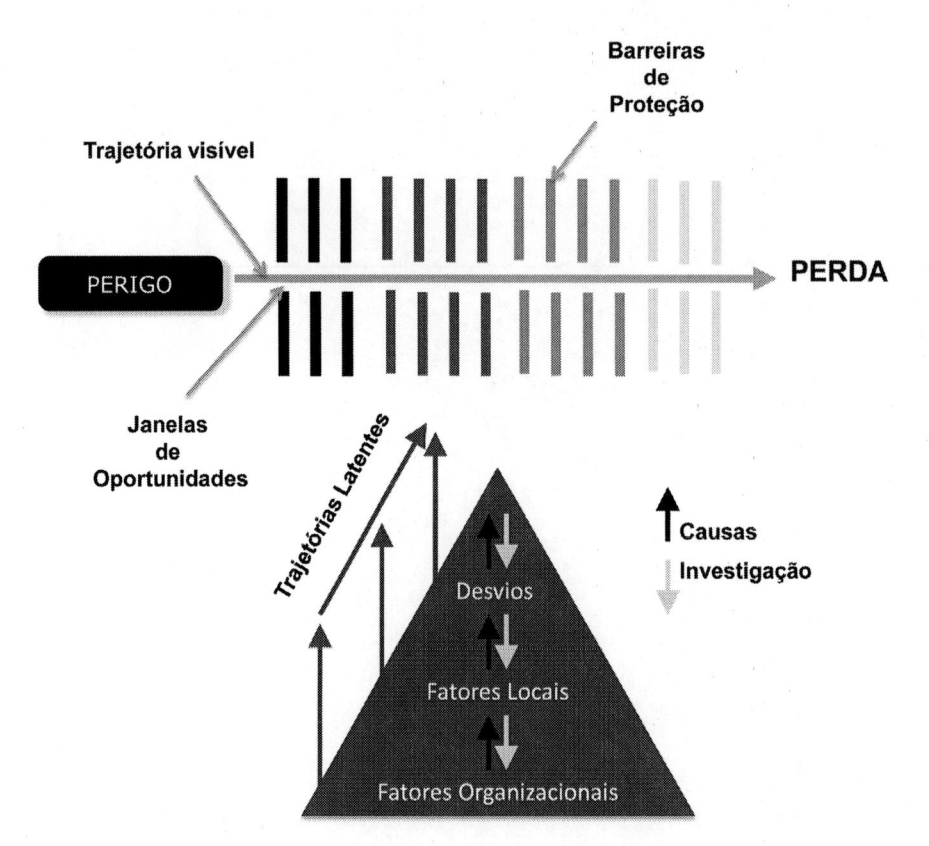

Figura 8.7: *As trajetórias visíveis e latentes dos grandes acidentes adaptadas de Reason (2000).*

Acidentes e falhas são um processo, não um evento. Falhas e acidentes não são causados por eventos raros, mas por uma rara combinação de eventos usuais, incidentes e desvios.

Quando barreiras protetoras isoladas são implementadas e as ações são unidirecionais, as causas das perdas são investigadas nos fatores visíveis, externos e pessoais. Entretanto, na abordagem sistêmica, as perdas devem ser investigadas em todos os elementos que compõem o sistema, isto é, na cultura administrativa e na prática da liderança e elementos organizacionais.

Falhas e acidentes podem ocorrer através da existência de equipamentos não confiáveis, sistemas de proteção indisponí-

Capítulo 8 Uma Análise da Excelência na Gestão de Ativos 217

veis, planejamento inadequado e materiais temporariamente modificados e inapropriados. Essas falhas no local de trabalho, chamadas causas imediatas, podem contribuir para o agravamento de desvios existentes. Fatores organizacionais incluem falta de uma política para prevenir erros, a ausência de diretrizes para aprender com acidentes, falhas e incidentes, a ausência de mecanismos para identificação de risco e, finalmente, a falta de elementos no sistema de gestão de ativos.

A análise sistemática de desvios, incidentes, acidentes e falhas, bem como a troca e disseminação de informações dessa análise, são práticas essenciais para a comunicação da gestão de ativos. Muitas vezes, a organização decide intervir sem a causa básica do incidente, acidente ou falha ter sido levantada. Medidas são tomadas para eliminar somente os sintomas e seus efeitos. Como a real natureza da causa não foi detectada, a condição de risco reaparece, apresentando o risco de recorrência.

Uma razão para nao agir em cima da causa subjacente é a dificuldade de estabelecer relações de causa e efeito. A ausência de pensamento sistêmico também aumenta a dificuldade de estabelecer causas básicas. Organizações que não dão atenção suficiente aos relatórios de desvios, incidentes, acidentes, falhas e análise das causas básicas criam programas que funcionam dentro da síndrome do ciclo vicioso de acidentes e falhas.

Análises eficazes chegam de fato às causas dos incidentes, acidentes e falhas. A experiência mostrou que essa abordagem é difícil de adotar na prática porque ela envolve uma mudança cultural e mudanças individuais de modelos mentais. Para verificar as causas-raiz dos desvios, incidentes, acidentes ou falhas, todas as condições devem ser analisadas. A Figura 8.8 mostra que a causa pode ser a cultura, sistemas de gestão ou práticas de trabalho. Cada incidente deve ser cuidadosamente analisado com uma visão sistêmica, de maneira que a solução seja a mais robusta possível (ex. esse incidente servirá para prevenir outros incidentes no sistema remoto).

218 Vivendo a Gestão de Ativos

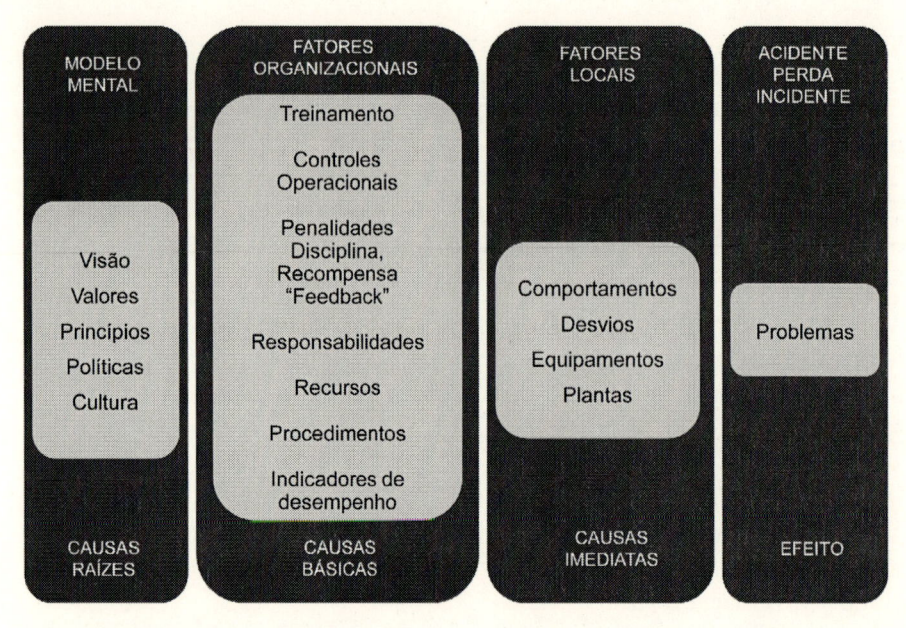

MODELO MENTAL	FATORES ORGANIZACIONAIS	FATORES LOCAIS	ACIDENTE PERDA INCIDENTE
Visão Valores Princípios Políticas Cultura	Treinamento Controles Operacionais Penalidades Disciplina, Recompensa "Feedback" Responsabilidades Recursos Procedimentos Indicadores de desempenho	Comportamentos Desvios Equipamentos Plantas	Problemas
CAUSAS RAÍZES	CAUSAS BÁSICAS	CAUSAS IMEDIATAS	EFEITO

Figura 8.8: *Classificação das causas de acidentes/falhas adaptadas de Bird (1980).*

A recorrência de acidentes e falhas atesta falha sistêmica e demonstra a necessidade de intervenção da liderança.

O papel da liderança na análise de desvios, incidentes e acidentes ou falhas deve ser de:

- Exigir que todas as falhas, incidentes e acidentes sejam relatados;
- Fornecer apoio padronizado e visível a investigações relevantes;
- Atribuir alta prioridade a investigações;
- Exigir resultados de qualidade em tempo hábil;
- Não permitir que os planos de ação das investigações atrasem;
- Fazer com que a equipe se torne responsável por altos padrões de desempenho e resultados;
- Divulgar histórias de sucesso para a equipe; e
- Investigar o "porquê" da falha em vez de procurar "quem".

Organizações que adotam a gestão sistêmica de desvios e incidentes e falhas caracteristicamente:

- Melhoram continuamente a percepção de perigo;
- Realizam análises críticas de tendências periódicas com a equipe para criar planos de ação e evitar recorrências;
- Agem antes que a identificação de condições sistêmicas e desvios conflitem com o padrão estabelecido;
- Agem continuamente, focando no que é positivo;
- Continuamente treinam para a percepção de perigo;
- Incorporam a observação de processos e sistemas em atividades de rotina;
- Garantem que todas as lacunas de acidentes, falhas, incidentes de segurança e confiabilidade sejam inteiramente investigadas e todas as recomendações sejam implementadas.

8.2.10 Estabelecer a Garantia e a Governança da Gestão de Ativos

A auditoria do sistema de gestão de ativos e dos comportamentos é uma das maneiras mais poderosas de garantir a governança. Nas décadas de 1980 e 1990, a palavra auditoria era vista com maus olhos pelas organizações. A disseminação da certificação na série de padrões ISO mudou o sentido da palavra auditoria. A auditoria do sistema de gestão de ativos é um processo no qual a liderança está presente, em pessoa, para garantir que o trabalho está sendo feito de acordo com os padrões da gestão de ativos. Isto é, para garantir que os padrões da gestão de ativos estão sendo aplicados onde as pessoas de fato trabalham, não na realidade virtual das regras e procedimentos bem escritos, que muitas vezes não refletem de modo exato como as coisas são feitas.

A necessidade de garantia advém dos processos de governança de uma organização. Sua origem está na relação de governança do conselho de uma organização e seus donos e, em muitos casos, seu regulador. O processo e procedimentos de garantia aplicam uma abordagem sistemática para medir a probabilidade de sucesso de um sistema de gestão e também para propor melhorias para aumentar a certeza do sucesso. Os processos de garantia também:

- Realizam avaliações técnicas das práticas de engenharia, garantia de qualidade, lições aprendidas, tecnologias, procedimentos e práticas do sistema;
- Sistematicamente realizam avaliações sobre adequação e propósito gerais; e
- Sistematicamente realizam avaliações de processo de segurança do sistema para o uso da segurança em geral.

A diferença principal entre garantia e gestão de qualidade ou auditoria, é que a garantia centra-se nos mecanismos de controle e governança do sistema de gestão de ativos e no impacto potencial da abordagem do sistema. Para estabelecer um nível de garantia associado à gestão dos ativos de uma organização, as seguintes informações acerca da gestão de ativos são tipicamente usadas:

- Os processos são usados pela organização para apoiar o desenvolvimento e a implementação dos planos de gestão de ativos que reflitam a boa prática industrial?
- As pessoas da organização, incluindo contratados, são formalmente reconhecidos como competentes e autorizadas a tomar decisões técnicas e financeiras?
- Os dados utilizados para tomar decisões são consistentes, coerentes e precisos?
- Os riscos relacionados à gestão de ativos são conhecidos e medidos coletivamente ou, pelo menos, a tendência medida?

Em geral, os processos e procedimentos de garantia da gestão de ativos refletem uma compreensão altamente desenvolvida dos níveis de garantia, com processos de governança em ação e aprovados pelo CEO e pelo conselho.

Uma meta das auditorias do sistema de gestão de ativos é identificar e corrigir desvios, bem como o tratamento sistêmico de itens inapropriados. A teoria é que, com o passar do tempo, a administração sistêmica de incidentes e desvios bloqueará as causas de incidentes e acidentes sérios e falhas com perdas.

Capítulo 8 Uma Análise da Excelência na Gestão de Ativos

Com o passar do tempo, os líderes devem encontrar menos e menos desvios visíveis. Como exemplo, os resultados de confiabilidade têm flutuações significativas sem nenhuma causa aparente, as perdas na produção excedem as metas e as práticas de trabalho ineficientes são aceitas. Por outro lado, eles conseguem identificar a transferência efetiva de conhecimento nos sistemas de princípios, políticas, diretrizes e gestão da organização, bem como enxergar a necessidade de melhorar a aprendizagem de maneira contínua.

As auditorias dos sistemas de gestão de ativos são o meio através do qual a liderança garante que os níveis de desempenho estejam instituídos e sendo alcançados. Programas de garantia incorporam auditorias de gestão eficazes, auditorias da equipe, incluindo técnicos e engenheiros, entre outras técnicas para identificar comportamentos e condições que desviam dos parâmetros esperados. Os resultados das auditorias e das autoavaliações fornecem uma base para a melhoria contínua e fortalecimento da cultura de gestão de ativos.

O estágio de excelência operacional da maturidade na gestão de ativos pode ser atingido através do reconhecimento e da eliminação dos desvios. As auditorias dos sistemas de gestão de ativos ajudam a identificar essas situações. Apesar de algumas auditorias serem conduzidas por auditores ou especialistas em gestão de ativos, as que são feitas por líderes têm mais valor. A inclusão de funcionários nessas auditorias é uma forma de envolvê-los no processo de melhorar as práticas de trabalho e demonstrar que eles também fazem parte do empenho da gestão de ativos. Ao incluí-los, a liderança pode demonstrar o padrão de desempenho e o modelo padrão de comportamento esperado da força de trabalho.

Líderes, através de suas ações, determinam o modelo comportamental e fortemente influenciam o interesse dos funcionários relativo às práticas, sistemas e processos da gestão de ativos. São as ações dos líderes, não o que eles dizem, que refletem o compromisso com o estágio de excelência operacional na maturidade da gestão de ativos. Nesse sentido, a observação, a apresentação da frequência diária dos desvios e a auditoria efetiva e constante são o processo chave na ação para a mudança.

São exemplos de ações com foco no processo, direcionados à obtenção de resultados excelentes.

Alguns princípios que as auditorias do sistema de gestão de ativos devem aplicar para alcançar o estágio de excelência operacional na maturidade da gestão de ativos estão listados abaixo:

- Concentrar a atenção nas *entradas* e *saídas*, como a confiabilidade, produtividade e segurança;
- Testar como os padrões de gestão de ativos são entendidos e aplicados pela equipe;
- Testar onde o sistema de gestão de ativos está funcionando bem;
- Identificar áreas para melhoria contínua;
- Esclarecer a adequação aos padrões da gestão de ativos;
- Conscientizar quanto às deficiências da implementação da gestão de ativos;
- Identificar onde as pessoas estão em risco; e
- Testar a liderança através do exemplo e do compromisso visível.

Auditorias são uma maneira prática de a força de trabalho participar na liderança de um sistema de gestão de ativos. As visitas periódicas da liderança ao ambiente de trabalho são essenciais. Durante essas visitas, a liderança deve estar acompanhada de um profissional da gestão de ativos para receber o apoio e a orientação adequados para identificar e corrigir desvios, bem como educar as pessoas de uma maneira proativa e construtiva. Através das auditorias, a organização nota melhorias constantes na gestão de ativos, que devem ser mantidas e melhoradas com o tempo. Durante a auditoria, não conformidades devem ser anotadas e ações corretivas devem ser acordadas e implementadas.

No estágio de excelência operacional na maturidade da gestão de ativos, todos estão envolvidos em auditorias regulares do sistema de gestão de ativos e em inspeções no local de trabalho. A qualidade e eficácia dos sistemas de inspeção, auditoria e certificação da gestão de ativos devem levar em conta a frequência, o grau de participação, o grau de observação do comportamento e o escopo do monitoramento.

Para que as auditorias sistemáticas conduzam ao estágio de excelência operacional na maturidade da gestão de ativos, é importante que as ações da liderança sejam constantemente avaliadas. Isso é feito através de auditorias dos sistemas de gestão de ativos. Assim é possível se certificar que os líderes estão realmente comprometidos, de maneira que a organização possa funcionar no nível desejado de maturidade.

> Use as auditorias da liderança não só para corrigir desvios, mas para treinar, motivar, envolver e obter comprometimento das pessoas.

Tanto a equipe quanto os líderes devem ser auditados quanto a seu desempenho e comportamento, respectivamente. Ademais, o sistema de consequências tanto positivas quanto negativas deve ser aplicado a todos os níveis de maneira transparente e justa. As auditorias devem ser o choque de realidade em todas as áreas e localidades de trabalho, através do diálogo franco e aberto com as pessoas que realizam o trabalho. Isso evita auditorias protocolares que avaliam somente papéis e procedimentos.

8.2.11 Focar no Sistema de Gestão de Ativos

Um sistema de gestão é um conjunto complexo e organizado de processos, procedimentos, atividades e tarefas. Geralmente, um sistema baseado no processo é capaz de manipular e transformar dados para produzir resultados de acordo com um plano determinado. Para a gestão de ativos, a Norma ABNT ISO 55001 (2014) fornece orientação a respeito das exigências de um sistema de gestão de ativos. Este livro só fornece uma breve visão geral de como este padrão interage e contribui para assistir aos outros elementos dentro da organização, para alcançar a excelência da gestão de ativos. O nível de desempenho de excelência operacional atingido pelas organizações não é uma história acidental de sucesso.

> Altos níveis de desempenho surgem com a implementação de sistemas de gestão estruturados que enfatizam a importância da responsabilidade de linha e da disciplina operacional em atingir resultados excelentes.

A implementação de um sistema de gestão não garante, por si só, qualquer melhoria nos resultados dos negócios, a não ser a certeza de um resultado consistente. Um sistema de gestão fornece elementos estruturados que identificam as atividades exigidas, que devem ser consideradas ao gerir ativos para produzir resultados organizacionais. Muitas organizações presumem que implementar tal sistema, por si só, resolverá seus problemas. Isso não é verdade. A liderança deve entender que o sistema só fornecerá alguns dos elementos estruturados, não a excelência.

As razões pelas quais o sistema de gestão foi implementado, o compromisso da alta administração e um entendimento do que mais precisa ser feito são fatores cruciais para o sucesso ao implementar um sistema de gestão de ativos apropriado para a excelência operacional. O sistema de gestão pode ser visto como um fator-chave para capturar e sustentar melhorias feitas por toda a organização. O sistema de gestão de ativos envolve atividades para a identificação continuada de riscos, análise crítica de necessidades, determinação de ações apropriadas, remediação, monitoramento, modificação, análise e auditoria. Esses sistemas têm sido desenvolvidos e aperfeiçoados em organizações que buscam a excelência no desempenho.

Algumas características dos sistemas de gestão eficazes em geral são:

- As regras são amplamente divulgadas.
- Os líderes fazem o que escrevem e escrevem o que fazem.
- Há flexibilidade para revisar os padrões, que devem ser atualizados e válidos.

8.2.12 Participar no Desenvolvimento e Operação do Sistema

Um sistema de gestão eficaz deve ser amplo para garantir que os vários fatores que compõem a organização sejam desenhados para produzir resultados. Os modelos disponíveis são variados e incluem aqueles elementos mais abrangentes das Normas ISO 55000, ISO 14001, OHSAS 1801 e ISO 9000.

Os itens a seguir descrevem as características de um sistema de gestão de ativos eficaz:

- A gestão de ativos está totalmente integrada e incorporada ao planejamento e projeto dos equipamentos e instalações, práticas de operação, manutenção e treinamento para o trabalho.
- A segurança das instalações físicas é excelente e isso é reconhecido por todos.
- A eficácia das estruturas de gestão de ativos no local de trabalho está adequada ao uso.
- A eficácia da equipe de gestão de ativos na organização é apropriada e apoiada.

A implementação do sistema de gestão de ativos baseado na liderança transformacional e transacional permite o desenvolvimento de uma cultura baseada em instintos para uma cultura dependente, depois para uma cultura independente e finalmente uma cultura interdependente, na qual a gestão de ativos é um valor para todos. Esses conceitos foram explicados no Capítulo 6.

> *O sistema de gestão de ativos deve focar alcançar uma cultura de excelência na gestão de ativos e estabelecer metas mensuráveis e atingíveis.*

8.2.13 Alinhar Iniciativas Operacionais e Estratégicas Correspondentes (KPIs)

Objetivos expressados em um tom positivo são altamente eficazes na mente inconsciente, ao passo que objetivos expressados em um tom negativo não são. As frases não faça X e faça X são equivalentes, pois o X está representado em ambas as frases e será imediatamente absorvido pelo inconsciente.

> *As pessoas são mais motivadas a ter sucesso do que a evitar o fracasso.*

As pessoas são mais motivadas pelo trabalho que tem como alvo o sucesso do que pelo trabalho que tem por objetivo evitar o fracasso. Enquanto um sistema de antecedentes e consequências positivas produz a sensação de liberdade, um sistema que se baseia em ações de coerção e punição produz um sentido de controle, podendo gerar um desejo de fugir ou lutar, e até mesmo produzindo apatia. Esse princípio explica por que as metas de produtividade e qualidade tendem a receber mais atenção da organização do que as metas de segurança. As metas de produtividade e qualidade são tipicamente apresentadas em termos de realizações e podem ser facilmente reconhecidas através do reforço positivo como, por exemplo, prêmios de reconhecimento.

Inversamente, as metas de segurança geralmente são apresentadas em termos de reforço negativo, exemplificado na seguinte afirmação: nós atingiremos o objetivo de segurança se conseguirmos passar mais um mês sem acidente ou dano. A manutenção desse indicador requer a documentação de perdas, falhas ou acidentes, que age como um reforço negativo, pelo menos em um nível inconsciente. Medir a gestão de ativos da mesma maneira que estatísticas de acidentes e falhas restringe a avaliação a uma abordagem reativa, que é orientada por resultados negativos; isso cria um sistema motivacional de reforço negativo. Nesses casos, a gestão de ativos tende a ser uma prioridade e um valor de baixo escalão para a organização, quando comparada ao sistema motivacional de reforço positivo destinado à produtividade e à qualidade. Em uma organização que se baseia em uma perspectiva reativa, a gestão de ativos provavelmente não será incorporada como um valor ou mesmo como uma prioridade.

A gestão de ativos pode competir com a produtividade e a qualidade através da ênfase em processos e sistemas que reduzam as taxas de acidentes e falhas da organização. Paralelamente, torna-se necessário estabelecer um sistema de medida para monitorar continuamente as melhorias no desempenho por toda a organização, incluindo conquistas de segurança/confiabilidade, e apresentá-las a toda a força de trabalho. Essa abordagem requer um entendimento de que as realizações da gestão de ativos acontecem em quatro níveis: elementos estruturantes da liderança e cultura; elementos estruturados de alinhamento; elementos de governança e garantia; os ativos e o valor produzido. O sucesso nos ativos, nas plantas e nos equipamentos é mais fácil de documentar e pode ser atingido através da aquisição de equipamentos seguros e confiáveis e da correção de falhas e defeitos encontrados nas inspeções da gestão de ativos.

Fatores relacionados a pessoas e culturas, no entanto, são mais complexos e difíceis de medir. Essas medidas são influenciadas por fatores como treinamento, celebrações de realizações, pesquisas, entrevistas ou discussões em grupos específicos. Essas medidas levam tempo e a confiabilidade e a validade de seus resultados são questionáveis. A melhora nas percepções sobre a gestão de ativos, a segurança e a confiabilidade não necessariamente significa um aumento no desempenho. As práticas de uma organização podem ser observadas, documentadas e acompanhadas por auditorias comportamentais objetivas. Quando a apresentação de registros diários de comportamento mostra um aumento significativo nos comportamentos seguros e confiáveis e uma diminuição dos comportamentos perigosos, as pessoas podem comemorar a obtenção do sucesso e melhora da gestão de ativos.

Focar os resultados em vez de focar o processo é como tentar jogar futebol e focar somente o ato de tentar fazer com que a bola cruze a linha do gol. Líderes frequentemente devotam sua atenção aos resultados em vez de focar os processos responsáveis por esses resultados. Por exemplo, considere a quantidade de tempo gasto em reuniões onde a análise de indicadores reativos, como taxas de acidentes e falhas, é discutida em vez de se discutir os resultados do processo, como, por exemplo, o percentual das práticas de gestão de ativos executadas de forma completa ou a maneira como os funcionários percebem o valor dado pela gerência à gestão de ativos.

Ganha-se o jogo se os jogadores se concentram em adaptar-se às regras do jogo em vez de olhar para o placar do jogo.

8.2.14 Manter a Consistência de Propósito e a Implementação do Processo

Com o passar dos anos, as companhias abordaram a gestão de ativos através de uma série programas específicos e processos de curto prazo em vez de processos contínuos. Essa prática resultou em uma perda de credibilidade e consistência na gestão de ativos nos negócios. Enquanto a palavra programa sugere uma ação isolada, começo, meio e fim, a palavra processo refere-se a algo contínuo, sem fim. As organizações precisam de um processo de melhoria contínua e aprendizagem em vez de só um programa.

As organizações devem tomar cuidado para evitar ciclos de desempenho através da falta de uma abordagem consistente, conforme mostrado na Figura 8.9. Essa figura mostra que depois que é observado um desempenho cada vez pior, muita atenção é dada aos resultados e o desempenho melhora. Nos estágios 2-3, os recursos são realocados para outro lugar e outro período de desempenho em deterioração se segue. Nos estágios 4-5, o desempenho está tão ruim que muita atenção é dada aos resultados e o desempenho melhora de novo.

O desafio da melhoria e da aprendizagem na gestão de ativos é resistir à tentação de gerir os defeitos/falhas/acidente em vez de identificar os fatores proativos críticos: as práticas e processos no sistema de gestão.

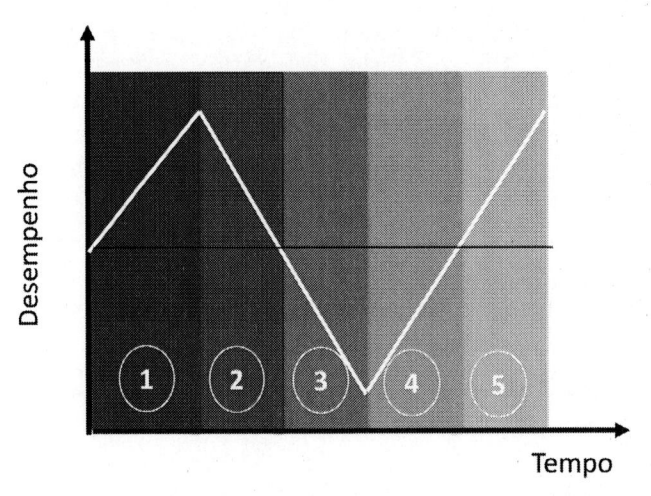

Figura 8.9: *Ciclos de desempenho através da falta de uma abordagem consistente.*

A ausência de falhas e acidentes não mostra a existência da gestão de ativos.

Muita exposição ao risco ocorre antes dos acidentes e das falhas. Essa exposição, na forma de desvios e incidentes menores, ocorre sem consequências visíveis ou significativas para a organização.

Capítulo 8 Uma Análise da Excelência na Gestão de Ativos 229

Já que a ligação entre fatores proativos, como o comportamento, a manutenção e as práticas de segurança, e fatores reativos, como a frequência de acidentes e falhas, é indireta, a maioria das organizações não sabe onde concentrar seus esforços. A abordagem tradicional da gestão de ativos concentra os esforços no final do processo, medindo a taxa de frequência de acidentes e falhas. O problema com essa abordagem é que a taxa de frequência é, na melhor das hipóteses, um indicador limitado do desempenho real. Não fornece qualquer informação sobre fatores proativos, como a redução da exposição e a melhoria do sistema e da cultura.

Considere como exemplo uma taxa de falha que foi reduzida em 25%. Essa redução significa que um certificado de boa saúde organizacional deve ser emitido? Claro que não! Proceder somente à base de taxas de acidentes e falhas é o mesmo que definir a saúde física de um indivíduo como a ausência de doenças. Esse diagnóstico é especialmente ruim quando o médico sabe que o indivíduo fuma, está acima do peso, não se exercita, tem pressão alta e sofre de estresse.

O processo de gestão de ativos é independente de taxas de acidentes/falhas.

Na prática, parece que as organizações com *alta performance* de saúde e confiabilidade derrotam ciclos de desempenho focando na saúde e na confiabilidade, independentemente de taxas de acidentes e falhas. Em organizações que se dão conta de que seus esforços de gestão de ativos não devem ser conduzidos pelos ciclos de desempenho, as melhorias na gestão de ativos são permanentes. Bons resultados são obtidos quando o foco das organizações não está na aplicação de programas específicos, mas na execução de um processo contínuo, com ênfase em indicadores proativos, que continuamente medem a evolução de sistemas de gestão de ativos. Isso é explorado mais a fundo no estudo de caso abaixo.

8.3 Estudo de Caso de uma Usina de Energia

Este estudo de caso descreve como o desempenho de uma usina de energia de 35 anos foi melhorado através da implementação de uma abordagem sólida da gestão de ativos ao planejamento de negócios. A melhoria criou uma referência para práticas de classe mundial.

Uma das maiores usinas de energia da Austrália consiste em seis unidades de geração a carvão e resfriadas com água do mar. À equipe de gestão foi concedido um Prêmio Nacional de Excelência em Engenharia baseado em um compromisso de implementar a gestão de ativos e um compromisso com a colaboração e liderança e, como resultado, transformou o desempenho da usina. Ao ganhar esse prestigioso prêmio nacional, contra muitos outros concorrentes exemplares, a equipe e liderança da usina agora é membro de um grupo de elite das melhores organizações de engenharia da Austrália – que estabelecem referências das melhores práticas e demonstram que são líderes em sua profissão mostrando maestria de classe mundial e inovação ao desenvolver e implementar soluções de gestão de ativos.

8.3.1 Ativos Gerando Valor

Em 2006, a usina estava em uma situação muito ruim. Falhas significativas de ativos e um mau desempenho nos negócios contribuíram para a usina se encaminhar para um desempenho sujeito à penalidade. Como contribuinte significativo ao sistema de energia do estado, isso era uma questão substancial. Nesse momento, a equipe de gestão identificou que a implementação de uma abordagem de gestão de ativos poderia fornecer a solução crucialmente necessária.

Em 2006, a gestão de ativos era um termo desconhecido nessa usina. A aborda-

> *Sr. Ian Pedersen, Presidente do painel de jurados do Prêmio Nacional de Excelência em Engenharia para Engenheiros na Austrália.*
>
> *A usina já está em operação há 35 anos e é a maior usina em todo o estado. Esse processo de manutenção que vem sendo posto em prática nos últimos três anos transformou o desempenho da usina para alcançar a melhor prática do mundo em disponibilidade de energia. O compromisso da companhia em apoiar seus funcionários com esse programa foi aplaudido.*[2]

---

[2] http://www.engineersaustralia.org.au/sites/default/files/shado/News%20media/Media%20Statements/2012MediaStatements/engineers_australia_announces_national_engineering_excellence_awards_project_winners.pdf

Capítulo 8 Uma Análise da Excelência na Gestão de Ativos 231

gem da usina focava-se quase inteiramente no cumprimento do orçamento, em elaborar planos de manutenção para cumprir com o orçamento disponível, com pouca consideração por uma estratégia de ativos de longo prazo. Apesar de ter contratos de energia por vinte anos em vigor, não havia qualquer ligação verdadeira entre a condição da usina e uma abordagem estratégica à gestão de seus ativos para cumprir com as exigências desses futuros compromissos.

Tendo passado seu estágio de vida inicial, a usina estava operando em território desconhecido. O desafio de gestão de ativos encarado pela equipe era desenvolver um plano de longo prazo de operações e manutenção para que todos seus ativos atingissem a vida exigida da usina, enquanto continuavam a ser competitivos em termos de custo.

8.3.2 Alinhamento na Execução de Processos

A aplicação de princípios e práticas sólidos de gestão de ativos forneceu as bases para a operação segura, estável e confiável de longo prazo dos ativos da usina. A equipe de gestão encontrou o sucesso com o desenvolvimento interno de um sistema de gestão de ativos baseado no BSI PAS55 – Gestão otimizada de ativos físicos, uma especificação britânica disponível ao público. Essa especificação oferecia um quadro lógico que permitia à equipe desenvolver uma boa abordagem para a implementação de sistemas que ligavam a gestão de seus ativos ao desempenho de negócios exigido pela usina.

Muitos desses sistemas, ferramentas e processos de gestão de ativos já estavam em vigor na usina. O que faltava era a maneira de tratar como esses aspectos estavam conectados e associados: isto é, como eles estavam localizados dentro de um sistema de gestão atrelado ao desempenho dos negócios.

8.3.3 Utilizando o Sistema de Gestão de Ativos para o Controle da Governança

Em forte contraste a 2006, planos detalhados de gestão de ativos viraram a pedra angular do sistema de gestão de ativos na usina. Esses planos agora cobrem a maioria dos ativos da usina e são projetados para mapear as exigências, atividades, requisitos e estratégias para esses ativos ao longo da vida da usina. Esses planos de ativos detalhados foram usados para desenvolver e conduzir as atividades dia após dia na empresa, para cumprir com as expectativas dos donos.

8.3.4 Liderança e Cultura Possibilitando o Sucesso

A gestão na usina propositadamente decidiu adotar um estilo de liderança transformacional para inspirar uma cultura interdependente unificada e o desenvolvimento continuado da gestão de ativos. A ênfase forte nesse estilo de liderança apoiou uma cultura local coesa, na qual cada pessoa entende como ela contribui para a organização como um todo. Isso resultou em mudanças de comportamentos e atitudes na usina.

A chave para um Sistema de Gestão de Ativos bem-sucedido foi a comunicação eficaz de planos para a equipe, de maneira a facilitar a compreensão. As expectativas dos donos eram filtradas de tal forma que a pessoa que ia a campo fazer um trabalho entendia como ela contribuía para essas expectativas. Isso fornecia a espinha dorsal dos planos da gestão de ativos da usina: um quadro que ligava os objetivos da organização às atividades diárias de pessoas qualificadas e capazes.

O Superintendente dos Sistemas de Gestão de Ativos da usina observou: "nós gostaríamos de pensar que o pessoal que está fazendo o trabalho na linha de produção, os engenheiros que estão resolvendo as questões técnicas, os gestores do projeto que estão realizando obras de renovação e melhorias, que eles todos entendam que, o que eles fazem, não fazem isoladamente. Que tudo isso tem um impacto sobre a eficácia geral da usina e sobre o seu futuro. A intenção do nosso sistema é garantir que haja integração suficiente entre todas essas funções diferentes na empresa, e assegurar que elas produzam o resultado desejado. A consciência dos fundamentos e princípios da gestão de ativos foi um fator-chave dessa jornada de sucesso. A comunicação dos fundamentos, conceitos e princípios da gestão de ativos por toda a organização permitiu à equipe alcançar muitas coisas em um período curto de tempo, com poucos recursos. Ao entender o que era necessário ser posto em prática, a equipe foi capaz de construir uma estrutura coerente e integrada e usar seus próprios recursos internos para realinhar a direção dos negócios. Isso resultou na expressão, por parte dos donos da usina, de confiança nas capacidades da equipe como os administradores de longo prazo da usina".

O Gerente de Serviços Técnicos na usina disse: "essa reviravolta real e significativa no desempenho dos negócios é o resultado de muito trabalho duro. Os planos da gestão de ativos estão evoluindo ainda mais para incluir a sustentabilidade de longo prazo. Nossa meta é continuar a melhorar e nos envolver com profissionais de gestão de ativos. Nós estamos buscando elevar o nosso desempenho para níveis cada vez melhores. A jornada ainda não terminou".

Esse exemplo demonstra o que pode ser alcançado em termos de obter vantagens para os negócios através do alinhamento dos quatro princípios da Maturidade na Gestão de Ativos, auxiliando uma organização a alcançar os níveis mais avançados na Maturidade da Gestão de Ativos.

8.4 Excelência Operacional, Juntando Tudo em um Conceito

A gestão de ativos no nível de excelência operacional une as diferentes funções da organização na busca de objetivos estratégicos compartilhados. Os atributos nesse nível de gestão de ativos incluem:

- Holístico: olhar para o panorama geral da gestão de ativos, combinando a gestão de todos os aspectos relevantes em lugar de uma abordagem compartimentalizada;
- Sistemático: uma abordagem metódica, promovendo decisões e ações consistentes, repetíveis e auditáveis;
- Sistêmico: considerar o sistema de gestão de ativos e os ativos no contexto inteiro do negócio;
- Baseado em riscos: focar as receitas e custos e estabelecer prioridades, apropriadas aos riscos identificados e aos custos/benefícios associados; e
- Balanceado: estabelecer um equilíbrio demonstrável de custos, riscos e desempenho.

Os benefícios da gestão de ativos para os negócios podem incluir, mas não se limitam a:

- Desempenho financeiro superior, melhorando o retorno dos investimentos sem sacrificar o desempenho organizacional de curto ou longo prazo. O desempenho financeiro superior também pode levar à preservação do valor dos ativos.
- Decisões de investimento de ativos bem fundamentadas, permitindo que a alta administração tome decisões que forneçam um equilíbrio demonstrável entre custo, risco, oportunidade e desempenho.
- Risco gerenciado, redução da variabilidade financeira em resultados e perdas, segurança melhorada, *good will* e reputação, impacto ambiental e social minimizado, resultando em reduzidos comprometimentos negativos, como prêmios de seguro, multas e penalidades.
- Serviços e produtos melhorados consistentemente, cumprindo ou excedendo as expectativas de desempenho da organização e de seus ativos em produzir serviços ou produtos à altura das necessidades e expectativas dos clientes e das partes interessadas.
- Responsabilidade social demonstrada, melhorando a habilidade de exibir práticas de negócios e gestão socialmente responsáveis e éticas dentro da comunidade da organização, incluindo emissões reduzidas, conservação de recursos e adaptação à mudança climática.

> ***Ítalo Freitas, Diretor Industrial, com mais de 20 anos de experiência em geração de energia, sobre os benefícios da gestão de ativos.***
>
> *Hoje nós temos uma organização que toma decisões em um único e completo processo. Nós tivemos um aumento no indicador de disponibilidade. A segurança melhorou, e uma das maiores mudanças comportamentais foi a implantação da manutenção baseada no risco. Para isso, a liderança da companhia deve alinhar as expectativas dos acionistas com a excelência operacional, para trazer os melhores resultados para todos.*

Capítulo 8 Uma Análise da Excelência na Gestão de Ativos 235

- Conformidade demonstrada, alcançando conformidade transparente com as exigências legais, estatutárias e regulatórias, e aderência a padrões, políticas e processos da gestão de ativos que podem ser atingidos.
- Reputação aprimorada, através da melhor satisfação dos clientes, consciência das partes interessadas e confiança.
- Sustentabilidade organizacional melhorada através da gestão eficaz de efeitos de curto e longo prazo, gastos e desempenho melhora a sustentabilidade das operações e da organização.
- Eficiência e eficácia organizacionais melhoradas, através da revisão de processos, procedimentos e desempenho de ativos.

8.4.1 Produtos da Gestão de Ativos

Um atributo-chave do estágio de excelência operacional na maturidade da gestão de ativos é a habilidade de demonstrar um equilíbrio apropriado entre custo, risco e desempenho. Isto é, a organização pode demonstrar a relação entre seus planos e os resultados que esses planos atingirão. Nesse caso, cada plano é individualmente necessário e todos são coletivamente suficientes para alcançar o propósito organizacional, em outras palavras, seus resultados.

Isso requer que a organização possa:

- Desenvolver uma política que claramente se articule com o que a organização se propõe a atingir, em qual prazo e com que nível de garantia à suas partes interessadas.
- Implementar processos apropriados de tomada de decisão que possam transformar a intenção corporativa em planos operacionais;
- Identificar quais ativos são necessários e o que é exigido que cada ativo realize, em qual prazo e com que nível de garantia;
- Identificar os ativos, os sistemas de ativos e seus limites;
- Identificar o desempenho exigido, incluindo o nível de garantia associado à realização do propósito dos ativos, da gestão de ativos e do sistema de gestão de ativos;

- Desenvolver critérios para selecionar e gerir ativos que equilibrem riscos, custos e benefícios dos ativos ao longo de seus ciclos de vida;
- Identificar os impactos de objetivos de curto e longo prazo;
- Identificar as tarefas, atividades e recursos necessários para obter o desempenho exigido dos ativos e seu nível de garantia; e
- Integrar os processos da gestão de ativos com outras áreas funcionais da organização, como finanças, recursos humanos, sistemas de informação, suprimento/logística e operações.

A excelência operacional é como uma doutrina de trabalho e deve ser instilada como parte da cultura organizacional. A disciplina leva à excelência na gestão de ativos.

8.4.2 Processos e Procedimentos da Gestão de Ativos

Para que uma organização esteja no nível de excelência operacional, espera-se que processos e procedimentos da gestão de ativos baseados em riscos sejam implementados. Uma visão processual da gestão de ativos está documentada na Figura A.1 no Anexo A.

O Modelo de Entrega de Capabilidade representa o Modelo de Referência de Processo para a gestão de ativos utilizado dentro do Modelo de Maturidade na Gestão de Ativos. Ele apresenta esquematicamente processos que podem ser utilizados, em parte ou inteiramente, para obter os resultados declarados pela organização. Os processos são mostrados em seis disciplinas principais:

- Gestão de Demandas
- Engenharia de Sistemas
- Gestão de Configuração
- Aquisição
- Operações e Manutenção
- Melhoria Contínua

Cada uma dessas disciplinas tem uma variedade de elementos habilitadores de capacidade e subelementos que, por sua vez, podem ter uma variedade de conjuntos de unidades de apoio de competência. As disciplinas e os elementos habilitadores de capacidade serão discutidos mais a fundo no Anexo A.

8.4.3 Liderança na Gestão de Ativos

O estilo de liderança em vigor deve ser tanto transformacional quanto transacional. Líderes transformacionais são inspiradores, pois esperam o melhor de todos em sua equipe, bem como o melhor de si mesmos. Isso leva à alta produtividade e envolvimento de todos em sua equipe. Como o entusiasmo do líder transformacional é passado para a equipe, ele/ela pode precisar ser apoiado(a) por pessoas detalhistas. É por isso que, em tantas organizações, tanto o estilo de liderança transacional quanto o transformacional são úteis. Líderes transacionais, ou gestores, se asseguram de que as políticas e processos sejam internalizados e implementados de forma confiável, enquanto líderes transformacionais buscam iniciativas que agreguem novos valores.

Uma Jornada de Ativos Pouco Confiáveis para Ativos de Classe Mundial, Parte 8

P: Que impacto essa mudança teve em resultados como a segurança?

R: Conforme a planta se tornou mais confiável e previsível, todos os processos do negócio se tornaram mais maduros e previsíveis. Você podia rastrear todos os passos tomados para evitar que a planta falhasse, e o mesmo pensamento é aplicado a como evitar que alguém se machucasse durante os trabalhos que eles têm de fazer. É o mesmo processo; trata-se de usar todo o conhecimento das pessoas à sua volta para aprender com o passado e tentar prever o futuro. Frequentemente, as pessoas dizem: "Eu sei o que é melhor para a minha segurança". Eu não acredito nisso nem por um minuto. Para evitar que um acidente aconteça a alguém, ele tem de ser capaz de aproveitar as experiências de todos à sua volta. Uma organização que tem sede de apren-

der, que tem sede de evitar que coisas negativas aconteçam, tem simplesmente uma cultura maravilhosa. Essa era a nossa cultura. Você melhorava a segurança, a confiabilidade e reduzia os custos substancialmente. Todos os três aspectos estão inerentemente ligados.

Capítulo 9
CONCLUSÃO

A gestão de ativos vai além de ativos e sistemas de gestão. Engloba a segurança, a saúde das pessoas e a preservação ambiental. Os desafios de saúde pessoal e pública, o meio ambiente e a sustentabilidade envolvem questões de mudança cultural e liderança, inteiramente compatíveis com os conceitos apresentados neste livro. Muitas questões ambientais e de saúde também exigem mudança de hábitos, atitudes e comportamentos. Envolvem a dinâmica da mudança cultural e sua relação íntima com a estrutura organizacional, a disciplina operacional, abordagem sistêmica, a liderança, sistemas de gestão, relacionamento e clima organizacional, bem como comunicação, aprendizagem e conhecimento.

9.1 A Dinâmica da Mudança Cultural

A cultura é o que diferencia os seres humanos de outros animais. Os seres humanos têm a capacidade de entender e agir sobre o mundo, criar e decodificar símbolos. A cultura só pode ser entendida por aqueles que têm acesso a ela. Cada cultura tem suas regras, valores, padrões comportamentais e mitos. No nível organizacional, a cultura contém as forças ou resistências necessárias para causar impacto sobre a tomada de decisão acerca de práticas de gestão relacionadas à gestão de ativos.

A liderança é um processo que não deriva de ações individuais espontâneas, mas de algumas exigências sistemáticas básicas. A liderança orienta a direção, o sistema de gestão em que o método e a estrutura de implementação são desenvolvidos. Sem isso, não existe organização. A liderança também guia a aprendizagem e o conhecimento; a criação, a inovação e a comunicação; os relacionamentos e o clima organizacional críticos para o entendimento entre as pessoas; a disciplina operacional e um sistema de consequências que fornece incentivo ao trabalho. Dessa forma, uma pessoa sozinha não muda a cultura, mas as pessoas coletivamente engendram uma cultura de mudança.

A liderança é efetivamente um processo de aprendizagem pessoal e organizacional. A incorporação de novos hábitos deve resultar no crescimento do indivíduo bem como no do grupo. Mudanças em práticas diárias perturbam aqueles que desejam manter as zonas de conforto como norma, e a inovação se perde. Esses indivíduos resistem porque a mudança é difícil. Mudar esses tipos de modelos mentais é crucial, e pode ser estimulado por meio da criação de antecedentes e consequências apropriados.

Uma cultura de excelência pode propagar o conceito de atenção focalizada às atividades corriqueiras, como a disciplina no trânsito e a atenção à dieta e a hábitos de higiene para além do local de trabalho e adentrando a comunidade. Os Estados Unidos apresentam um excelente exemplo disso. Em um país onde há um alto predomínio do consumo, a adoção de novos estilos de vida é crítica, pois o consumo não pode permanecer como está. O governo dos EUA tem encorajado uma mudança no comportamento dos consumidores para carros menores com consumo menor de combustível. Isso exige a eliminação de modelos mentais tradicionais americanos e da cultura de que "maior é melhor". A história do carro americano é permeada da ideia de liberdade e sensualidade. A aceitação da alternativa do carro menor é, portanto, um desafio a normas tradicionais de cultura. É preciso um enorme esforço coletivo para acompanhar a mudança que é agora exigida.

9.2 Disciplina e Estrutura Operacional

Para mudar a cultura, os líderes precisam também mudar a estrutura; uma depende da outra. O envolvimento de pessoas em seu trabalho cria um ambiente limpo, que possui manutenção e é confortável. Isso não só fornece resultados para a organização, mas traz profundos benefícios para os outros que trabalham nas vizinhanças, tanto mental quanto física, criando uma confiança que abrange toda a organização. A importância de regras e padrões para garantir a disciplina é significativa. Disciplina não necessariamente significa dissuadir pessoas, mas ajudá-las a internalizar os hábitos e atitudes que resultam na eficácia de seu trabalho. A disciplina trata do melhor uso do tempo de forma que ele conduza à criatividade, satisfação e motivação. Ela também possibilita a interação entre colegas e o exercício de atividades.

Disciplina operacional é sinônimo de bons hábitos, na medida em que as pessoas abraçam a gestão de ativos como valor. A disciplina operacional deve estar alerta a tudo à sua volta, incluindo pessoas, equipamentos e o ambiente. Ao desenvolver bons hábitos, as pessoas não só regulam melhor seu tempo, mas também beneficiam toda a organização. A disciplina positiva resulta em boas práticas, desenvolvidas durante o processo de aprendizagem, e essas boas práticas favorecem a consolidação dos bons hábitos, cumprimento de prazos, concentração no trabalho, bom trabalho em equipe, respeito pelos colegas e um tom de voz apropriado ao ambiente. Bons hábitos são fundamentais em qualquer processo de desenvolvimento pessoal e organizacional.

9.3 Sistema de Consequências

Valores e deveres são essenciais para a educação moral do indivíduo. Dos valores e deveres vêm o compromisso com o coletivo e a participação em todas as ações. O bem comum é expresso na garantia de segurança e na preservação do ambiente e da saúde. Compartilhar a responsabilidade pelas ações pessoais e por aquelas dos colegas é um estado de atenção focalizada, cujo objetivo é a sustentabilidade. O interesse pela sustentabilidade deve prevalecer em prol do bem comum.

Existe um ditado que diz que ninguém é responsável por um trabalho mal feito. O significado desse ditado é aplicável a outras áreas, seja no transporte, em casa ou nos negócios, onde os indivíduos compartilham a responsabilidade pelo bem comum. Há poucas normas ou regras naturais nos grupos humanos e aquelas que não existem são instintivas. A mesma coisa acontece em organizações complexas. Uma organização que aprende, leva isso em conta, tendo regras que devem guiar o comportamento das pessoas trabalhando nesse contexto. Aquelas que adotam sistemas, portanto, têm de enfatizar a dimensão da ética e o conceito de responsabilidade. A responsabilidade concerne tanto à ação quanto à negligência da ação; esta é a função básica do sistema. A dificuldade está na reconciliação dos interesses dos indivíduos e das organizações.

Direitos e deveres vêm junto com a disciplina, pois só então se pode reconhecer que o direito do indivíduo não é absoluto em si mesmo. Na verdade, ele faz parte de um todo. Quando um indivíduo demanda por algo que por princípio é considerado um direito, sem levar em consideração que outros podem querer a mesma coisa, não só se gera conflito, mas também ressentimento. O ressentimento é uma emoção humana muito destrutiva. Lutar por direitos individuais é legítimo. O que não é legítimo é ignorar os méritos dos outros. A disciplina que serve a um sistema ditatorial é muito diferente da disciplina em um sistema democrático. Um sistema democrático liberta as pessoas da submissão para criar cidadãos/cidadãs, que se tornam comprometidos/as, criativos/as e responsáveis por suas ações e pelo futuro das gerações vindouras.

9.4 Liderança

As mudanças que exigem a busca pela excelência são o maior desafio. Há discussões globais sobre a dificuldade na excelência de serviço, e a razão disso não é a existência de novas tecnologias, mas a complexidade das relações humanas. A excelência na manufatura, confiabilidade, qualidade e gestão de ativos requer não só o uso de tecnologias, mas também aqueles que as operam. A liderança faz parte do mecanismo de formação e manutenção dos grupos. Liderar pelo exemplo é observar a si mesmo no espelho e, por meio da autocritica, construir um futuro melhor coletivamente.

Criar e consolidar um clima de confiança e generosidade por meio da liderança requer a capacidade de prover entre si, um para o outro. A confiança mútua é necessária para se trabalhar em conjunto; é aí que se exige mais da liderança. Liderar é gerir em prol de todos.

Por fim, a liderança também significa expressar propósito e, quando necessário, explicar detalhadamente a demanda que deve ser cumprida. Assim, pode-se pensar sobre o papel da liderança na criação e preservação da confiabilidade humana.

9.5 Sistemas de Gestão

A liderança e a gestão são as duas faces da mesma moeda. O processo de mudar os modelos mentais significa adaptar o sistema de gestão ao contexto cultural. Sem um sistema de gestão adequado e sem planejamento organizacional é impossível atingir os resultados e metas esperados. A busca por atingir as metas necessárias para uma boa gestão não pode excluir, entretanto, os princípios éticos que guiam as organizações. A razão disso é que as metas são atingidas como resultado do esforço que caracteriza a dinâmica da mudança. Uma time não joga bem só porque quer ganhar: ele treina e joga bem porque valoriza o bom trabalho em equipe. Há todo um processo de gestão que é necessário para fazer o time jogar bem, estar bem e desfrutar o jogo. Este é um princípio aplicado não só ao treinador ou ao presidente do clube, mas também a cada um dos jogadores. Aplicar esse exemplo à organização mostra que o sucesso depende não só da gestão, mas que é essencial que todos que lá trabalhem sintam-se e vejam a si mesmos como jogadores na equipe.

Este livro mostrou que a mudança também envolve tensão e resistência. Em muitas organizações, a ideia de que a gestão tem todo o poder e pode resolver todos os problemas ainda existe. Em vez disso, sugere-se que a seguinte mudança seja implementada nas organizações: o sistema de gestão lida com o planejamento e com a programação como uma linha de trabalho apropriada. Com a implementação de mais disciplina e planejamento diariamente, é preciso menos improvisação. Permitir que atividades aparentemente mundanas, como lavar as mãos antes das refeições, segurar o corrimão ao usar as escadas, separar o lixo, manter a limpeza, se tornem hábitos possibilita o desenvolvimento de novas habilidades, aptidões e finalmente uma nova cultura e mentalidade. É uma rota que tem melhorado mais e mais na gestão moderna.

Este livro não propõe um sistema para gerir a cultura. Ele propõe, em vez disso, gerir os sistemas por meio da cultura. O segredo é identificar os motivadores de mudança, enraizados na cultura, e usar essa força para impulsionar a mudança cultural e a transformação. O passado mostra os erros que foram cometidos, mas também aponta o que ainda pode ser explorado. Trabalhar com a dinâmica da mudança não é, portanto, uma luta cega. O alvo é a transformação.

O sistema de gestão é uma pedra angular para organizações que trabalham com propósitos e valores comuns, construindo relações mais fortes, duradouras e sustentáveis. Liderar e gerir as práticas de gestão de ativos de organizações não é a única responsabilidade dos gestores; isso deve tornar-se um hábito de todas as pessoas envolvidas nos sistemas e processos, por meio da completude de todas as ações e verificações diárias. Isso é o que se conhece como responsabilidade de linha.

9.6 Relacionamento

O objetivo de uma organização deve ser desenvolver uma cultura interdependente. Comunicação direta e bidirecional entre gestores/as, supervisores/as, coordenadores/as e funcionários/as energiza o ambiente de trabalho. Ouvir não é sinônimo de concordar, trata-se de coletar dados para encontrar a melhor solução. Se uma pessoa reclama sobre uma cadeira com um pequeno defeito, na realidade, essa pessoa está reclamando sobre a falta de conforto. O bem-estar é uma exigência normal para uma pessoa. O problema é que a cadeira defeituosa pode se tornar o foco de seu descontentamento, o que obscurecerá todo o resto exponencialmente, de forma que a pessoa só veja defeitos irrecuperáveis. Se você não consegue ver o que é bom, o ruim vencerá. Isso é repetido pela falta de prática de ver e falar sobre o que há de positivo à sua volta. Denominamos esse processo de apreciação.

Além disso, a fala é o meio através do qual nós podemos reconhecer aqueles à nossa volta. A comunicação é melhorada com o diálogo em que a fala é franca. Quebrar a ditadura, predominantemente o medo, o silêncio e o estímulo à concordância, pode ajudar a criar resultados. Os resultados não serão alcançados se existir uma falsa harmonia. Isso é um desastre para qualquer organização. Hoje em dia, grandes companhias são muito mais abertas a negociações. Nesse sentido, a organização é como uma família. Todos sabem como é difícil o diálogo entre pais e filhos, mas sem ele a relação familiar é difícil.

A partir do diálogo, portas se abrirão para envolver pessoas na estruturação da organização. E isso possibilitará a construção de um futuro melhor para todos com o desenvolvimento de uma organização que seja confiável, segura, produtiva, responsável e ambientalmente amigável. Uma organização onde as pessoas produzam resultados, tenham qualidade de vida e sintam orgulho de seu trabalho.

9.7 Comunicação

No mundo atual, fazer uma coisa de cada vez não funciona mais, pois hoje necessitamos de ações simultâneas, *online*, no tempo exato e a todo tempo. A comunicação em geral precisa seguir esse processo, já que somos parte de um mundo globalizado. Para facilitar ações simultâneas, novas práticas são necessárias. As pessoas também precisam aprender a trabalhar com ações múltiplas e simultâneas. É só observar como a geração mais nova tem outras formas de percepção e podem ouvir música, mandar mensagens de texto, estudar e acariciar o cachorro, tudo ao mesmo tempo. Os indivíduos podem se surpreender com essa capacidade de multitarefa e presumir que a geração mais nova não conseguirá reter o conhecimento. É difícil admitir que uma nova mentalidade foi estabelecida e apresentada a nós através deles. Os cérebros da geração mais nova trabalham em uma velocidade que é muito diferente daquela de indivíduos mais velhos. É o futuro que se apresenta a essa mudança de modelo mental.

É este mundo de simultaneidade que está incorporado ao mundo do trabalho, causando aos indivíduos estresse e ansiedade, mas também promovendo inovação, projetos, produção e novos sonhos. Neste mundo moderno de simultaneidade, quanto mais diversidade existir, mais conflitos haverá. Esses conflitos não são guerras, mas diferenças de opinião e posicionamento, gerando criatividade, empreendedorismo, a habilidade de trabalhar em equipe e uma cultura interdependente.

9.8 Aprendizagem e Conhecimento

Os indivíduos sabem o que os motiva, o que os move, do que eles precisam e o que eles querem mudar no mundo. Uma característica das organizações modernas é o conhecimento. Elas investem pesado em pesquisa, descobertas e produção de conhecimento, assim transformando o conhecimento em ação. Os investimentos no treinamento de pessoas são contínuos.

Organizações são instituições de aprendizagem. A visibilidade não se limita a processos de produção, mas a disseminação do conhecimento também é transparente; o conhecimento tem uma mágica própria porque não se desgasta quando transmitida a outros; em vez disso, cresce e se multiplica; quanto mais se dá, mais se ganha e aprende. Pode-se pensar nesses ganhos como uma troca de conhecimento que agiliza a própria produção. Essas são as trocas por meio das quais as pessoas se desenvolvem e descontroem preconceitos; o progresso faz parte de um processo de aprendizagem e evolução.

9.9 Um Novo Modelo Mental

A sustentabilidade requer uma mudança de modelo mental. O processo de produção de conhecimento é uma questão de inovação. Inovar significa buscar novas alternativas que resultem na eliminação de desperdícios e no aumento da produtividade, segurança e confiabilidade. A inovação também é um grande desafio; talvez um dos maiores. O século XXI é um mundo imensamente diferente quando comparado ao século passado.

Por essa razão, é imperativo reconsiderar velhas certezas. Isso requer mudanças no pensamento ou olhar para o mundo com novas lentes, que expandam nossa visão do contexto. É uma nova, mais ampla maneira de ver, sentir e agir, que nos alerta quanto ao esgotamento das reservas naturais. Incorporar valores como a segurança e o ambiente à gestão de ativos requer que os indivíduos sintam esses valores como parte dos seus ossos; essa nunca pode ser uma ação individual.

A responsabilidade social e individual traz consigo uma demanda global por novos modelos mentais e comportamentos. Esses modelos mentais são novas maneiras de ver o planeta. Não é só a geração atual que enfrenta esse desafio; na verdade, é um desafio social transmitir esse novo modelo mental para as gerações futuras. O que vai ficar para nossos descendentes depende dos nossos comportamentos, conhecimentos e valores hoje. A sociedade deve agir para o bem do planeta, não só para o que é bom para os indivíduos. O futuro se constrói no presente.

A partir do momento que os indivíduos aprendem a distinguir entre fazer o bem e estar bem, eles se tornam vetores da transformação da sociedade. Esse é o caminho da nova era pela qual nossa sociedade está passando. Há uma demanda global por uma mudança de modelo mental. Isso requer um entendimento do valor de manter produção e produtividade altas, sem descartar fatores como a segurança, a proteção ambiental e a saúde. Isto é, a vida, em seu sentido mais amplo.

Anexo A

MODELO DE REFERÊNCIA DO PROCESSO DE GESTÃO DE ATIVOS – MODELO DE ENTREGA DA CAPABILIDADE

O Modelo de Entrega de Capabilidade apresenta esquematicamente processos que podem ser utilizados em parte ou inteiramente para obter a produção desejada por uma organização. Como o nome diz, é um modelo de entrega, e como tal mostra, em alto nível, como funções de uma organização trabalham juntas para obter resultados.

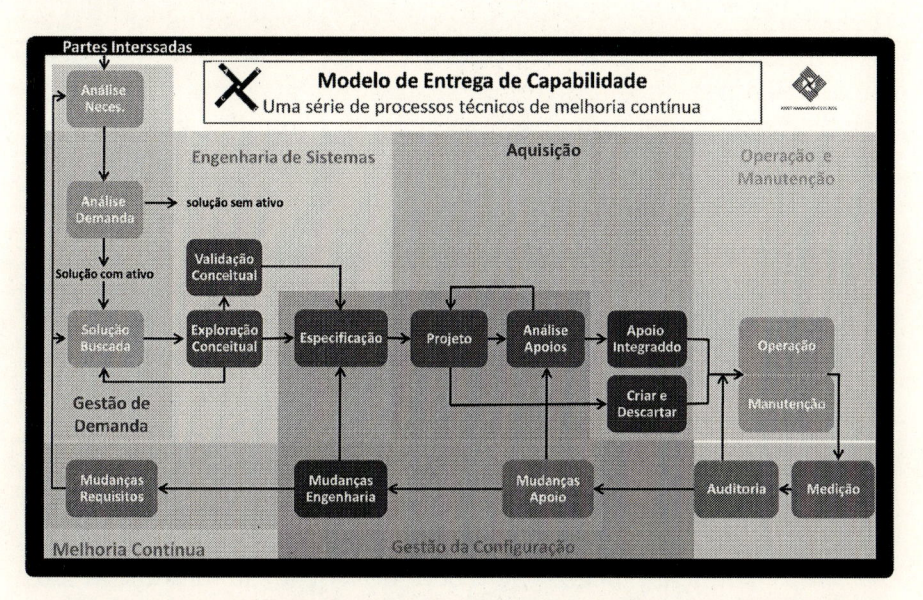

Figura A.1: *Modelo de entrega de capabilidade – um modelo de referência do processo de gestão de ativos.*

Os processos são subdivididos em seis disciplinas principais:

- Gestão de Demanda
- Engenharia de sistemas
- Gestão de Configuração
- Aquisição
- Operações e Manutenção
- Melhoria Contínua

Essas disciplinas estão associadas a diversos padrões nacionais e internacionais, como a ISO/IEC 15288 – Engenharia de Sistemas.

Cada uma dessas disciplinas tem diversos elementos e subelementos habilitadores de capabilidade, que por sua vez podem ter diversos conjuntos e unidades de apoio de competência. Essas disciplinas e os elementos habilitadores de capabilidade são discutidos mais detalhadamente abaixo.

A.1 Gestão de Demanda

Certamente, o aspecto mais crítico da gestão de ativos é o estabelecimento de acordos com as partes interessadas, necessários para satisfazer às suas necessidades e as demandas. Esses acordos são para a obtenção de resultados ou para a aquisição dos recursos necessários para se atingir os resultados.

A função da Gestão de Demanda é, em geral, um elemento-chave na gestão de:

- produção – a oferta está correspondendo à demanda? Há algumas opções para resolver isso: construir uma linha de produção mais nova; conseguir mais da linha existente; aumentar os preços; usar outra planta de produção que tenha capacidade excedente;
- ativos críticos de utilidades para as indústrias, como energia, água e transporte, nos quais as demandas são elevadas e devem ser controladas; e
- ativos de infraestrutura social para indústrias, como saúde, educação, segurança etc. nos quais a demanda por

Anexo A Modelo de Referência do Processo de Gestão de Ativos

serviços pode não ser restrita por forças do mercado financeiro.

A função de Gestão de Demanda é equilibrar a demanda avaliada para os serviços prestados, combinados com configurações ideais dos ativos.

Gerir a Demanda exige clareza sobre o tipo e a quantificação das necessidades que estão sendo geridas. Uma lista completa das partes interessadas e suas necessidades são essenciais para essa tarefa.

A.2 Engenharia de Sistemas

A engenharia de sistemas é um processo documentado e padronizado. Pode ser definido como um processo de gestão interdisciplinar de engenharia para avaliar e verificar um conjunto de soluções de sistemas que integre e otimize o ciclo de vida dos ativos, e que satisfaça às necessidades das partes interessadas.

Uma definição mais simples seria "a tradução de um conjunto de requisitos das partes interessadas em uma solução equilibrada e avaliada".

O processo de verificação e avaliação é efetuado para garantir que as saídas da fase (ou fases) de projeto cumpram com as exigências de entrada da fase de projeto. A solução é verificada conferindo se as exigências de especificação do sistema, que são mensuráveis e, portanto, testáveis, são atingidas etapa por etapa, conforme se vai navegando pelas exigências de desempenho e adentrando subsistemas, equipamentos e componentes.

A validação de projeto é o processo de garantir que o produto final seja projetado conforme as necessidades e/ou requisitos definidas pelos usuários (partes interessadas). O Processo em "V" da Engenharia de Sistemas está mostrado no diagrama a seguir.

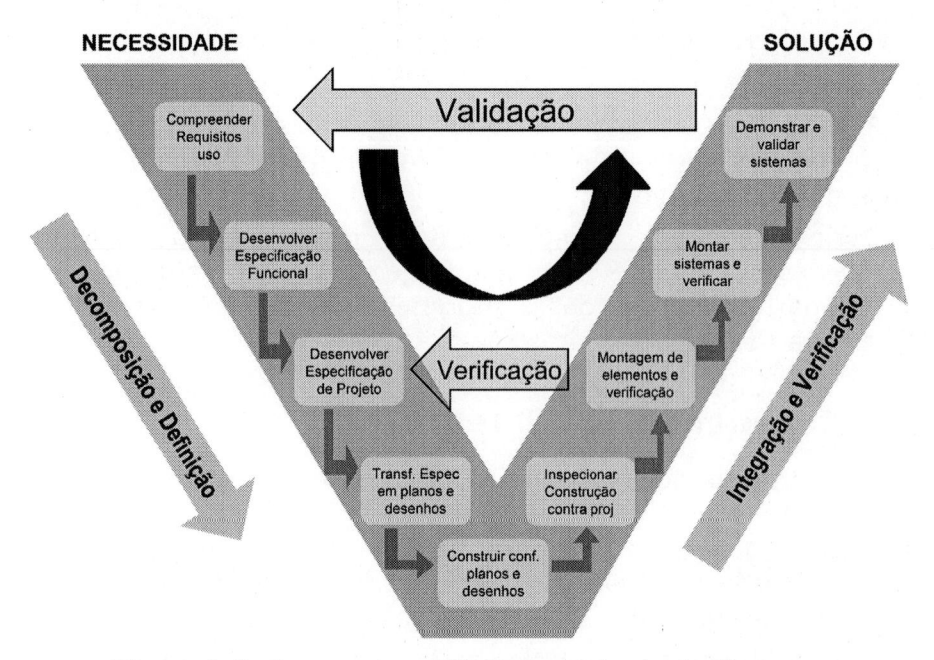

Figura A.2: *Processo em "V" da Engenharia de Sistemas.*

A solução final busca o equilíbrio através do uso do menor custo de ciclo de vida bem como um equilíbrio entre o que será gasto hoje (projeto e manufatura, denominado investimento de capital ou CAPEX) em relação ao que será gasto amanhã (manutenção e operação, denominado custos de operação ou OPEX).

A engenharia está no centro do Modelo de entrega de capabilidade. É uma rede de conexões ligando as necessidades das partes interessadas, na entrada do modelo, a todos os custos relacionados aos ativos necessários para garantir as capabilidades de serviço acordadas. Pode-se argumentar que todos os gastos de uma organização dependentes de ativos se destinam diretamente à fase de aquisição/descarte de ativos, operações e manutenção ou às funções habilitadoras que apoiam essas tarefas.

A.3 Gestão de Configuração

A Gestão de Configuração (GC) é a gestão dos atributos funcionais e físicos de um sistema, de um ativo e de seus subsistemas componentes e as respectivas montagens. Também inclui as informações originadas das necessidades integradas de apoio.

A GC é uma disciplina mal entendida e mal aplicada na maioria das organizações, inclusive em muitas que são vistas como tendo boas práticas de gestão de ativos. Certamente, todas as organizações têm algum conhecimento básico sobre a necessidade de implantação de histórico de ativos, processos de controle de mudança e a numeração de desenhos e controle de versões. No entanto, práticas desconectadas não alcançam o cerne da intenção das boas práticas de GC. Elas não gerenciam formalmente a configuração funcional e física, em constante mudança, de seus sistemas de ativos, junto com as informações necessárias para sustentar a capabilidade de ativos, tanto de curto quanto de longo prazo.

A GC é a guardiã da entrada do processo de aquisição. Esse papel assegura que se as exigências funcionais do sistema mudam, é provável que o projeto, e subsequentemente as exigências de apoio, também mudem. O controle de mudança GC garante um teste de verificação formal que identifica e responde às seguintes questões:

* Ainda quero fazer essa mudança?
* É algo que vale a pena?

A.4 Aquisição

A Disciplina de Aquisição inclui adquirir ativos de acordo com uma especificação acordada e a identificação dos ativos que não são mais necessários. O processo de aquisição destina-se a adquirir a capabilidade necessária e, portanto, deve incluir todas as capabilidades de apoio necessárias para atingir os resultados, no prazo e no padrão exigido.

A maneira como uma organização adquire capabilidade adicional pode se por meio de vários processos, incluindo o básico "comprar ou alugar", assim como mecanismos sofisticados de gestão financeira, como Parcerias Público Privadas (PPP) e BOOTs (*Built* —construir, *Own* – possuir, *Operate* – Operar, *Transfer* – Transferir)

As características de desempenho definidas no projeto relacionadas à confiabilidade e à capabilidade de manutenção determinarão a disponibilidade dos ativos. Além disso, os elementos de apoio afetam tanto a confiabilidade quanto a capabilidade de manutenção.

Essa abordagem integrada pretende assegurar que o apoio necessário esteja disponível no primeiro dia de serviço, de maneira que no dia que você tiver o ativo operando e houver uma falha, você terá o ativo reserva, as pessoas, as instalações e as ferramentas para remediar a situação. Você terá o apoio necessário para realizar as capabilidades definidas no projeto desse ativo. As funções de operação e de manutenção exigem elementos de apoio similares. Por exemplo, a função de operações precisará de simuladores, manuais, treinamento e certamente de pessoas etc.

O descarte de ativos deve ser tratado nos estágios mais iniciais do planejamento da gestão de ativos. Os custos de descarte podem ser reconhecidos desde cedo e contemplados em futuros orçamentos. Adicionalmente, ativos obsoletos e suas necessidades de apoio devem ser removidos de uso e do estoque no momento certo para gerir riscos e reduzir o custo de manter ativos improdutivos e não confiáveis.

A.5 Operações e Manutenção

Operações e Manutenção é o estágio que mais dura ao longo de todo o ciclo de vida dos ativos. Começa assim que um ativo é aceito e colocado em serviço e termina com a decisão de se descartar/remover. Esse estágio geralmente consome a maior parte do custo de posse de ativos. No caso de um ativo da indústria de transporte, o custo desse estágio pode exceder os custos iniciais de aquisição em muitas vezes, quando se leva em conta a operação do mesmo.

O foco no estágio de operações e manutenção recai sobre o uso de ativos para oferecer um determinado nível de serviço

Anexo A Modelo de Referência do Processo de Gestão de Ativos 255

definido e sobre as atividades de manutenção e apoio para garantir uma capabilidade contínua com o objetivo de garantir o cumprimento das exigências acordadas de nível de serviço, segurança e confiabilidade. A manutenção dos ativos em um nível que cumpra com os requisitos legais e regulatórios, é um objetivo primário, exigindo atenção contínua e meticulosa quanto ao planejamento de apoios necessários, gestão de manutenção e de engenharia.

A.6 Melhoria Contínua

A melhoria contínua é um processo para avaliar, identificar e resolver lacunas na aplicação de apoio integrado, através da garantia da aplicação por processos adequadamente definidos e eficazmente seguidos.

Chegamos agora a um ponto no Modelo de Entrega de Capabilidade no qual já: identificamos as partes interessadas e determinamos suas necessidades; traduzimos essas necessidades para os negócios na forma de uma especificação e de uma solução de projeto; estabelecemos uma solução de apoio integrado; e estamos usando o ativo nas operações e fazendo a manutenção nos mesmos.

Conseguimos fazer certo todas essas atividades? Provavelmente não.

Muitas suposições sobre o ambiente de apoio ou o desempenho esperado de confiabilidade e manutenção dos equipamentos selecionados foram feitas durante o processo de projeto. Algumas estavam corretas, obtidas do histórico de uso de equipamentos existentes, outras menos corretas. Adicionalmente, o contexto de negócios pode ter mudado entre o período da definição dos requisitos iniciais e da entrega dos ativos para operação e manutenção.

É o uso, de fato, dos ativos que nos dá informações para verificar se o pacote de apoio integrado, operação e manutenção entrega a capabilidade planejada no projeto.

A.7 Gestão de Negócios

Este elemento do Modelo de Entrega de Capabilidade aborda as outras atividades de negócios que não são relacionadas especificamente aos ativos. Envolve as atividades, processos e competências necessários para propiciar que os ativos atinjam os resultados pretendidos. Essas atividades incluem:

- Gestão de Risco;
- Gestão de Informação;
- Recursos Humanos;
- Gestão de Qualidade, Ambiental e de Projeto;
- Relacionamentos externos;
- Jurídico e Saúde, Meio Ambiente, Eficiência Energética e Segurança; e
- Gestão Financeira

Uma gestão de negócios competente e eficaz, através de cada elemento do Modelo de Entrega de Capabilidade, é necessária para que a organização seja líder em gestão de ativos.

A.8 Cultura e Liderança

A cultura e a liderança são os elementos que estabelecem e sustentam os processos dentro do Modelo de Entrega de Capabilidade.

A cultura pode ser definida como "o contexto onde os indivíduos podem reinterpretar seu mundo e sua relação com ele". Uma verdadeira cultura de aprendizagem continuamente desafia seus próprios métodos e a maneira de fazer as coisas. Algumas das facetas da cultura incluem:

- Criação de uma visão de longo prazo;
- Abordagens baseadas no risco;
- Liberdade para questionar;
- Competência através do treinamento e da prática;
- Liberdade para relatar falhas (isto é, relatar o que deu errado);
- Recompensas baseadas em medição de desempenho;
- Conhecimento dos papéis e das responsabilidades; e
- Aceitar e entender as causas do erro humano.

Anexo A Modelo de Referência do Processo de Gestão de Ativos

A liderança é "o processo de influência social no qual uma pessoa pode contar com a ajuda e o apoio de outras para realizar uma tarefa em comum". Algumas das facetas da liderança incluem:

- Promover a gestão de ativos como algo essencial para os negócios;
- Estabelecer uma visão e políticas claras;
- Motivar a equipe para que sejam provedores de qualidade;
- Regularmente monitorar e examinar o desempenho da gestão de ativos;
- Comunicar-se e fazer consultas com as equipes de gestão de ativos;
- Reconhecer a existência do erro humano e lidar com ele; e
- Conduzir e apoiar a mudança.

Uma cultura de aprendizagem e uma liderança eficaz são características-chave de organizações que demonstram uma boa gestão de ativos.

Anexo B

B.1 Metáfora da Árvore Relacionada ao Sistema de Gestão de Ativos, Elemento Estruturado

A árvore é o ativo, e no ativo estão incorporados a governança e os processos – isto é, o sistema de gestão de ativos. Que pacote caprichado!

Partes da Árvore	Processos da Árvore (Sistema de Gestão de Ativos da Árvore)	Elemento Estruturado (Sistema de Gestão de Ativos)
Raízes	As raízes de uma árvore servem para ancorá-la ao chão e coletar água e nutrientes.	Fundamentos incluindo tecnologia, desenho organizacional, aprendizagem, comunicação, sistema de recompensas, relações, processos.
Tronco e Galhos	O propósito principal do tronco e dos galhos é erguer as folhas acima do chão para ultrapassar outras plantas e fazer sombra. Eles também executam a tarefa de transportar água e nutrientes das raízes para as partes aéreas da árvore e distribuir o alimento produzido pelas folhas a todas as outras partes, incluindo as raízes.	Sistemas visíveis de pessoas, ativos, liderança e gestão.
Folhas	Tipicamente, uma folha é um órgão fino e aplainado localizado acima do chão e especializado na fotossíntese.	Meio Ambiente, confiabilidade, segurança, qualidade, finanças.

B.2 Metáfora da Árvore Relacionada aos Elementos Tangíveis ou Intangíveis da Maturidade na Gestão de Ativos

Elemento da Metáfora da Árvore	Elemento da Maturidade da GA	Tangível ou Intangível
Frutos	Resultado	Tangível ou Intangível
Árvore	Disciplina como a gestão de ativos, confiabilidade etc.	Tangível
Tronco	Ver o diagrama de corte transversal: miolo, anéis	Visível
Folhas	Resultados não intencionais: poluição, desperdício, subprodutos etc.	Tangível ou intangível
Raízes	Princípios ou fundamento	Invisível
Sementes ou DNA	Valores e crenças/ Mapas mentais	Intangível/Invisível
Jardineiro	Liderança e comportamento	Visível
Solo	Cultura	Intangível
Ambiente	Cultura	Intangível

B.3 Metáfora da Árvore Relacionada à Maturidade na Gestão de Ativos

Metáfora da Árvore	Modelo de Maturidade da Gestão de Ativos	Fundamento da Gestão de Ativos
Árvore física	Ativo(s)	Valor
Processos para a vida e o crescimento (tais como transpiração, transferência de nutrientes e água, fotossíntese)	Processos estruturados	Alinhamento
DNA da árvore	Governança	Garantia
Ambiente – Solo, clima, jardineiro	Estruturante/Modelos mentais e Cultura	Liderança e cultura
Frutos e sementes	Resultados desejados, tais como preços das ações, pôr um homem na lua, transformar uma velha refinaria em uma instalação de nível de classe mundial e melhorar a segurança, maior confiabilidade do transporte.	

B.4 Resumindo a Maturidade na Gestão de Ativos

Elementos Organizacionais	Estruturante	Governança	Estruturado	Ativos
	Partes interessadas, comportamentos, desempenho humano	Nível de confiança, sistema de gestão de ativos[6]	Processos, atividades, tarefas	Ativos físicos
Fundamentos da gestão de ativos	Liderança e cultura	Garantia	Alinhamento	Valor
Lentes de maturidade para a gestão de ativos	Exemplos de lentes de maturidade incluem: • Aplicação do princípio de melhoria contínua; • Uso e acesso a informações para apoiar a tomada de decisão relacionada à gestão de ativos; • O grau em que a gestão de ativos centra-se nos objetivos da organização; • O grau em que a gestão de ativos centra-se em um equilíbrio demonstrável entre custo, risco e desempenho; • Uso de pessoas competentes, capazes, autorizadas e motivadas na gestão de ativos.			
Qualidades da Maturidade na Gestão de Ativos	Exemplos de qualidades da Maturidade na Gestão de Ativos incluem: • Uso de uma "linguagem comum"; • Evidência de um "propósito compartilhado" e alinhamento; • Uma "abordagem integrada" à gestão de ativos adotada por todas as funções de negócios; e • Evidência de um compromisso forte com a GA pelas pessoas da organização.			
Estágios de Maturidade na Gestão de Ativos (para mais informação, veja Os Estágios da Maturidade na Gestão de Ativos)	Os quatro estágios da força da Maturidade na Gestão de Ativos 1. "*Ad Hoc*" 2. "Consciente" 3. "Desempenhando" 4. "Excelência Operacional".			

(6 – Norma ISO 5500X)

Anexo C

POSFÁCIO À EDIÇÃO BRASILEIRA – EXCELÊNCIA OPERACIONAL, COMPORTAMENTO E MUDANÇA

O objetivo deste Anexo C foi incorporar uma melhor definição para o conceito de Excelência Operacional (EO) à edição original em Inglês, permitindo ampliar a aplicação das práticas de liderança e cultura à Segurança, Meio Ambiente, Eficiência Energética e Saúde (SMES), Confiabilidade, Qualidade e Gestão de Ativos.

Um segundo objetivo foi adicionar os aprendizados que se desenvolveram a partir da elaboração do livro *Vivendo a Gestão de Ativos*. A Excelência Operacional (EO) é o último estágio de maturidade da Gestão de Ativos. Ou seja, a EO é o estágio onde as organizações alcançam a excelência em Gestão de Ativos (GA), de modo integrado ao SMES, Confiabilidade e Qualidade.

Vale ressaltar que a SMES, EO e GA se baseiam na Gestão de Riscos para prevenir/mitigar ocorrências que afetem a segurança e a saúde das pessoas, as instalações e o meio ambiente.

Lembramos, ainda, que as Normas ABNT ISO 55.00x sobre Gestão de Ativos colocam Liderança e Cultura como um dos seus fundamentos. Embora tenhamos tratado aqui a Cultura e a Liderança de forma breve, os conceitos que abordam a cultura no livro *Criando o Hábito da Excelência*, bem como os conceitos de liderança nos livros *Liderança em SMS* e *Liderança Baseada em Valores*, continuam totalmente válidos e aplicáveis no contexto da SMES, EO e GA.

Recomendamos também a leitura das obras *Gestão de Ativos* e *Manual de Confiabilidade, Disponibilidade e Mantenabilidade* para uma descrição bem detalhada dos demais fundamentos e disciplinas *hard* que compõem o mundo da GA.

C.1 Definição de Excelência Operacional (EO).

Segundo Aristóteles (384—322 AC), a "Excelência é uma arte conquistada através de treinamento e da prática. Não agimos corretamente porque possuímos virtudes ou somos bons, mas porque somos aquilo que fazemos repetidamente. Excelência então é um hábito".

Operacional refere-se ao projeto, execução e controle das atividades (operações) que transformam recursos em produtos ou serviços, com o objetivo de atender às necessidades das partes interessadas (clientes, acionistas, fornecedores, sociedade, empregados). Já operações é o termo usado para qualquer atividade ou ativo onde o Operacional acontece. Refere-se ao ciclo de vida dos ativos e às atividades de concepção, projeto, construção, montagem, operação, manutenção e descarte no final da vida.

Combinando esses dois termos, chegamos à definição de Excelência Operacional (EO) que é a gestão sistemática das operações para a melhoria contínua do desempenho de:

- Segurança e saúde das pessoas e preservação do meio ambiente;
- Confiabilidade e segurança dos sistemas, processos e ativos;
- Qualidade dos produtos e serviços;
- Eficiência e desempenho confiável dos ativos;
- Competitividade e obtenção de valor para as organizações.

A Figura C.1 mostra os sistemas de gestão que contribuem diretamente para a EO. A qualidade dos produtos e serviços utiliza elementos das normas NBR ISO 9000; a segurança das pessoas utiliza elementos das normas ISO 18.000; a preservação do meio ambiente, a ISO 14.000; eficiência energética, a NBR ISO 50.000; a segurança dos processos e a gestão dos riscos utilizam os elementos da NBR ISO 31.000; a competitividade, a obtenção de valor e a confiabilidade dos ativos utilizam elementos da NBR ISO 55.000. Na parte comum no centro da Figura C.1, situam-se os elementos do sistema que permitem a gestão sistemática das operações. Todas essas normas têm por princípio a melhora contínua de desempenho e resultados.

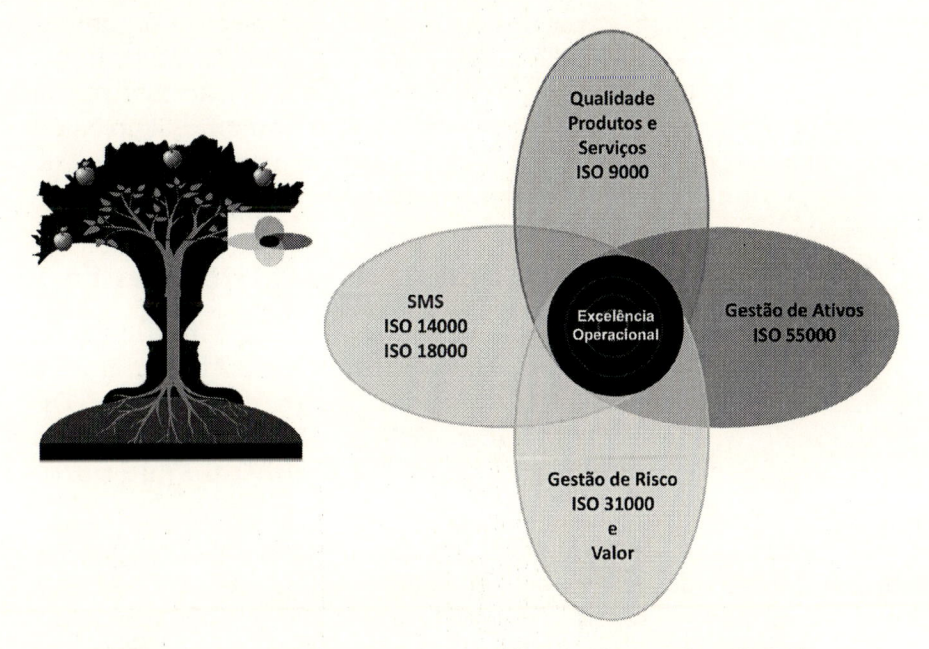

Figura C.1: Elementos da Excelência Operacional (EO)

C.2 A Importância do Comportamento

Muitas vezes nas organizações adotamos a posição simplista de que basta estabelecer um objetivo e uma meta que os resultados desejados aparecem. Esquecemos que entre os objetivos/metas e os resultados são necessários comportamentos. Essa posição é especialmente desafiadora, por exemplo, quando estamos falando de resultados de saúde e segurança que dependem fundamentalmente de como as pessoas agem. Imagine agora que você deseja emagrecer 10 kg (meta) para melhorar sua saúde (objetivo), sem tomar qualquer medicação. Por mais que deseje esse resultado, se você não mudar seus hábitos, os resultados não aparecerão. No caso das organizações, além dos comportamentos, também precisamos de ativos tangíveis e intangíveis. No exemplo da árvore, se quisermos frutos, precisamos plantar as sementes corretas, aguardar o crescimento da árvore e colher os frutos no tempo certo. Equipamentos (árvore), procedimentos (preparar o solo, cuidar da planta e aguardar os frutos) juntos com comportamentos, situam-se entre os objetivos/metas e o resultado (frutos). Agora, se desejarmos mudar o tipo de fruto (resultados), os equipamentos existentes por si só não serão capazes de prover a mudança. Somente através da mudança de comportamento, isto é, plantar novas sementes de árvores, é que obteremos novos resultados.

C.3 Estágios na Mudança de Comportamento

Vejamos agora com mais detalhes de que maneira se processam essas três etapas na Dinâmica da Mudança. De acordo com a Figura C.2, existem quatro estágios na Dinâmica da Mudança, determinados em função do nível de consciência e de conhecimento de cada indivíduo que participa da mudança.

O primeiro estágio é o da ignorância, caracterizado por estarmos congelados no hábito passado ou na cultura/comportamento anterior. Nessa fase não temos a consciência de estarmos adotando um comportamento de propensão ao risco, de complacência, de velhos hábitos, por exemplo.

Para que seja possível a transição para o segundo estágio é necessário "descongelar" a ignorância e tomar consciência do comportamento que se deseja superar. Trata-se do primeiro degrau da mudança, que permite aflorar a consciência acerca de atitudes inadequadas ao novo contexto almejado. Nesse momento, tomamos consciência da nossa falta de habilidade/competência para adotar o novo comportamento e a decisão de mudança é essencialmente uma escolha individual. Para que a mudança ocorra, devemos estar abertos para a descoberta dos novos padrões e comportamentos a serem adotados.

Anexo C Posfácio à Edição Brasileira

Lembramos que a mudança no *status quo* pode provocar nas pessoas uma resposta negativa, se a mudança for encarada como uma ameaça. Nesses casos, o Sistema Límbico é ativado. Neurônios e hormônios são acionados à medida que se tenta perceber se a mudança representa uma ameaça ou uma oportunidade para recompensa.

Para a redução da percepção de ameaça, as lideranças têm um papel fundamental. As ameaças sempre superam as recompensas porque a resposta à ameaça é forte, imediata e difícil de ignorar. Seres humanos não conseguem pensar de forma criativa, trabalhar bem em equipe ou tomar decisões corretas quando sua resposta à ameaça está em nível máximo. Para evitar essa situação, a liderança deve divulgar o que já sabe sobre as mudanças e admitir o que não sabe sobre elas, a fim de amenizar as ameaças de incerteza.

O terceiro estágio é marcado pelo compromisso com o aprendizado e pela mudança de comportamento. Não existe aprendizado sem mudança. A partir do momento em que alguém aprende a andar de bicicleta, por exemplo, torna-se capaz de colocar em prática esse aprendizado, na forma de um novo comportamento, no caso, de uma nova habilidade. Se não houver mudança, não haverá aprendizado, no sentido de tomada de consciência do novo comportamento.

No universo organizacional, o comportamento seguro pode ser caracterizado, por exemplo, pelo uso dos EPIs – Equipamentos de Proteção Individual. Quando as equipes se tornam conscientes sobre a importância dos EPIs, congelam esse novo comportamento na forma de um novo aprendizado. Nesse estágio, estamos conscientes de que possuímos habilidade/competência na adoção dos novos padrões. Estamos comprometidos e conscientes de que precisamos adotar esses padrões.

No quarto e último estágio, o novo comportamento passa a ser reproduzido de forma inconsciente, tornando-se um hábito que assegura uma atuação disciplinada. A partir da repetição e da prática, processa-se o recongelamento. Este é o estágio da primazia e da excelência nas práticas. Não existirá excelência operacional se as pessoas da organização não atingirem, na sua maioria, esse estágio.

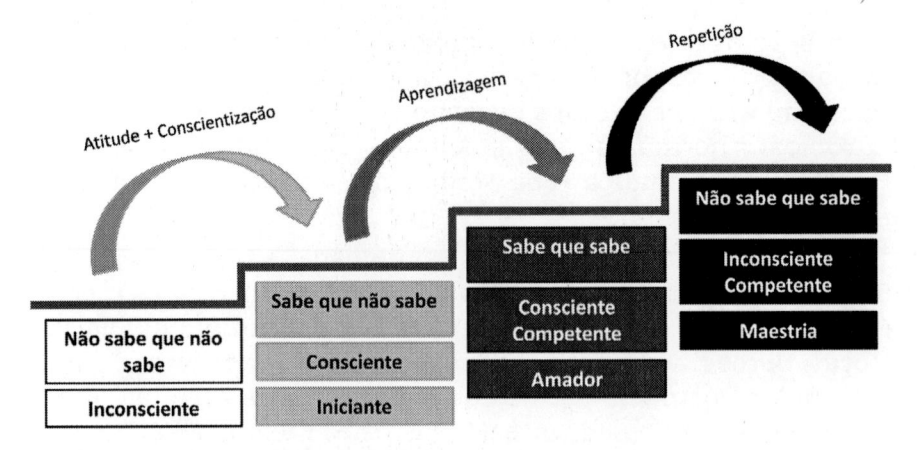

Figura C.2: *Etapas na dinâmica da mudança.*

Para exemplificar o processo de aprendizado dos adultos, vamos analisar a Figura C.3. Quando decidimos iniciar uma nova prática, como aprender uma arte marcial, dançar, tocar um instrumento musical, temos de passar pelo estágio da consciência da falta de habilidade/competência. Nesse estágio, temos de superar as dificuldades iniciais impostas pela nova prática. Para continuar nos desenvolvendo, temos de superar a barreira da frustração. Se não, acabamos desistindo com a atitude de "isso não é para mim".

No estágio seguinte, o da competência consciente, precisamos estar comprometidos em melhorar continuamente nossas habilidades. Muitas vezes adotamos a atitude de "agora que aprendi, vou continuar assim". Ficamos satisfeitos com nossas habilidades e ficamos presos à zona da mediocridade e do amadorismo.

Para evoluir para o próximo estágio, precisamos vencer a barreira da repetição e do comprometimento. Precisamos incorporar a atitude e a vontade de "vou fazer melhor da próxima vez" para chegarmos à maestria e primazia. Nesse estágio, fica muito fácil praticar a "arte" que escolhemos, já que a mesma é incorporada de modo que nos tornamos inconscientemente competente. Passamos então a inovar e criar novas formas, pois podemos utilizar todo o potencial das nossas habilidades.

Anexo C Posfácio à Edição Brasileira 269

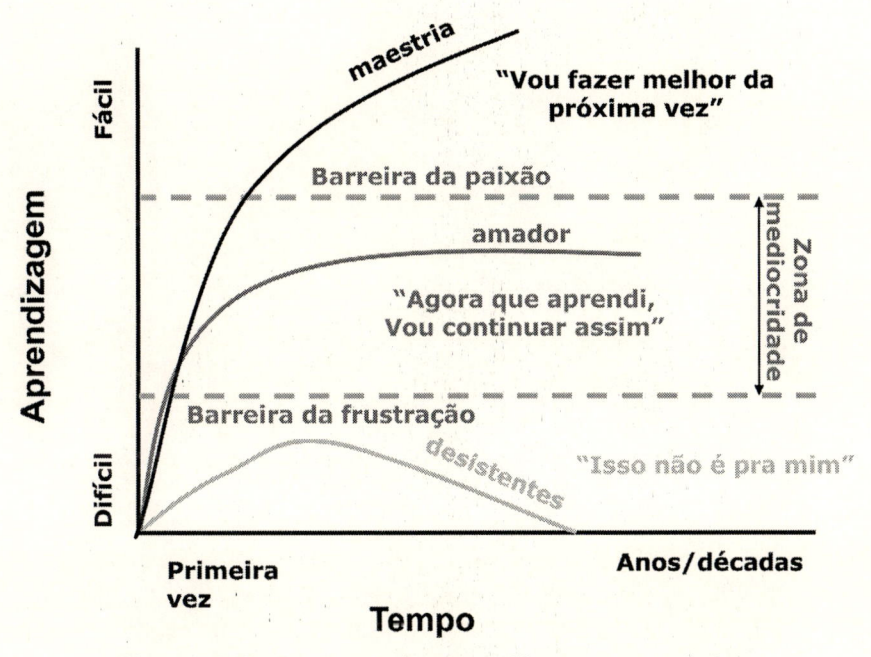

Figura C.3: Processo de aprendizagem em adultos

REFERÊNCIAS

1. ARENDT, H., & CANOVAN, M. *A Condição Humana.* 2 ed. 1998.
2. BIRD, F. E. *Mine Safety and Loss Control: A Management Guide.* Georgia: Institute Press, 1980.
3. BOEDKER, C., COGIN, J., LANGFORD, P., MEAGHER, K., MOURITSEN, J., RUNNALLS, M., et al. *Leadership, Culture and Management Practices of High Performing Workplaces.* Sydney: Sociedade para a Economia do Conhecimento, 2011.
4. BOURDIEU, P., THOMPSON, J., RAYMOND, G., & ADAMSON, M. 1999. *Linguagem e Poder Simbólico.* 1999.
5. CHARAN, R., & BOSSIDY, L. *Execução.* 2002.
6. CHOPRA, DEEPAK e TANZI, RUDOLPH E. *Super Cérebro.* 2012.
7. COLEMAN, R. *Breaking from the Past to Accelerate to the Future,* Fire International, 1981.
8. CONOCOPHILIPS. *Marine Safety Pyramid,* Abril, *2003.*
9. COVEY, S. R. *Liderança Centrada em Princípios.* 1992.
10. COVEY, S. R. *O 8o Hábito: da Eficácia à Grandeza.* 2005.
11. DALE, E. *Métodos Audiovisuais no Ensino.* 1957.
12. DILTS, R. 1999. *Sleight of Mouth.* 1999.
13. DILTS, R.2003. *From Coach to Awakener.* 2003.
14. DILTS, R., SMITH, S., & HALLBOM, T. 1990. *Crenças: Caminhos para a Saúde e o Bem-estar.* 1990.
15. ECO, U. *Uma Teoria de Semiótica (Avanços na Semiótica).* 1978.
16. FOUCAULT, M. *Vigiar e Punir: Nascimento da Prisão.* 1995.

17. GEIER, G., & DOWNEY, D. E. *Energetics of Personality.* 1989.
18. GELLER, S. E. *The Psychology of Safety,* New York: Editora CRC. 1996.
19. GELLER, S. E. *Working Safe,* New York: Editora CRC.: 2001.
20. GILLIGAN, S., & DILTS, R. *The Hero's Journey: A Voyage of Self Discovery.* 2009.
21. GINGER, S., SPARGO, S., COJEAN, S., & EVANS, K. *Terapia Gestalt: A Arte do Contato.* 2007.
22. GLADWELL, M. *O Ponto da Virada: Como Pequenas Coisas Podem Fazer uma Grande Diferença.* 2002.
23. GOLEMAN, D. *Inteligência Emocional.* 1995.
24. HANSEN, L. *Safety Management: A Call for Revolution.* Prof. Saf 38(30):16—21. 1993.
25. HEINRICH, H. W. *Industrial Accidents Prevention,* 2.ed. McGraw—Hill, 1931.
26. Norma ABNT NBR ISO 55000 2014. *Gestão de Ativos – Visão Geral, Princípios e Terminologia.* Associação Brasileira de Normas Técnicas, 2014.
27. JACOBSON, R. *Leading for a Change.* Boston: Butterworth, 2000.
28. KARDEC, A., & LAFRAIA, J. R. *Coleção Manutenção: Gestão Estratégica e Confiabilidade.* São Paulo, SP: Qualitymark Editora. 2002.
29. KATZENBACH, J. R., SMITH, D. K., & SMITH, D. *The Discipline of Teams: A Mindbook—Workbook for Delivering Small Group Performance.* 2001.
30. KOTTER, J. *Leading Change.* Boston: Harvard Press, 1996.
31. LAFRAIA, J. *Liderança para SMS.* Rio de Janeiro: Qualitymark, 2011.
32. LAFRAIA, J. & A. KARDEC, A., *Coleção Manutenção: Gestão Estratégica e Confiabilidade.* São Paulo, SP: Qualitymark Editora. 2002.
33. LEDOUX, J. 1998. *O Cérebro Emocional: os Misteriosos Alicerces da Vida Emocional.* 1998.

34. MACDONALD, I., BURKE, C., & STEWART, K. *Systems Leadership: Creating Positive Organisations.* 2006.
35. MALANDRO, L. *Liderança Sem Medo: Como Superar os Pontos Cegos Comportamentais e Transformar Sua Organização.* 2009.
36. MIGUELES, C., LAFRAIA, J., & COSTA, G. *Criando o Hábito da Excelência.* Rio de Janeiro: Qualitymark, 2007.
37. O'CONNOR, J., & SEYMOUR, J. *Introduzindo a Programação Neurolinguística: Como Entender e Influenciar as Pessoas.* 1993.
38. PARIKA, J. *Managing Your Self.* EUA: Blackwell Publishing, 1991.
39. PIAGET, J. *A Formação do Juízo Moral da Criança.* 1997.
40. PRATLETT, J. *The New Leader, Insights from Neuroscience.* The Asset Journal, Issue 1, Volume 7, 2013.
41. RAMOS, A. G. *A Nova Ciência das Organizações: uma Reconceituação da Riqueza das Nações.* 2.ed., Rio de Janeiro: FGV, 1989.
42. REASON, J. *Managing the Risk of Organization Accidents,* Inglaterra: Ashgate, 2000.
43. ROCK, D. *Your Brain at Work: Strategies for Overcoming Distraction, Regaining Focus, and Working Smarter All Day Long.* 2009.
44. SCHALER, MAHER, SARKIS *aput,* HANSEN. 1993.
45. SENGE, P. *A Dança da Mudança.* 1999.
46. WEBER, M., GERTH, H., & MILLS, C. W. *De Max Weber: Ensaios de Sociologia.* 1958.
47. WEIK, K. E., & SUTCLIFFE, K. M. *Managing the Unexpected.* 2007.
48. WILLIAMS, F. *Este é o Seu Cérebro sob a Influência da Aventura. Go Outside.* 2009.
49. ZANINI, M., MIGUELES, C., & LAFRAIA, J. *Liderança Baseada em Valores.* Rio de Janeiro: Campus.

BIBLIOGRAFIA

1. BECKER, Ernest. *The Birth and Death of Meaning.* Nova Iorque: Free Press, 1971.
2. BECKER, Ernest. *The Denial of Death.* Nova Iorque: Free Press, 1973.
3. BRADBURY, Andrew J. *PNL para o Sucesso nos Negócios.* 1997.
4. CHARDIN, Teilhard. *O Fenômeno Humano.* 2008.
5. COLLINS, J. C. & PORRAS, J. I. *Feitas para Durar: Práticas Bem-sucedidas de Empresas Visionárias.* 1994.
6. COVEY, S. R. *Liderança Centrada em Princípios.* 1992.
7. CZIKSZENTMIHALYI, Mihaly. *A Psicologia da Felicidade.* 1991.
8. CZIKSZENTMIHALYI, Mihaly. *Gestão Qualificada: a Conexão entre Felicidade e Negócio.* 2003.
9. DE GEUS, Arie. *A Empresa Viva.* 1997.
10. DRUCKER, Peter F. *Desafios da Gestão para o Século XXI.* 1999.
11. GALLWEY, Timothy W. *O jogo Interior de Tênis.* 1974.
12. GILLIGAM, Stephen. *A Coragem de Amar.* 1997.
13. GIULIANI, Rudolph W. *Liderança.* 2003
14. Goleman, Daniel & Boyatzis, Richard E. & McKee, Annie. *Liderança Primária: Aprendendo a Lidar com a Inteligência Emocional.* 2004.
15. GOLEMAN, Daniel. *Trabalhando com a Inteligência Emocional.* 2000.
16. HENDRIX, Harville. *Getting the Love you Want.* 1988.
17. HOCK, Dee. *Nascimento da Era Caórdica.* 1999.

18. HOFSTEDE, G. *Culture's Consequences: International Differences in Word Related Values*. Beverley Hills, Sage Publications, *1980*. Beverley Hills: Publicações Sage, 1980.
19. JAQUES, Elliot & CLEMENT, Stephen D. *Executive Leadership*. 1994.
20. JAQUES, Elliot. *Requisite Organization*. 1996.
21. LAFRAIA, JRB. *Manual de Confiabilidade, Disponibilidade e Mantenabilidade*. Rio de Janeiro: Qualitymark, 2000.
22. LEWIN, Kurt. *Resolving Social Conflicts & Field Theory in Social Science*. Washington: Associação Psicológica Americana, 1997.
23. MATURANA, H. & VARELA, F. *A Árvore do Conhecimento*. 1992.
24. NEUSCHEL, Robert P. *The Servant Leader. 1998*.
25. O'CONNOR, Joseph e LAGES, Andrea. *Coaching com PNL*. 2004.
26. O'CONNOR, Joseph e LAGES, Andrea. *Como o Coaching Funciona*. 2007.
27. O'CONNOR, Joseph e McDERMOTT, Ian. *PNL e a Saúde*. 1997.
28. O'CONNOR, Joseph. *Lidando com a PNL*. 2001.
29. PRIGOGINE, Ilya & STENGER, Isabelle. *Order out of Chaos*. 1984.
30. ROCK, David e PAGE, Linda J. *Coaching with the Brain in Mind: Foundations for Practice*. 2009.
31. ROCK, David. *Liderança Tranquila: Não Diga aos Outros o que fazer – Ensine-os a pensar*. 2007.
32. SCHEIN, Edgar. *Cultura Organizacional e Liderança*. San Francisco, Jessey Bess. 1985.
33. SENGE, Peter & et. al. *A Dança da Mudança*. 1999.
34. THOMAS, Stephen J. *Improving Maintenance and Reliability Through Cultural Change*. 2005.
35. URY, William e FISCHER, Roger. *Como Chegar ao Sim – A Negociação de Acordos sem Concessões*. 1991.

36. WHEATTLEY, Margaret. *Liderança para Tempos de Incerteza – A Descoberta de um Novo Caminho.* 2005.
37. WHEATTLEY, Margaret. *Liderança e a Nova Ciência.* 1992.
38. WHITMORE, John. *Coaching para Performance.* 2006.

Gestão de Ativos

Autores: João Esmeraldo, Alan Kardec Pinto, João Ricardo Barusso Lafraia e Júlio Nascif

ISBN 978-85-414-0176-0

376 páginas

Gestão de Ativos corresponde a um novo paradigma oriundo do início do século 21. Entretanto, para que este novo paradigma seja transformado em cultura organizacional, as lideranças, em todos os níveis organizacionais, precisam entender os conceitos, princípios e fundamentos que regem esta nova forma de pensar e agir em gestão.

O processo de **Gestão de Ativos** é a mais atual forma de gestão empresarial para ajudar a alavancar os resultados estratégicos buscados por todas as organizações.

Os autores, como integrantes deste processo, estão disponibilizando para os profissionais que têm uma visão de futuro este livro, que engloba vários assuntos pertinentes ao rico processo denominado **Gestão de Ativos.**

Manual de Confiabilidade, Mantenabilidade e Disponibilidade

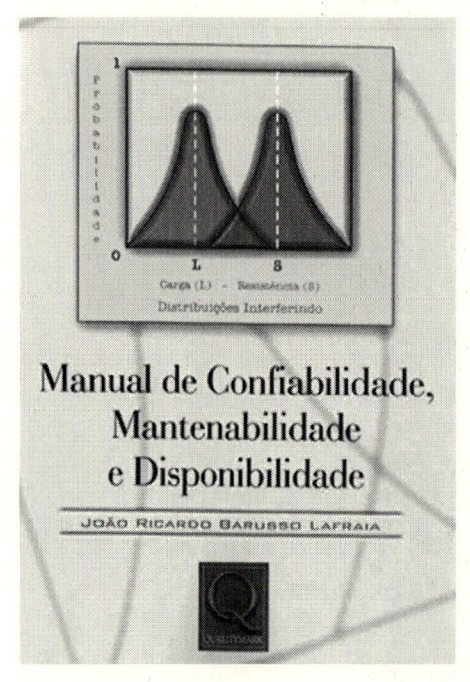

Autor: João Ricardo Barusso Lafraia
ISBN 978-85-7303-792-0
388 páginas

A obra é ideal tanto para os profissionais e estudantes interessados em aplicar a técnica da **Manutenção Centrada em Confiabilidade** (MCC), quanto para os que desejam conhecer com maiores detalhes a Avaliação de Vida Remanescente de Equipamentos. Os primeiros 10 capítulos da obra abordam os conceitos de Confiabilidade, incluindo Confiabilidade humana. Os 10 seguintes mostram os conceitos bsáicos de Mantenabilidade e Disponibilidade. No final do livro, o autor apresenta um breve resumo sobre a técnica de Inspeção baseada em Risco, destinado ao pessoal de manutenção voltado para a inspeção de equipamentos, e um capítulo sobre aspectos gerenciais.

Criando o Hábito da Excelência

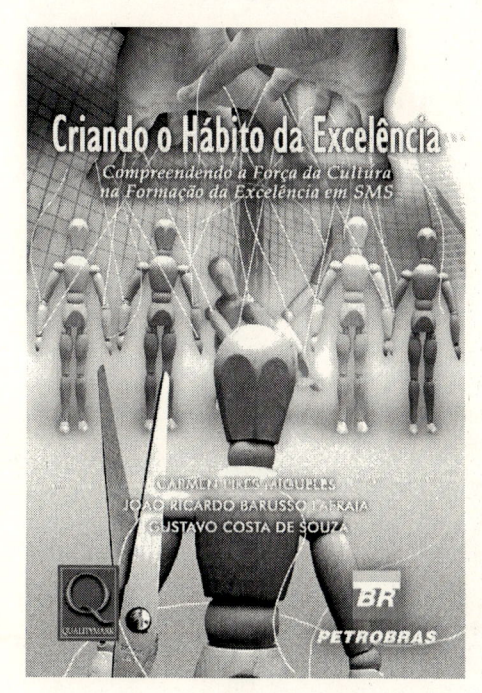

Autores: Carmen Pires Migueles, Gustavo Costa de Souza, João Ricardo Barusso Lafraia

ISBN 978-85-7303-670-1

176 páginas

Trata-se de uma importante contribuição no sentido da busca da excelência em SMS e da consolidação do tema como valor para as organizações. O livro é um convite para que gerentes e funcionários das empresas que desejam aprimorar seus sistemas de gestão reflitam sobre como chegar lá do que um programa pronto sobre como fazer. Para isto os autores utilizam casos reais de empresas nas suas buscas pela excelência em gestão da qualidade, segurança, meio ambiente e saúde (doravante denominados SMS ou simplesmente segurança neste livro). Ao longo do livro, os autores procuraram trabalhar com a idéia de que a excelência, para ser atingida requer indivíduos autônomos e empoderados que compartilhem os valores da excelência e que, sobretudo, internalizem as normas como princípios para a ação empreendedora. A obra faz refletir de forma enriquecedora, sobre a diferença entre PROGRAMAS passageiros de SMS e Gestão efetiva e duradoura com impactos permanentes na cultura das organizações.

QUALITYMARK EDITORA

Entre em sintonia com o mundo

QualityPhone:
0800-0263311
Ligação gratuita

Qualitymark Editora
Rua Teixeira Júnior, 441 - São Cristóvão
20921-405 - Rio de Janeiro - RJ
Tel.: (21) 3295-9800
Fax: (21) 3295-9824
www.qualitymark.com.br
E-mail: quality@qualitymark.com.br

Dados Técnicos:

• Formato:	16 x 23 cm
• Mancha:	12 x 19 cm
• Fonte:	Bookman Old Style
• Corpo:	11
• Entrelinha:	13
• Total de Páginas:	304
• 1ª Edição:	2015